「当事者」の時代

佐々木俊尚

光文社新書

目次

したちの無関心の暗い空洞」／小田実が切りひらいた世界とは／「戦争加害者」という新しい視点の出現／「日本民族の犯罪をひきうけなければ」／中国人青年の自殺／詩では自己否定を乗り越えられない／「われらの内なる差別」／一九七〇年七月七日の告発／学生運動が見いだした新たな突破口

第四章　異邦人に憑依する

マイノリティ論のオーバードースとは何か／〈被害者＝加害者〉論の光と影／「辺境最深部に向って退却せよ！」／辺境最深部から日本社会を見下ろす／死刑囚・大森勝久が選んだ「地獄への旅」／「反日亡国論」の狂気／市民とは何だったのか／メディアと〈マイノリティ憑依〉をつなぐ本多勝一／本多・山口論争が浮かび上がらせた問題／加害者と被害者の間にいるということ／「私は殺される側に立つ」という論理／〈マイノリティ憑依〉から見える気持ちのよい景色／津村喬の苛立ちと反論／「殺される側」に立つことによる無限の優位性

帯写真・佐々木恵子
図版制作・デマンド
章扉デザイン・大川幸秀

プロローグ

三つの物語

奈良・檜原神社の「三輪鳥居」

一九二七年十月六日、アメリカ。

この日公開された『ジャズ・シンガー』は、世界で初めてのトーキーとして映画史に名前を残している。

史上初めてスクリーンで俳優が歌い、しゃべり、その音声が聞こえてきたのだ。

厳格なユダヤ人の宗教指導者の息子として生まれた主人公。父親は教会《シナゴーグ》で聖歌を歌わせようと音楽を学ばせるが、息子は堅苦しい教会を嫌い、酒場で流行歌を歌う。見つかり、父親に折檻《せっかん》され、それでも彼は歌を忘れられず家を出る。しかし冒頭からしばらくは、映画は無音のままだ。

そして数年後。輝くような笑顔の青年に育った彼は名前をジャックと変え、シカゴの舞台に立っている。そしてこの舞台の映像で初めて、映画は言葉を発した。

「お楽しみはこれからだ！(You ain't heard nothin' yet!)」

これが映画史上に名高い、世界で初めての映画の「声」である。

この映画は今でも鑑賞に堪《た》える上質なエンターテインメントだ。恋人メリーの手引きによって、スターダムを上りつめていく主人公の弾《はじ》けるような喜び。古くからのユダヤの伝統を守る父親と、アメリカナイズされた音楽を志向する息子の暗い葛藤《かっとう》。その感情のざわめき、関係性の葛藤は、八十年以上も前の映画とは思えない。とても現代的だ。

映画のクライマックスは終盤、ジャックがブロードウェーのひのき舞台に上がるチャンスをつかんだ後にやってくる。彼とメリーが舞台に上がる前日というまさにその時、父親が重病にかかってしまうのだ。

その日は、ユダヤ教にとって非常に重要な儀式が行われる「贖罪《しょくざい》の日」だった。そして父親は厳粛《げんしゅく》な儀式において主唱を務めることになっていた。主唱の代役は、世襲《せしゅう》の息子でなければ許されない。

総仕上げのリハーサルを直前にした劇場で、「父危篤《きとく》」の知らせを受けるジャック。しかし彼は家には帰ることはできない。決然と楽屋に入り、メークをするジャック。

ところがこのシーンはとても不可解だ。なんとジャックは楽屋で、顔を黒塗りにして黒人風のメークを始めるのである。

恋人との長い対話、そして煩悶《はんもん》。しかしその間、ジャックはずっと黒塗りのままだ。眼に涙をたたえるジャック。

「お父様のことを気にしてるのね」

「教会で歌いたいけど今は仕事が一番だ。でも何か引っかかってる」

そして続くこのセリフ。「それは僕の心の中の人種の叫びかもしれない」

この唐突な「人種」というセリフ。これはいったい何だろう?

この映画でそれまでていねいに描かれてきた関係性は、「父と子」「母と子」、そして「恋人どうし」というそれぞれの葛藤だ。ジャックがユダヤ人であることは、父親がキパと呼ばれるユダヤ人特有の丸い帽子をかぶっているので、冒頭からすぐに理解できる。しかしユダヤ人としての民族意識や人種差別のようなものはこの終盤のシーンにいたるまで、まったくといっていいほど語られていない。なのに、クライマックスの素敵なシーンに至って唐突にジャックは「僕のユダヤ人としての人種の叫びが」と言い出すのである。

しかも黒塗りの異様な顔で。

彼はなぜ黒人の扮装《ふんそう》をして、ユダヤ人の民族意識をここで叫ばなければならなかったのだろうか?

ジャックの叫びに、恋人のメリーはいとおしむような表情で答える。

「気持ちはわかるけど、これはあなたの人生なのよ」

鏡をじっと見るジャック。黒人のような顔が映っている。そこにキパを被り、聖歌隊の服に身を包んだ父親の荘厳《そうごん》な姿がオーバーラップしてくる。

黒人とユダヤ人が融合しているようだ。

「贖罪の日は一番神聖な日なんだ。イスラエルの歌が僕の心を締め付けている」

「これは神様がくれたチャンスよ。それを忘れないで」

「そうだね。こんなチャンスはもう二度とないだろうからね」

遠い目をするジャック。

メリーはさらに言葉を重ねる。

「あなたの人生を生きるのよ。私のためでもご両親のためでもないわ」


そこに、母親が訪ねてくる。父が重病になり、贖罪の日の主唱をつとめることができなくなってしまった。それを伝えにきたのだ。

黒塗りの顔を見て驚く母。「ジェイキー、あなたなの？」

同行してきた世話役のおじもあっけにとられる。「ジェイキーのようにしゃべってるが、まるで影みたいに見えるな」

母は言う。「夢でおまえの歌を聴いたんですって」

「あと二時間で陽が沈んで儀式が始まるの。帰ってきて」

「母さん、それはできない。できないんだ」

しかしもう舞台に行かなければならない。真っ白なシャツを着る。ネクタイを締めてスーツをはおる。

「父さんはおまえの声を聴かずに死ぬわ」

と母は悲痛な声をあげる。

踊り子たちが退場したあとに、ひとりで舞台に現れるジャック。彼は切々《せつせつ》とうたいはじめる。

母さん、ごめんよ　飛び出して　僕も胸が痛んだよ
大人になってやっと言えるんだ　子供じみていたってね
僕の母さん　僕が友だちに疑われても　母さんは信じてくれた
いつもどんなときでも　いつも母さんは僕を包んでくれる
僕が傷つかないように　空に太陽が輝き

ジャックの絶唱。黒塗りにしてまるで道化のような雰囲気と、心の苦しみのミスマッチ。

でもなぜこの素晴らしい歌唱シーンを、映画製作者はわざわざ黒塗りにする必要があると感じたのだろうか？　世界で初めてのトーキーという栄誉ある舞台で、なぜ？

一九六四年夏、中国・南京。

高校一年だったひとりの日本人の若者が、中国を旅していた。

この「若者が中国を旅した」ということに、二十一世紀の今、何か特別なことを感じる人などほとんどいないだろう。

しかし当時としてはきわめて例外的なできごとだった。なぜなら東京オリンピックのあったこの年、まだ日中の国交は回復されておらず、戦後に中国を訪れた経験のある大人さえも非常に少なかったからである。

もちろん細々と民間の交流は行われていたし、日中双方から国交を正常化させようという試みは水面下で進められ、経済界や社会（現・社民）、共産両党のパイプを使ったやりとりは進められていた。朝鮮戦争が終わってしばらく経った一九五五年には、当時の中国の周《しゅう》恩来《おんらい》首相が主権の相互尊重や不可侵、内政不干渉などを盛り込んだ平和共存五原則に基づいて、日本との国交正常化を求めるという意思を表明したこともある。この時は日本から社会党の片山哲元首相が訪中していったんは交渉が進みかけた。しかし五七年に首相に就任した岸信介は中国を敵視し、再び溝が深まってしまう。こういうことの繰り返しが何度となくあり、共産主義への脅威が大きな声で語られる冷戦下にあって、国交正常化は容易ではなかったのだ。

おまけに海外旅行がまだ一般的ではなかった時代である。戦前、日本人が満州や南方に雄飛して海外展開していたのはすっかり過去の話。戦後長く、公務や留学などの目的がなければ海外旅行は許されていなかった。

ようやく海外旅行が自由化されたのは、若者が中国に行ったまさにこの一九六四年春のことである。それでも「年に一回だけ」「外貨持ち出しは五百ドルまで」と厳しい制限が加えられていた。

そんな状況下で若者が中国に行くことができたのは、父親が高野実だったからだ。

高野は、戦後を代表する労働運動のリーダーのひとりである。

一九五〇年に設立された総評（日本労働組合総評議会）。もともとは穏健な労働組合のナショナルセンターとして出発したが、当時の労使対決の機運のなかで徹底的な資本との対決路線へと向かい、三井三池炭鉱の争議で「総資本対総労働の対決」と呼ばれるような構図をつくっていく。その背景には、事務局長だった高野の路線がスタート地点にあった。彼は一九五一年以降、日本の再軍備や米軍基地への反対、さらには親中国・親ソを鮮明にし、左路線を明確に打ち出していったからだ。

そもそも総評は、GHQ（連合国軍最高司令官総司令部）の指導のもとにつくられた労働団体である。それが朝鮮戦争で中国を支持しはじめたのだから、大変な騒動になった。当時の新聞は総評のことを「（GHQが）鶏だと思って育てていたらアヒルになってしまった」などと書いた。

一九五四年、初めての訪日代表団がついに中国からやってくるという大きなできごとがあった。日本の赤十字にあたる中国紅十字会で、彼らは戦後中国に残留したままだった日本人の帰還、そして日本に連れてこられて亡くなった中国人の遺骨の送還というふたつの事業を中国側でサポートしてきたのだった。

紅十字会の会長は李徳全というにこやかな女性で、来日中は行く先々で歓迎され、「李徳全ブーム」を巻き起こしたほどだった。

そしてこの訪日代表団の受け入れを担っていたひとりが、高野実だったのである。そしてこの縁で高野は中国の紅十字会を経由し、総評のカウンターパートにあたる中華全国総工会ともつながることになった。総工会は、中国の労働組合の全国組織である。

一九六四年の訪中は、この総工会の招きだった。そしてこの旅行に高野は、二人の息子、孟《たけし》と威《たかし》も連れていったのである。孟は早大生。そして弟の威は早稲田高等学院に入学したばかり。

まだ日本から北京や上海への直行便など飛んでいない時代だ。高野一家は香港から橋を渡って深圳《しんせん》に入り、そうして大連を目指した。威はそこから父とは別行動をとり、総工会の配慮で通訳をつけてもらい、兄といっしょに瀋陽《しんよう》・撫順《ぶじゅん》から広東まで異例の長い旅をする。まだ海外旅行も一般的ではない時代、しかも国交の樹立されていない共産中国の大陸を縦断する旅である。この旅が敏感な思春期を送っていた威に、強いインパクトを与えないはずがない。

この旅行は、二つの強い体験を威にもたらした。

ひとつは気功や太極拳と出会ったことである。子供のころから肥満児で体育が苦手だった威は、自分のからだを見ることさえ嫌だった。自分の健康管理というようなことは放棄していたのである。しかし中国古来の気功に触れ、身体をこれほどまでにコントロールできるのかということに衝撃を受けた。そしてこの体験は威が長じてから、自分自身の仕事を見いだすきっかけになっていく。

もうひとつの体験は、南京だった。南京大虐殺の記念館を訪れたのである。南京でも他の都市と同じように、さまざまな場所を訪れ、さまざまなことを経験した。ブタの食肉処理工場で外界よりも七十度も低い冷温貯蔵庫に驚き、長江の流れを見ながらスイカを食ったりもした。

しかしそうしたさまざまな場所の記憶がモノクロームの向こうに霞《かす》んでいってしまったのにくらべ、大虐殺記念館の記憶だけは威の脳裏に鮮やかにフルカラーで焼き付けられた。

「南京大虐殺」という単語は、今は日本でも中国でもきわめつきの政治的な言葉として人々の頭に刷り込まれている。日本社会ではこの言葉を使っただけで「あなたは大虐殺の肯定者なのか？　それとも否定派なのか？」と強い口調で問われてしまう。そしてその返答によって、あっという間にその人の政治的立ち位置にレッテルが貼られてしまう。きわめて危険な単語だ。

しかし一九六四年の夏の時点では、「南京」という言葉も「大虐殺」という言葉も日本人にはまったく知られていなかった。ほぼ皆無である。

南京における日本兵の中国人虐殺疑惑が浮上してくるのは、一九七〇年代に入ってからである。起爆剤となったのは、朝日新聞のスター記者だった本多勝一《かついち》が七一年、『中国の旅』という企画連載で取り上げたことだった。これにジャーナリストの鈴木明が『「南京大虐殺」のまぼろし』という書籍で反論し、以降虐殺の肯定派否定派が入り乱れて大論戦を展開するようになる。そうして南京大虐殺という用語は、政治性の高い危険な用語として定着していったのだ。

しかし時間を巻き戻せば、平和に東京オリンピックが行われていた六四年。ましてや政治的にまだ真っ白な高校一年生である。そして「虐殺」という言葉は触れれば血が出るほどに鋭い。

大虐殺記念館で、威は途方に暮れた。自分が日本人の若者であるという、それまでとくに意識したこともなかったようなあたりまえの事実を、自分自身でどう引きうければいいのかわからなくなってしまったからだ。

記念館には、穴を二つ空けた木の切り株が展示されていた。そこに中国人捕虜《ほりょ》の顔をのせ、後頭部から強く叩くと目玉だけがぽろっと落ちる装置なのだという。そういう残酷な道具や武器がたくさん陳列してあって、その最後の方には日本の兵士の大きな写真が壁に貼り出されている。兵士は中国人のものらしい生首をぶら下げている。しかし威が衝撃を受けたのは、その生首のグロテスクさではなかった。生首を持っている兵士がいかにも屈託《くったく》のない笑顔を見せており、そしてその笑顔の主は日本中のどこにでもいるような農民風の木訥《ぼくとつ》な人たちだったことに、激しく恐怖を感じたのだった。

兵士は悪鬼のような恐ろしい存在としてイメージされているのではない。平時に出会えば、きっと「田舎の人は素朴で温かいなあ」と感じさせるような雰囲気のおじさんたちが、まるでひねってつぶしたばかりの鶏をぶら下げるように生首をぶら下げているという、そのギャップをどう受けとめてよいのかわからず、彼は混乱に陥ったのだ。

「なんて残酷なんだ！」

「でも外の世界から見りゃ、このおじさんたちと僕は同じ日本人だ」

そういう二つの気持ちが分裂していく。自分という生理的な主体者と、その自分が加害者として他者と関係しているという事実の分裂。その分裂を、どう引きうければいいのか。

この課題は、その後の長い年月を通じて威のライフワークとなったのだった。

彼は早稲田大学に進み、そして在学中から活発な評論活動を開始する。彼の名乗ったペンネームは「津村喬《たかし》」。

おりしも六〇年代末の学生運動の火が燃えさかっていた時代だった。

そして、古代日本。

崇神《すじん》天皇六年と記録されているから、西暦で言えば紀元前になる。ただし正確にはそれがいつだったのかは歴史の霧のなかに消えてしまって、定かではない。

この年、「神様の引っ越し」があった。

それまで宮廷にまつられていた天照大神《あまてらすおおみかみ》が、宮中から別の場所へと移転されたのである。崇神天皇が神の存在に畏《おそ》れ多さを感じ、自分の姫に命じ、三種の神器を「どこか遠くの場所に移せ」と命じたとも言われている。

移転先は、笠縫邑《かさぬいのむら》と呼ばれる場所だった。

天照大神はその後伊勢神宮に遷《うつ》され、そこが二十一世紀の今にいたるまでの永住の地となったため、笠縫邑は「伊勢の元祖」というような意味で「元伊勢」とも呼ばれている。

笠縫邑がどこにあったのかは判明していない。すでに歴史の彼方に忘却されてしまっていて、場所を特定する証拠は発見されていない。ただいくつか候補があり、最も有力な説が、今の桜井市にある檜原《ひばら》神社だ。

奈良の盆地を見下ろすようにすそ野を広げている三輪山《みわやま》、その麓《ふもと》に檜原神社はたたずんでいる。里からまっすぐ歩いて登っていくこともできるが、大鳥居が有名な大神《おおみわ》神社から山の辺《べ》の道を歩いていくルートが、散歩には最適だ。

国の重要文化財になっている大神神社の拝殿。脇にある社務所の横の小さな階段を降りていくと、まもなく道は山の辺の道へと続いていく。果樹園の中の細い石畳を進み、そして用水路のような小川の土手を歩き、時には民家の脇を通り、またときには田んぼのあぜ道をたどり、細い道はうねりながらゆっくりと北上していく。

古い時代、人の歩く道はこんなふうだったのだろうなと思わせるたたずまいの山の辺の道。そういう思いを抱きながら三輪山の山裾《やますそ》をたどっていくと、道は突然あかるく転じ、玉砂利が敷かれた檜原神社の境内《けいだい》に出る。

境内は西に大きく開けていて、参道の先にはなだらかに広がる森と、その先の奈良盆地がよく見通せる。

そしてこの檜原神社には、訪れた者を強く揺さぶる「驚き」が存在している。

参道の先の奈良盆地から目を転じて、三輪山に向き合ってみよう。

目の前には神社でよく見るような木の柵《さく》があり、賽銭《さいせん》箱が置かれている。少し先には、大きな鳥居の両側に小さめの鳥居を家来《けらい》のように配した「三輪鳥居」というこの土地独特の鳥居がある。ふつうの鳥居と違って、下部が木の格子《こうし》となっているのも不思議な構造だ。

そしてもっとも驚くべきことに、鳥居の先にはもう何もない。神籬《ひもろぎ》と呼ばれる空間が広がっていて、その向こうにはただ三輪山の鬱蒼《うっそう》とした森があるだけなのだ。

本殿も、拝殿もない。

鳥居という「玄関」は用意されているけれども、そこに入ってみたら肝心の「家」がない。ぐるりと敷地をかこむ塀《へい》と玄関だけが残っていて、中が空き地になっている。まるで取り壊した直後の住宅のようだ。

檜原神社はそういう不思議なつくりになっている。

これは何を意味しているのだろうか。

第一章

夜回りと記者会見——二重の共同体

警察庁長官銃撃事件の時効成立を受け、記者会見する警視庁の青木五郎公安部長
（2010年3月、写真提供・共同通信社）

新聞記者はたいてい、みずからをアウトサイダーだと思っている。ヒロイックに「時代の流れにあらがう少数派」と思い込んでいるのだ。レイモンド・チャンドラーが生んだ探偵フィリップ・マーロウ風に言えば、「卑しき街を行く孤高の騎士」だ。

社会はつねに政治権力のほしいままにされ、庶民は絶えず蹂躙《じゅうりん》されつづける。そういう苦痛の時代のなかで、自分たちこそがその社会の大勢に背を向け、そうした流れにあらがう者。「反権力の砦《とりで》」であり、「卑しい街を行く高潔の騎士」であり、「市民の味方」であると、自分たちのことをロマンチシズムとともに見ているのである。

しかしそういう美意識とは裏腹に、マスメディアはたいてい他の業種よりも高給だ。私がかつて在籍していた毎日新聞は「給料が他社にくらべて圧倒的に低い」と哀れみの目でみられていたが、しかしそれでも三十代後半で年収八百万円近くはあった。この金額を聞いて「安月給」と笑う人は他の業界にはあまりいないだろう。

しかしここで私は、「マスメディアは権力と癒着《ゆちゃく》している」「マスメディアが世論を操作している」というような、よくある批判論を展開しようとしているわけではない。そのような言い回しはしょせんはクリシェ（決まり文句）にすぎない。マスメディアは「われわれは反権力だ」と陶酔《とうすい》し、マスメディアを批判する者は「マスメディアは権力の回し者だ」となじる。どちらにしてもクリシェにすぎないし、遠くからそうやって石を投げ合っていてもそれ以上どこにも進まない。

そもそも、どちらの言い分も間違っている。

マスメディアの記者が「われらは反権力である」というのはよく批判されている通り、間違いだ。

しかし同時に、マスメディア批判者が「マスメディアは権力にコントロールされている」と主張するのも、百パーセント間違っている。

私はこの本をスタートするにあたって、まず権力とマスメディアの関係についてつぶさに解明してみせるところから始めようと思う。

ひとことで言ってしまえば、権力とマスメディアの関係は記者会見や記者クラブなどのオモテの舞台にあるのではない。通称「夜回り」と呼ばれる、楽屋のウラ側でつくられている関係性にこそ本質がある。そしてこの夜回りを軸とした関係性について、その構造をこれまで分析しようと考えた人はほとんどいない。マスメディア業界の外側にいる人たちは「夜回り」という言葉ぐらいは知っていても、それがいったい具体的にはどのようなものであるのかは知りようがないし、業界内の記者たちはその実態をあまり大きな声では外部に向かって説明してこなかったからだ。なぜ説明してこなかったかと言えば、「夜回り」の実態をオモテにさらけ出してしまうと、権力とマスメディアとの間の微妙な関係性が明るみになってしまうからだ。その部分はブラックボックスにしておいた方が損はない。

だからこの微妙な関係性をいま、きちんと解明していくことには非常に大きな意味がある。なぜならそれは権力とマスメディアの関係だけでなく、権力とマスメディアと私たち国民という三者の関係をもう一度とらえ直すことに通じるからだ。

ではスタートしよう。

警視庁の不思議な慣習

まずは私の新聞記者体験から話は始まる。これは非常に奇妙な体験だ。他の世界にはあまり存在していないような奇習が、今もこの世界には多く残っている。

私は毎日新聞社に一九九九年まで勤務していて、オウム真理教事件のあった九五年から九七年にかけては警視庁の記者クラブで捜査一課を担当していた。殺人や強盗、テロなどを扱う刑事の花形部署である。だから新聞社でも花の東京の警視庁で、捜査一課を担当する「一課担」は記者の花形ということになっている。

警視庁の記者クラブは全部で三つある。七社会、警視庁記者クラブ、ニュース記者会。もっとも伝統があるのは七社会で、朝毎読の全国紙三紙と日経新聞、共同通信、東京新聞が加盟している（かつては時事新報が加入していたので七社会という）。ついで警視庁記者クラブ。ＮＨＫや産経新聞、時事通信、それにラジオ局などが加盟社だ。いちばん新しいのは警視庁ニュース記者会で民放五社が加盟。

この三つの記者クラブは微妙に権威の大きさが異なっていて、いちばん偉いのは七社会。警視庁の記者クラブのなかでは、ニュース記者会は軽い扱いしかされていない。

権力の当局と記者クラブは、日々どのように接しているのだろうか。

捜査一課では毎日午前十時に、課長が定例の記者会見を行う。霞が関の省庁街を一望できる広い捜査一課長室には、窓際に課長の大きな机。そしてその脇にソファセット。両袖のある豪奢《ごうしゃ》なソファに座れる人数はかなり限られている。

そして驚くことにこのソファは、社によって座る位置が厳格に決められている。

課長のすぐそばの表情をいちばん見てとりやすい位置に座っているのは、毎日新聞。読売新聞や朝日新聞なども好位置に付けている。民放はここでは格下で、彼らに席はない。立ったまま会見に臨むのだ。

これらのソファに座れる権利を持っているのは、新聞各社の一課担のキャップである。事件記者用語で「一番機」という。新聞社の場合、入社十年目ぐらいの中堅がキャップを務めていることが多かった。たいていの社は一課担が三人いて、残りの二人は「二番機」「三番機」と呼ばれている。

だから定例会見になると、朝日や毎日、読売の一番機という重鎮《じゅうちん》たちがソファにふんぞり返って陣取り、その周囲を各新聞社の二番機や三番機、そして民放の記者たちが立ったまま取り囲むという構図になるのである。

この座る位置がいつ決まったのかは、定かではない。桜田門にある今の警視庁の建物が竣工《しゅんこう》したのは一九八〇年で、おそらくその時から捜査一課長室の基本的なレイアウトは変わっていないはずだ。だとしたらこの八〇年という時点の記者クラブ内の力関係がそのままソファの座る位置となって反映され、その結果は私が一課担になった九五年にも継続されていたのかもしれない。私が在籍していた当時の毎日新聞はスクープ合戦においては決して強い存在とはいえなかったが、きっと八〇年ごろにはものすごく強かったのだろう。だから毎日がいちばん良い位置を奪っていたのではないかと思う。

ニュース記者会の民放記者たちは、新参者なので座る権利はまったく持っていない。一課担のキャップも含めて、全員が立ったまま定例会見に臨むのだ。

たまに「事故」も起きる。警視庁クラブに配属されたばかりで、勝手を知らない記者が早々と課長室にやってきて、「お、ソファが空いてるぞ」とうっかり七社会の定位置に座ってしまうことがあるのだ。

でもこの位置は、別に記者クラブ規約などで定められている特権ではない。あくまでも単なる慣例にすぎない。だから、たとえば読売の一番機が後から定例会見にやってきて、自分の定位置に民放の見知らぬ記者が座っているのを見ても、特段怒ったり注意したりすることはない。ただ黙って、しかしちょっと憮然《ぶぜん》としながら、立ったまま定例会見に臨むのである。

もちろん、その翌日にこの民放の若手記者が読売のソファにまたも座っているということは、絶対にあり得ない。なぜなら同じ局の一番機が定例会見の後、「お前の座るとこじゃない」とこっぴどく叱っているからだ。

そうして翌日は、ふたたび読売の一番機がなんでもなかったような顔をして自分の定位置にどっかと座るのである。

私は警視庁のクラブに配属され、定例会見のソファの位置取りのルールを先輩記者から教

えられたとき、

「ヤクザ映画の監獄の雑居房みたい」

と思ってちょっと笑ってしまった。牢名主《ろうなぬし》が畳を重ねた良い席にふんぞり返っていて、新参者は端の方の板の間の上に座らされるというあれである。たまにルールを破る新参の囚人がやってくると、看守の見ていないところで全員にこっぴどくやっつけられるのだ。

事件記者の仕事は特ダネ探しだ。たいていの場合は特ダネのネタは警部や警部補など現場の刑事から仕入れてくるのだが、それらのネタを記事化するためには真偽をウラ取りする必要があり、そのために警視正である課長や警視の理事官の官舎を毎晩のように訪問しなくてはならない。

そして警視庁のクラブでは、一番機は課長を担当し、二番機が一課のナンバー2である理事官を担当すると、これも慣例で決まっている。そしてそれらの夜回り対応のルールも、やはり慣例で決まっている。二番機は毎晩のように理事官の官舎の前に集まり、一番機は課長官舎の前に集まって、先着順でひとりずつ官舎に入って課長や理事官と面会するのである。面会といっても、たいていの場合はひとり十分程度。

「ホシが事件前に○○という関係者と接触していたという情報があるんですが……」

「それは知りませんね」

「現場で事件直前にサングラスにウィンドブレーカーの男が目撃されていたという情報は把《は》握《あく》されてますか？」

「その情報はたしかにありました。でもその男性はもう特定されてます。事件とは無関係です。書かない方がいいですよ」

ウラ取りを求めるためだけの面会だから、たいていの場合はこういう素《そ》っ気《け》ないやりとりになる。幹部が「知りません」と言ったからといって、それがネタの全面否定になるとも限らない。

その関係が、少しだけゆるむこともある。大事件が解決したときなどには、外で待っていた記者全員が招かれてなかでちょっとした小宴会が開かれるときもある。お酒やつまみは警察幹部がふるまってくれるのだ。

また私が所属していた警視庁のクラブでは、毎年三月末のお花見シーズンの時だけは課長や理事官、さらに課長補佐クラスに当たるたくさんの管理官たちが参加して、記者クラブとの親睦お花見会が開かれていた。そういう時には日ごろの緊張関係がかなりほぐれ、冗談や軽口も飛び交う。

しかし幹部がよほど軽い人物でない限り、日常のやりとりでそういう気軽な雰囲気になることはめったにない。そして警視庁刑事部捜査第一課長という要職に就《つ》く人物は、たいていの場合まったく軽くない。しかめつらをしたまま生まれてきたんじゃないか、そう思わせるような超「苦虫」系の人たちが代々このポジションにやってくる。

警察と記者の関係は、重苦しく行われる一触即発のカードゲームのようなものだ。しかしそれを「重苦しく」「一触即発で」と一方的に考えているのは、記者の側だけである。警察の側は、おそらくそんなふうにはとらえていない。そこにこの両者の関係性に潜んでいるなんともいえない非対称性がある。

「表情を読み取れなかったあなたが悪い」

私が一課担の一番機だった一九九六年、神奈川県葉山町に住んでいる小田嶋透というデザイナーが自分の小指を切り落として狂言誘拐事件を引き起こすという事件があった。第一報として警視庁が発表したのは身代金目的誘拐事件で、しかも切り落とされた指が自宅に郵送されてきたという。

「なんて凄惨《せいさん》な誘拐事件なんだ」

各社とも警察と報道協定を結んで報道を控え、被害者の無事が確認されるのを息を潜めて待った。

ところがこの男は誘拐などされておらず、誘拐は自作自演の狂言だった。そしてしばらく後に、驚くべき事実が警察の捜査で判明してくる。この男とつきあいのあった証券マンが、顧客から集めた四億円を超えるカネを持ったまま失踪《しっそう》していたのだった。狂言誘拐とこの失踪事件の関連は？　ひょっとしたら殺害されているのではないか？

この時、私はうかつにも事件の全容をほとんどつかめていなかった。本当に殺害されているのかどうか、そうだとすれば遺体はどうしたのかといったことはほとんど把握できていなかったのである。

ところがそこに自社の長野支局から、「警視庁の事件で長野の山林を捜索しているらしい」という情報が上がってくる。

「これは葉山の事件なんじゃないのか！　どうなってるんだ」

と上司からどやされ、私はあわてて捜査一課長に夜回りに出かけた。

「長野で遺体捜索してるみたいですね？」

そうおそるおそる切り出した私に、一課長は無表情でこう言った。

「違いますす」

「葉山のホシじゃないんですか」

「知りませんね」

とりつくしまもなかった。

「ここまで否定されて、さすがにこれはあり得ないだろう」と私はひと安心し、上司にもそう報告したのだった。「警視庁は動いてないようです」と。

ところがその未明、午前三時。警視庁の毎日新聞ボックスの電話がけたたましく鳴る。社会部のデスク席との直通回線である。当直でひとりボックスのソファで寝ていた私は、飛び起きて電話を取った。受話器の向こうからは、ほとんど何を言っているのかもわからないデスクの怒鳴り声が迸《ほとばし》っている。

「読売に1面社会面大展開で抜かれてるじゃないか!」

というのである。東京の全国紙各紙は、午前三時に最終版の交換という取り決めを行っている。午前四時ごろから始まる宅配よりも少し早く、この交換紙で他社の特ダネを知ることができるのだ。そしてこの日の朝刊は、読売が他紙を圧倒して巨大な特ダネを載せていた。間もなく社会部からファクスで送られてきた読売1面には、巨大な見出しが躍《おど》っていた。

「長野の山中に失跡元証券マン？　遺体発見　小田嶋容疑者がいた別荘近く」

私はめまいを起こして、ふらふらとソファに倒れ込んだ。他社に特ダネを抜かれて貧血を起こしたようになってしまったのは、後にも先にもこの時しかない。

その日の夜、私は重い気分で再び捜査一課長官舎に出向いた。いつでもどこでも憮然としたような表情を崩さない一課長。

「昨夜、『違います』とおっしゃったじゃないですか。僕はそれを信じてたのに……」

と私が訴えると、課長は顔の筋肉をぴくりとも動かさずにこう答えたのだった。

「私はちゃんと表情で『当たりだ』と伝えてたでしょう。それを読み取れなかったあなたが悪い」

そんな無茶な、表情でわかるわけないでしょう──そう言いたいのをぐっとこらえ、私は黙って官舎を後にしたのだった。警察幹部への夜回りは、ネタを当てて表情を読み取るというのが事件記者の鉄則。一課長の表情をきちんと読み取れなかった私が悪いのは明らかだった。

とはいえ一課長はさすがに悪いと思ったのだろう。この容疑者がついに殺人容疑で逮捕されることになった時、直前に突然記者クラブのボックスにまで電話をかけてきてくれた。捜査一課長が直々に電話をくれるなんていったい何だろう？　と思った私に、課長は短くひと言こう教えてくれたのである。

「明日、サイタイ（再逮捕）しますから」

びっくりして言葉もなかった私に、課長は念押しのようにこう付け加えた。

「今回だけですからね」

そうして電話はガチャン、と音を立てて切れた。

「殺人で再逮捕」は翌日の社会面のトップを飾り、私は社内での名誉をほんの少しだけ挽回することができたのだった。

記者と刑事の禅問答

禅問答のような短い会話をたがいに交《か》わし、表情でその反応を読み取る。そういう事件記者と警察のやりとりというのは実に丁々発止《ちようちようはつし》で、やってる人間たちにとっては時にゲームのように面白い。いや、実のところ面白がっているのは警察の側だけだ。記者の側はひたすらこのゲームに翻弄《ほんろう》されている。翻弄されずにこのゲームを楽しめるのは、敏腕事件記者としての才能を神からいただいた一部のエースだけだ。

私が新聞社に入社し、最初に配属されたのは岐阜支局だった。支局員わずか六人の小さな所帯である。一年目で支局そばの岐阜中警察署を担当させられ、警察取材のイロハをたたき込まれた。二年目は市役所担当に替わり、行政の基本を学ぶ。そして三年目には一応の総仕上げとして、県警担当になった。

岐阜県警記者クラブに詰めるようになった直後、ある汚職事件があった。内偵が進んでいるのはわかるが、まだ記事にはできない。逮捕まで踏みきらなくても、せめて警察が家宅捜索を始めてくれれば新聞に書ける。「〇〇疑惑で今日にも家宅捜索　岐阜県警」というような見出しの記事で社会面を派手に飾ることができるわけだ。それを狙って私はあちこち夜回りをかけたのだけれども、なかなか情報を引き出せない。仲の良かった捜査二課の巡査部長だけが、謎かけの暗示のような返事をくれた。岐阜市の郊外にある警察官官舎の薄暗い玄関口で、こう教えてくれたのである。

「ガサはそろそろじゃないですか」

「かもな」

「ヤサ？」

「……近くて遠いところだ」

こうやって巡査部長とのやりとりを思い出しながら会話を書き起こしてみても、文面からではいったい何を話し合っているのかさっぱりわからないだろう。ちなみに「ガサ」「ヤサ」というのは警察の隠語で、それぞれ「家宅捜索」「自宅」のことだ。

これをよりていねいで、他の業界にも理解できるやりとりに直せば、次のようになるだろうか。

「いま話題になってる汚職事件の家宅捜索をそろそろ実施する時期だと思うのですが、いつになるか教えてもらえませんか」

「その日にちを私の口からは明確には言えませんが、そう遠くない近日中だということは心しておいてほしいと思います」

「家宅捜索の着手は、やはり容疑者の自宅からでしょうか?」

「自宅ではありません。正確な場所や施設名は言えませんが、ここから直線距離では近いけれども、自家用車や車で行くとかなり遠回りしなければならないところです。それ以上は残念ながら今のところは言えません」

地方公務員法で守秘義務を課せられている警察官は、直截的な言葉で情報を漏洩《ろうえい》することを極度に嫌う。情報漏洩しているのは間違いないのだが、それを明示的には行いたくないのだ。それを新聞記者の側もわかっているので、このように曖昧《あいまい》で抽象的で遠回しな、禅問答のようなやりとりになってしまうのである。

ちなみにこの時の家宅捜索先は、福井県大野市内の関係箇所だった。岐阜と福井は隣接しているが、分水嶺《ぶんすいれい》の奥深い山々によって隔てられているため、琵琶湖の方から大回りするか、あるいは山越えの急峻《きゅうしゅん》な細い道路をくねくねと走り抜けるしかない。「近くて遠い」のである。

こういう禅問答のようなやりとりが、夜回りではごく普通に行われている。明確に記者の求める情報を口にしてしまうと、公務員の守秘義務違反に抵触する。もちろんそのやりとりが公になることはほとんどないのだけれども、しかし気分の上だけでもなんとなく「情報は言ってませんよ。ほのめかしただけですよ」というような雰囲気にしておさたい。そういう言外の気持ちが警察の側にも、聞き出す記者の側にもある。

これは言ってみれば、暴力団組長が部下に殺人を指示するとき、こういう言い方をするのと同じだ。

「あいつは気にくわねえな」

殺人教唆《きょうさ》に問われてしまうのを避けるためだ。それでも部下はちゃんとその意を汲《く》み取り、ヒットマンを敵方の組長の家に差し向けるのである。

新聞記者時代、新宿の住吉会系暴力団組長の事務所に取材に行ったことがある。仲介してくれた右翼団体の幹部に指示され、近所の酒屋で一升瓶《いっしょうびん》を購入し、二本くくりにしてもらってぶら下げていった。

事務所に案内されて入ると、若い衆たちが直立不動で立っている。若い衆と言っても、ひとりは押しも押されもせぬ若頭クラスだ。前に歌舞伎町の風林会館のパーラーで会ったときには、さらに下の子分二人を連れてふんぞり返ってタバコを吸っていた。高そうな生地のスーツ姿だったその若頭が、今日は事務所のなかで下働き用の真っ白なジャージ上下を着て、直立不動で無言で立っている。暴力団は上下関係が恐ろしいほど厳しい世界なのだ。

やがて奥の部屋につながる引き戸ががらりと開いた。中には布団が敷いてあって、髪の長い半裸の女性が座っていた。その横にはふんどし姿の押しの強い中年男。それが組長だった。

女性はねっとりした表情で、組長の後ろ姿を見送っている。

組長はシャツを着ながら事務所に入ってきて、ソファにどっかと座った。右手を小さく上げただけなのに、さあーっと若い衆が小走りに近寄ってきてタバコをその手にわたし、すかさず百円ライターで火を付けた。

組長はほとんど何も語らない。何も語らないが、何か動作するたびに、若い衆がその先の行動を読みとり、駆け寄ってきて組長の意思を先取りしてくれるのだ。酒を飲みたければ酒が出てきて、出かけたくなったら外出用の衣類と靴が出てくる。

「なんて濃密で微妙なバランスに操られた空間なんだろう」

と私はただただ感嘆するだけだった。

「サツ官ならイエスです」という皮膚感覚

新聞記者出身の作家、横山秀夫も小説『クライマーズ・ハイ』のなかで緊張感溢《あふ》れる夜回りのやりとりを描いている。

舞台は、一九八五年の日航ジャンボ機墜落事故。群馬県の地元紙「北関東新聞」の玉置という記者が、「事故原因は圧力隔壁の破裂」という空前絶後の特ダネをつかんでくる。工学部出身の彼は、運輸省事故調査委員会の調査官が「隔壁が――」と話しているのを立ち聞きしてきたのだ。

超弩級《ちょうどきゅう》のネタに、自分自身でウラ取りまでして記事化しようとする玉置。しかし事故取材班の統括キャップである小説の主人公悠木は、夜回り経験のない彼にはウラ取りは難しいだろうと判断し、有能な事件記者である県警キャップの佐山を向かわせるのだ。ターゲットは、現場近くの旅館に泊まり込んでいる事故調の藤浪鼎《かなえ》首席調査官。

この指示に、玉置は怒る。せっかくのネタを横取りされると思ったからだ。以下、少し引用しよう。

〈だって、佐山さん、飛行機のことは何も知らないでしょう？　専門的なことになったら、調査官の話についていけないでしょうが〉

調査官と事故原因について議論でもするつもりのようだった。

夜回り経験のない玉置に説明するのは難しかった。

仕事は数秒でカタがつく。調査官にぶつける質問は一つだ。「事故原因は圧力隔壁の破裂か？」。まともに答える公務員などいない。だから、イエスかノーか、その感触を瞬時につかみ取るのがウラ取りの技ということになる。全県の事件を背負っている佐山は、警察官相手に一年三百六十五日、その仕事をやっている。

そうして最終版の降版を止めさせ、佐山からの報告を待ちつづける悠木。タイムリミットぎりぎりで、電話がかかってくる。

〈佐山です〉

静かな声だった。

〈藤浪鼎に当てました〉

「結果は?」

〈サツ官ならイエスです〉

悠木は唸った。

首席調査官の藤浪に「隔壁」をぶつけ、佐山は「イエス」の感触を得た。しかし、藤浪がはっきりと隔壁破壊が事故原因だと認めたのではないということだ。口ぶり。表情。態度。そうしたものから読み取った。藤浪はかなりのいい反応を示したのだ。ポーカーフェイスがお家芸の警察官が同じ反応を見せたのだとすれば「間違いなくイエス」。佐山はそう言っている。だが、相手は初対面の人間だ。事故調という特殊な役職にもある。平素、どんな時にどのような反応を見せる人間なのか、ベースとなる対象資料がない。だから、限りなく「イエス」に近いと感じつつも、佐山の胸には排除困難な幾ばくかの不安があるのだ。

新聞記者と警察幹部というのは、このようにつねに微妙な空気感を共有する関係なのである。

私はいま「微妙」という言葉を使った。

しかしこの関係性を、新聞業界の人は「緊張関係」と言いたがる。たぶんその方がカッコいいからだ。

しかし「緊張」というのは対等な関係が緊迫しているときに使われる言葉だから、記者と警察幹部のこの関係性には当てはまらない。なぜなら記者の方がほとんど一方的に緊張しているからだ。「幹部からウラが取れれば」という一心で警察幹部に近づく。

一方、警察幹部から見ると、記者に情報を話す義務などもともと存在していない。警察官は警視正以上は国家公務員、警視以下は地方公務員で、いずれにしても職業上知り得た秘密に対しては守秘義務が課せられている。だから警察署や警視庁本部で開く正式な記者会見をのぞけば、自宅で対応する義務など存在しないし、下手に対応すると公務員法に抵触してしまうおそれが十分にある。

それでも捜査一課長が記者を自宅に招き入れ、ときには酒やつまみまでふるまってくれることもあるのは、それなりのメリットが用意されているからだ。

警察幹部が望んでいるのは、新聞やテレビに出る捜査情報をなるべくコントロールすることだ。新聞記者がどのような情報を持っていて、それをどのようにして、どのタイミングで紙面化しようとしているのかを警察幹部は知りたい。さらに言えば、いったい自分の部下の誰がどの新聞記者に情報を流しているのかをつかみたい。だから新聞記者の夜回りを受けるのである。

したがって警察幹部は、情報コントロールのために意図的にリークすることもある。たとえば複数の部下に対して、別々の誤った情報を流してみる。そうして翌日、どの新聞記者がどの誤った情報を持って自分のところにウラ取りにやってくるのかを確認するのだ。そうして新聞記者のネタ元を探し出し、必要があればその部下を配置換えや左遷して、情報漏洩《ろうえい》をストップさせてしまう。

新聞記者の情報源はたいていの場合、警察内部の無関係の部署の人間だったり、あるいは比較的責任が軽い警部補や巡査部長クラスのヒラの刑事だったりする。事件記者は三十歳代ぐらいが中心なので、やはり同じような世代の刑事の方が話が合う。刑事の側も、自分が幹部ではないという気楽さがあるから、うまく関係性をつくれば新聞記者に対してときどきは情報を流してくれるようになる。別に対価を求めているわけではない。金銭的な対価を求める刑事も皆無というわけではないが、ほとんどの警察官はそのような賄賂《わいろ》は求めない。人はただ「自分だけが知っていること」をこっそりと誰かにしゃべってみたいという欲求を持っている。深夜に来訪する新聞記者は、そうした隠れた欲望をいくらかでも満たしてくれる存在でもあるのだ。

そうやって新聞記者が深夜に得た情報は、警察幹部にウラを取ったうえで記事化される。

二〇〇九年から一〇年にかけて検察の捜査のあり方が問題になったころ、あまりにも検察に都合の良い情報ばかりが数多く新聞で報道されたことが批判の対象になった。このとき毎日新聞の特別編集委員だった岸井成格《しげただ》は、テレビで「検察がリークすることなんてない」と言い放った。

田原総一朗が司会を務めていた日曜朝の番組『サンデープロジェクト』(テレビ朝日)においてである。岸井の発言はこうだ。

「いろんな取材をやっていくんですよ。直接こうですよなんて、検事が直接リークすることなんてないですよ。それをぶつけるんですよ。その時の表情とかなにかで、ウラを取っていって書くんですよ」

これは半分は正しいが、半分は間違っている。司法権力の中心に非常に近い検察幹部が、直接情報をリークしてくれるなんていうことはほとんどない。それは事実。しかし権力の外周部にいるヒラの検事や警察の巡査部長クラスなら、情報を流してくれる当局のインサイダーはたくさん存在している。

「表情でウラを取る」というのも正しい。それは私がこれまで説明してきたとおりだ。でも同じように、そうやってウラを取らせながらも、権力は実は新聞記者の情報をひそかにコントロールしているということも私は説明してきた。表情でウラを取っているからといって、そこに「対等な関係」といったものが存在するわけではない。

新聞記者の側は特ダネを望み、警察幹部や検事の側は情報コントロールを望む。お互いの望むものがまったく異なっている、きわめて「非対称」な関係なのだ。

当局の情報はさまざまな方法で流れている。幹部は情報のコントロールを望むが、部下のヒラ検事や刑事から情報が漏れ、コントロールされない情報が直接記者に流れてしまうこともある。幹部はこれを避けて情報のコントロール権を支配するため、情報の漏洩元を突き止めようとする。たとえばA刑事には情報（1）を流し、B刑事には情報（2）を教えるというようなことを行うのだ。そして翌日、ウラ取りにやってきた記者が情報（2）をぶつけてくれば、「なるほど漏洩していたのはB刑事か」ということがわかってしまう。

警部クラスに夜回りをかけて情報を入手し、翌日捜査一課長に当てる。「こういう情報があるのですが……」と切り出すと、ときたま一課長の眼がぎらりと光る時がある。「なぜそれを知っているのか」と驚くのではなく、「ほお、なるほど」という変に肯定的な反応なのだ。こういう時はたいていその情報の流路を知っていると思っていい。実際、私の先輩記者にはヒラ刑事から得た情報を捜査一課長に当てたところ、

「なるほど、そうだったのか！　わかったぞ！」

と叫ばれた、という体験を持つ人もいる。ようやく流路を突き止めることができ、内心の喜びを隠しきれなくて口に出してしまったらしい。

情報がどこからどこへ流れているのかということを把握し、全体をコントロールしようとする彼らの熱意は凄い。

そうやって情報の出所をあぶり出し、あぶり出したネタ元は左遷させて潰《つぶ》し、すべての情報を自分のコントロール下において記者に直接小出しにしていく。そうやって情報の管理はますます強められていく。そういう構図がマスメディアと権力の間にはできあがってしまっ

ている。

最強の事件記者たち

もちろん、中には警察と一体化してしまう強力な事件記者もたまにはいる。たとえば私が在籍していた毎日新聞で一九八〇年代から九〇年代にかけて最強の事件記者としてならした大先輩は、電話一本で警察庁長官からネタを取れると言われていた。電話をかけている場面を私も何度もそばで見聞きしたが、たしかに伝説の通りだった。

「長官、おはようございます。〇〇の事件はどうなりましたかね……ふんふん、なるほど。それで？……はあはあ、なるほど。わかりました、ありがとうございます」

そう電話を切ると、ネタを取れずに苦労している私たちに大先輩はこう言い放つのである。

「おい、あの事件のホシはもう別件で逮捕してるらしいぞ」

もうひれ伏すしかない最強の事件記者ぶりなのだ。

ちなみにこの大先輩は、誰もが知っている大事件で大誤報を飛ばしたことがある。事件が解決せず、ほぼ迷宮入りになりそうになったころ、警察庁長官に朝回りをかけて「あの西の方の件ですけどね、どうなりましたかね」といつものように聞いた。長官は「おお××君、西のあの件なら解決したぞ。これから報告に行くんだよ」と答えたらしい。

実は長官はまったく別の事件のことを「西のあの件」と言っていたのだが、大先輩はてっきり戦後史に名が残っているあの大事件だと読み違えてしまったのだ。そうして毎日新聞は夕刊1面社会面大展開でこの特ダネを報じ、しかしその日のうちには当局から完全否定されてしまったのだった。

さすがにこの誤報は毎日の編集局幹部が引責辞任する騒ぎになり、大先輩本人もしばらく暇な部署へと左遷されて不遇《ふぐう》をかこつことになった。しかしこういう誤報を飛ばしても、当の本人はほとんど気にしていないようだった。

ある記者はこの最強先輩を称して、

「パコーンとホームランをかっ飛ばしたつもりがハズレでも、『ああ、ファウルか』ぐらいの認識しかないんだよね。『あっはっは』と笑い飛ばして終わり。誤報で申し訳ありません、なんてこれっぽっちも思ってない」

と呆《あき》れたように話していたことがある。天性の事件記者というのは、こういう人のことを指すのだろう。

大先輩はオウム真理教事件のときには夜のニュース番組にスタジオ出演し、

「わが社は必ず情報は三か所から入手して書く。三本の矢は折れない、という毛利家の言い伝えと同じように、三か所からとったネタだからこそその確度が信用できるのです」

と胸を張っていた。

しかし大先輩はこのオウム事件の真っ只中、私がある事件のネタのウラ取りができずに四苦八苦しているのを見て、こうどやしつけていたのである。

「当局に刺さってるところからとれたんだろ」

「そうなんですが、幹部からはウラが取れなくて。否定されるばかりで」

「バカヤロー、それだけ取れてて書けないってのは刺さり方が十分じゃないってことだ。もっとネタ元を信じろ！」

「刺さる」というのは「ネタ元に食い込む」という意味である。そして先輩は、こう付け加えたのだった。

「本当にきっちり刺さってたら、ネタ元なんて一か所で十分なんだ！」

どこの新聞社にも、こういう神様のような事件記者がたいてい存在している。

別の先輩記者は、あるとき酒を飲みながら私にこう教えてくれた。

「おまえなー、人と応接室であったら向かい合って座っちゃダメだぞ」

向かい合うと対決姿勢になってしまって相手は身構えてしまう、というのである。第一印象でそういう対決姿勢になってしまって、得することは何もない。

「横に並んで座るんだよ。そして相手のモモをちょっと触るんだ」

この先輩は下の名前が「健太郎」だった。

「『僕は〇〇健太郎という毎日の記者です。健ちゃんって呼んで』。そうやって言えばいいんだよ。これはもうイチコロだよ、男でも」

かなり気持ち悪いと個人的には思ったが、その先輩記者も特ダネに強い事件記者として名を馳《は》せた人だったから、いろんなやり方があるのだと思った。このように、ありとあらゆる手練手管《てれんてくだ》を使って、事件記者はネタ元に食い込んでいこうとするのである。

私が社内で伝説として聞いた話だが、昭和三十年代ごろの毎日新聞には、いつも着流しで取材している人がいたらしい。当局に驚くべきほどに強いルートを持っていて、絶対に他社に負けなかった。あるときは「こんな逮捕はどう考えてもあり得ないだろう」と誰もが疑うような原稿を書いてきて、「明日逮捕になります」とデスクに説明する。

さすがにデスクが「これはいくらなんでもあり得ないんじゃないか？　ウラ取れてるのか」と問い詰めると、くだんの着流し記者は、

「わかりました。じゃあしばしお待ちを」

とひとことと言いおいて、着流しのまま夜の街へと消えて行ったという。全国紙の本社がまだ有楽町の繁華街に軒をつらねていたころの話だ。

そうして小一時間が経ち、着流し記者は編集局に舞い戻ってきた。社会部デスクの前へふらりと近寄って、一枚の紙を差し出す。

「これが証拠です」

それはなんと、逮捕状の現物だった。本物の逮捕状を示せばデスクも信用してくれるだろう、と刑事から現物を借りてきたのだった。

これは私が先輩から又聞きした記者伝説なので、実話なのかどうかはわからない。創作も入っているかもしれない。

しかしいずれにしても、こういう記者は例外中の例外だ。たいていの新聞記者はネタを取るのに四苦八苦し、さらにそのネタのウラを取るのにもっと四苦八苦している。

そこまでしてどうして特ダネを取ろうとするのか？

いやもちろん、いま紹介してきたような敏腕事件記者であれば「それは記者としての本能だ！」と鋭く眼を光らせて答えるだろう。だがたいていの記者、私のように凡庸《ぼんよう》なごく普通の記者たちにとっては、そんなきれいごとだけでは特ダネ競争は説明できない。もちろん特ダネを取れた時は嬉しいし、「記者魂」みたいなものを感じることもある。

でも実際のところ、特ダネ競争に呑み込まれる最大の理由はもっと卑近なものだ。ひとことで言えば、新聞社のなかでの会社員人生がかかっているからこそ、みな必死で頑張るのである。

全国紙の記者は、たいていの場合まず地方の支局に回される。たとえば私は岐阜支局が入社して最初の赴任地《ふにんち》だった。そしてこの地方支局で警察から市政、県政、企画連載などひととおりの仕事をこなせるようになった後で、ようやく本社に上がることを許される。しかし本社と言っても、実は東京とは限らない。

東京行きのチケットをつかむ競争

たとえば私が在籍していた毎日新聞の場合は、「四本社一支社」体制を敷いていた。これは他の全国紙も同じようなものだ。東京、大阪、西部（北九州）、中部（名古屋）の四か所に本社、札幌に北海道支社があり、それぞれが独立採算制で動いている。編集局も別々だ。だから東京本社管轄《かんかつ》の東北や関東、信越などの支局に新人で配属された記者はやがて自動的に東京本社に上がることができるが、私のように岐阜支局というへんぴな場所の支局に回された者は、いったんはまず岐阜を管轄している中部本社に上がらなければならない。そして大阪や中部から東京への本社間異動はかなり絞られていた。

だから中部や大阪、西部などの管轄支局に配属された新人たちは、真っ青になっていた。花の東京で派手な取材をしたいと思って入社してきたのに、ひょっとしたら一生大阪や名古屋で塩漬けになる可能性があるということなのだ。まさかそんな人事体制になっているなんて、入社前には誰も想像していない。人事体制のことを知って「だまされた！」と叫ぶ新人さえいたのである。

さすがにこの人事体制は不公平だというので、その後は「社員は全員が二本社を経験すべし」という制度に改められた。東京本社管轄の支局に配属されても、いったんは大阪や名古屋に異動しなければならないルールに変わったのである。しかし九〇年代末にこの制度改正が行われるまでは、あちこちにいろんな恨みや妬《ねた》みの渦をつくり出していたのである。

今でも思い出す。入社して東京での全体研修を終えた後、名古屋に異動して本社研修に入る。その時に先輩記者から「君は将来どんな仕事をしたいんだ？」と聞かれ、「東京で警視庁とかやりたいです」と意気揚々と答えると、その先輩は皮肉っぽく笑ってこう答えたのだった。

「バカだなあ。お前なんかたぶん一生この名古屋だぜ」

実際、名古屋に来てみると、別に名古屋出身でもなんでもないのにそのままこの地に塩漬けになり、記者人生を半分以上も過ごしてしまっているようなベテランがごろごろいたのだった。よほど達観した人を除いて、たいていの記者が東京本社に対してなにがしかのルサンチマンを抱いていた。

中部本社には支局も含めて五十人以上の記者がいたが、東京に異動できる枠は年間ひとりかふたり程度しかいない。よほどの敏腕でなければ東京行きの切符は手にできない。いや、あまりにも敏腕な記者はかえって中部の編集局が手放したがらない。実際、私が中部本社にいたときも「超」のつく優秀な事件記者がいたが、もう十年ほども名古屋に塩漬けになっていて、半分は腐って仕事へのやる気をなくしていた。

ほどほどに敏腕で、しかもその腕を上回る運にめぐまれなければ東京行きのチケットをつかむことはできないのだ。

かといって取材記者としての手腕に「ダメ」の烙印が押されてしまうと、今度は内勤の編集職に配置換えされてしまう。派手な外回りの記者の仕事を目指して新聞社に入社してきた若者にとっては、内勤に回されるのも屈辱的だった。だから「整理部」という名称の内勤職場には、さらにもっと鬱屈《うっくつ》した外勤記者へのルサンチマンが渦巻いている。新聞社というのはどこまで行っても妬みと恨みの渦巻く、人間くさすぎるほど人間くさい空間なのだ。

そういう意味で私は非常に運が良かった。中部本社報道部に異動した後、直属の上司になった報道部長が名古屋プロパーではなく、東京から左遷されてきたベテランだったのだ。彼は二年ほど名古屋で不遇をかこった後、東京の社会部長として呼び戻された。何を気に入ってくれたのか、その時に私を一緒に引っ張ってくれたのである。名古屋に異動して二年目、愛知県警で生活安全部を担当していた秋のことだった。

東京に異動が決まったとき、県警キャップは私に言った。

「東京本社は生き馬の目を抜くような組織だ。かんたんに人を信じるなよ。騙《だま》されるなよ」

このキャップも非常に優秀な人だったが、名古屋にずっと塩漬けになっていた。

そう言われて、でも意気揚々と異動してきた東京本社は、確かに魑魅魍魎《ちみもうりょう》のうごめく組織だった。誰が何と言おうと、東京本社の取材部門は新聞社でも花形中の花形である。誰もが自分のポジションを必死で守り、蹴落《けお》とされないように手練手管を尽くしている。

東京本社社会部に異動してから何年も経ち、中堅と呼ばれる程度になったころ、私は自分より何年も年次が下の記者に酒の席で聞いてみたことがある。

「なあ、おまえの記者としての目標ってどんなこと?」

その若手の返答を聞いて、私は居酒屋の椅子から転がり落ちそうになった。彼はこう言ったのだ。

「すこしでも長くこの社会部にいることです」

しかし実のところ、私も「すこしでも長く社会部に」と思っていたし、たいていの社会部記者もおそらくそうだった。そういう多くの社会部員が共有しているひそかな、しかし口には出せない願望を、ただ素直に言葉にしてみせただけだったのだ。

ある先輩記者は、社外で一緒にランチをとった際、突然手帳を取り出して同期の記者の名前をずらずらと挙げはじめた。のぞき込んでみると、社会部員名簿が小さくコピーして張り付けてある。

「こいつとこいつはもう消えるな。結局オレとライバルになりそうなのはこれとこれか」

百人近い体制の東京社会部のなかで、キャップやデスクとして残れるのはその四分の一程度だ。同期が十人いるとしたら、キャップになれるのは二、三人。そのなかに残れるかどうかを先輩は細かく計算していたのだった。キャップになるのはまだ五年ぐらいは先だというのに。

こんなエピソードは語り出したらきりがない。部下や後輩の成果を横取りし、さも自分が取ってきた特ダネであるかのように吹聴《ふいちょう》する記者。ハイヤーで取材に向かう途中に上司の家に寄り道して、お中元やお歳暮をこっそり届けてきた者。文字どおり「生き馬の目を抜く組織」だ。

チームで現場に取材に行き、皆でネタを見つけて取材活動をさらに進めるというのはよくあることだ。しかしそうやって皆で取材している間にこっそりひとりだけ編集局に戻り、さも自分ひとりでネタを見つけてきたかのように上司に報告して自分の署名で記事を書くような者もいた。

本当に吐き気を催すほどだ。いやもう、いま思い出しても反吐《へど》が出る。

とは言っても、そうやって上司へのごますりだけで出世できるほど腐敗した組織ではなかった——少なくとも私のいた新聞社は。

生き抜いていくためには、とにかく特ダネを書きまくり、他社を出し抜いて抜きまくるしかない。実際、キャップからデスク、部長、局長と上の方の役職に行けば行くほど、そこにはきらびやかなまでに敏腕事件記者たちがぞろぞろ並んでいるのだった。とくに毎日新聞という組織は、組織のマネジメント力や経営ビジョンなんかもうどうでも良くて、とにかく優秀な事件記者であればあるほど昇進できるという非常にわかりやすいポリシーで動いていたのだった。

そういう世界においては、特ダネへの圧力は異様なほどに高まる。この高圧は、どこかに排気弁をつくってやらないと爆発してしまう。実際、爆発してしまって正気をなくし、事件の現場から退場していった記者も少なくない。あまり公にはなっていないけれども、新聞業界での精神的な病気の発症率はかなり高い。「誰それが自殺した」という話もひんぱんにある。みな排気弁を詰まらせてしまうのだ。

記者と警察当局がつくる三つの共同体性

そしてこの排気弁をうまく操作することにきわめて長《た》けているのが、手練《てだ》れの検事や警察幹部なのである。彼らは排気弁をほんの少し開けて爆発しそうな記者の内圧を下げてくれる。その代わりに記者をコントロール下に置いてしまう。そうして情報のコントロールを少しずつ、少しずつ強めていくのだ。

非対称な関係に甘んじている記者は、このコントロールを回避することがきわめて難しいのである。

しかし、である。

本章冒頭に書いたように、だからといって「マスメディアは権力にコントロールされている」と言い切るのも、実は間違っている。そこにこそ、実はこの関係性の理解の難しさがあるのだ。

なぜ「マスメディアは権力にコントロールされている」という言説が間違っているのだろうか。

なぜなら、この両者の関係は、権力による一方的な支配ではなく、非常に複雑で巧妙な「共同体」を構成しているからである。

その謎を解き明かすための導線として、この関係性を表現する三つの重要な性格を説明していこう。


「友愛のない共同体」

「二重の共同体」

「広場のない共同体」

まず第一の「友愛がない」ということ。

先ほども書いたように、特ダネをとりたいという新聞記者の欲求と、情報をコントロールしたいという警察幹部の欲求は位相がずれていて、きわめて非対称だ。だからそこには、同じ目的を持つ者どうしがつくる組織感覚のようなものは存在していない。会社や宗教団体や労働組合のように、一定の目的を持った人たちが集まる組織を「アソシエーション」というが、警察幹部と新聞記者のつくる圏域は決してアソシエーションではない。新聞記者が属する新聞社、警察幹部が属する警察という組織はいずれもきわめて強いアソシエーションだ。しかし新聞記者と警察幹部の関係は、そこになにかの空間が形作られてはいるものの、アソシエーションでは決してない。なぜならそこにはアソシエーション特有の連帯感のようなものは欠如しているし、記者と警察幹部は共通の目的を持っているわけでもないからだ。

しかし一方で、警察幹部と記者を包む空間は、濃密なコンテキストによって満たされている。きわめてハイコンテキストなのだ。

ハイコンテキストとは何だろうか。

コンテキストは文脈や背景事情であり、コミュニケーションの背景にある言語や共通認識、価値観、論理といったもののことを指している。ハイコンテキストというのは、他者とコミュニケーションをする際に、きわめて高度で濃密な文脈や背景事情をお互いに共有しているという意味だ。

これはアメリカの文化人類学者エドワード・ホールが一九七〇年代に使いはじめた言葉だ。ベトナム戦争に敗北し、他民族への理解が不足していたことをアメリカ人が実感していた時代。ホールがハイコンテキストという言葉を使って説明した異文化理解の手引き書『文化を超えて』はベストセラーになった。

この本のなかで、ホールはハイコンテキストをこんなふうに説明している。——ハイコンテキストなコミュニケーションでは、情報のほとんどは身ぶり手ぶりのような身体のコンテキストのなかに含まれているか、あるいは個人が内側に持っている。明確に言語化された部分には情報がきわめて少ない。しかしローコンテキストなコミュニケーションでは、情報のほとんどは明白に言語化されている。

ホールの説明は明快だ。つまり何かを語るときに、明瞭な口に出された言葉のやりとりだけで成り立つのがローコンテキスト。これに対して、口に出している言葉の背景にあるコンテキストまで考慮に入れないと、コミュニケーションが成り立たないのがハイコンテキストだ。

よく言われることだが、ドイツやフランス、アメリカ、イギリスなどの西欧文化の多くはローコンテキストだ。文章の主語と代名詞は明確で、文章を読めば誰でもその書き手の意思を理解できる。

これに対して日本や韓国、中国などの東アジア諸国はハイコンテキストと言われる。言葉だけでは、その意味はあまり伝わらない。

老夫婦の日常の会話。

「お母さん、あれはどこに行った？」

「はいはい」

お店で常連客とマスター。

「ねえあれかけてよ」

「また？　好きだねえ」

「なんかお腹空いたなあ」
「あれでいい？」
「やったぁ」

日本人であればこうしたやりとりは身近な人を思い出せばだいたい想像がつくから、二人がどんなコミュニケーションをしているのかは百パーセント理解できる。

夫はメガネを探し、妻はすでにそのありかを知っている。マスターは常連客の好きな曲をいつものようにCDプレイヤーにセットし、好みの料理をつくって喜ばせてやっているのだ。主語も目的語もほとんど必要なく、短い断片的な言葉のやりとりだけでコミュニケーションは成り立ってしまう。

こういう言葉のやりとりは、ローコンテキストな文化では成立しにくい。言葉の外側にある共通認識が乏しいので、「言外ににおわす」というようなことが不可能だからだ。

しかし日本では、言葉だけでは伝わらないが、その言葉をどういう空間かくるんでいるのかというコンテキストまでを含めて理解していればきちんと伝わる。それがハイコンテキスト、コンテキスト依存ということだ。

このようなハイコンテキスト文化が生成されてきた背景には、日本社会特有の「ムラ」性がある。

日本には外部に対して閉ざされた共同体が非常に多い。農村や企業、さらには大学の体育会やサークル活動だって閉鎖的になりやすい。そういう閉鎖的な共同体では、わざわざ言葉を使わなくても何となくの空気感で意思が伝えられるようになる。

こういうムラでは、コミュニケーションがうまくいくかどうかは、やりとりされる言葉が多いか少ないかとは全然関係ない。コンテキストが濃密に共有されていさえすれば、コミュニケーションは完璧に成り立ってしまうのだ。何十年も寄り添ってきた夫婦の間では、夫が「あれ」と言っただけで、妻は「メガネのことね」と理解できてしまう。

そしてこの閉鎖的共同体から派生的に生まれてきたハイコンテキストは、長い歴史のなかで日本社会の多くの場所に浸透している。

その結果、あたらしく生まれた共同体であっても、「ハイコンテキストであること」という形質が後天的な性質としてかぶせられてしまう、という逆転的な現象が起きてしまっている。つまり、あるコミュニティが開放的か閉鎖的かにかかわらず、日本社会から生まれてきたコミュニティはかならずやハイコンテキストへと流れていってしまう。あまりにもハイコンテキストに慣れてしまい、その空気感を心地よいものであると感じるわれわれ日本人は、どんな共同体にもハイコンテキストを求めてしまうのである。

だから日本では、近所のお年寄りなら誰もが加入できるような公園のゲートボール同好会だって、会員を一般公募している趣味のサークルだって、あるいはインターネットのコミュニティだって、みんな一律にハイコンテキストだ。「オープンにやろう」「外に開かれた言葉で語ろう」と思っていても、気がつくとどうしても内向きの濃密なコンテキストを共有してしまうという宿痾《しゅくあ》のようなものを、日本人は共同体感覚のなかに背負ってしまっているのである。

そしてこのハイコンテキストな感覚は、警察と記者の関係性のなかにもきわめて濃密に持ち込まれている。

警察幹部と新聞記者の関係はきわめてハイコンテキストである。直接的なやりとりはほとんどなく、短く、しかしあいまいな、時には暗喩《あんゆ》的な表現でコミュニケーションを行う。主語も述語も使わない。会話の量も少ない。少ないけれども、そこには隠された膨大な情報量が、言外の口には出されない空気を伝ってやりとりされている。

「サツ官的にはイエスでした」

小説『クライマーズ・ハイ』に出てくるこのセリフ。

あるいは警視庁捜査一課長が私に言ったこの言葉。

「表情で『当たりだ』と伝えてたでしょう」

こういうやりとりに、ハイコンテキストの濃密さが端的に現れている。

いったい何が警察と記者を結びつけているのか

警察と記者の間には、共通するバックグラウンドや属性はほとんどない。

夜回りをする側と受ける側の目的だって、異なっている。警察幹部は情報のコントロールを目的とし、記者は特ダネを目的としている。

利害も一致しない。警察は情報を出したくないし、記者は情報を暴露したい。

組織も同じではない。警察幹部は警察の組織の論理で動き、記者は新聞社の社員だ。

法律や業界のガイドラインなどで、その関係が規定されているわけでもない。

記者クラブについては日本新聞協会が「記者クラブについての見解」という文書を発表しているが、もともと法律のグレーゾーンに存在している「夜回り」という行為のなかにおける警察と記者の関係については、公式にはどんな団体もいっさい口にしていない。そもそも警察の公式見解は「夜回りなどいっさい受けていない」というようなものだし、新聞テレビ業界の側も夜回りの有無や是非について表だって業界として表明したことなど一度もないはずだ。

そしてこの両者は、「正義」をどうとらえるかという価値観もまったく異なっている。警察にとっては都合の悪い情報などいっさい表に出す必要はなく、ただひたすら犯人を挙げることだけが正義だ。しかし記者は犯人を挙げることと同じぐらいに、警察が隠している情報を暴き出して白日のもとにさらすことも重要な正義だと考えている。

ライフスタイルも異なっている。

警察官はたいていの場合、正義感の強いマッチョだ。男尊女卑で、家父長的で、マンションを嫌って「一家のあるじ」として一戸建ての分譲住宅に住みたがる。

そして同時に恐ろしいほどに官僚的だ。警察集団の中の規則は絶対に破らないし、前例のないことには手を出さない。上下関係もきわめて厳しい。外部に情報を公開することを極度に嫌う。

一方で新聞記者は、普通のサラリーマンじゃないことを主張したがり、遊ぶことも大好きだ。たいていのマスコミ企業は給与も警察よりずっと高いので、輸入車に乗り、都心のマンションに住み、比較的豪華な生活ぶりを誇示したがる。そのくせアウトサイダーを気取り、自分たちは社会のはぐれものだと思いたがる。

警察と記者の世界観はなにからなにまで正反対なのだ。

このようにまったく異なる圏域に存在しているはずの警察幹部と記者は、なぜか深夜の住宅街でひんぱんに邂逅《かいこう》し、ハイコンテキストなコミュニケーションを交わしている。そしてこのようなハイコンテキストは、そこに独特の「共同体感覚」を派生的に生み出している。警察と記者、という外部の誰にも理解されないコンテキストだけで結ばれた共同体である。

この共同体の構成員たちは、「同じ空気感、同じコンテキストを共有している」という感覚だけに従って、強い紐帯《ちゅうたい》でむすばれている。

社会をゆるがす大事件の捜査に関わっているという興奮。その事件にまつわるさまざまな情報。そしてそういう情報をやりとりする際に使う隠語。禅問答のようなコミュニケーション。そういう事件にまつわるコンテキストの濃密さだけが、この共同体を維持する基盤となっているのだ。

そしてこの共同体は、夜回りというリアル空間のなかで行われている行為のなかでだけ成り立っている。だから今後はこの共同体を、仮に〈夜回り共同体〉と呼ぶことにしよう。

こんな夜回りのような関係性が、本当に共同体といえるのだろうか？　そうお感じになる人もいるだろう。さらに説明を続けよう。

「夜回り」と「記者会見」という二重性

第二の性格である「二重の共同体」。

先ほども書いたように、「記者と警察幹部」の関係は、圧倒的に非対称であり、警察幹部に記者はコントロールされがちになる。

しかし実際には、警察幹部はイコール警察当局とは言い切れないし、記者もイコール新聞社ではない。マスメディアという装置と警察という装置の関係性と、記者という人間と警察幹部という人間の関係性は、重なっているところは多いけれども、完全に一致しているわけではない。そこには見通しにくい「ズレ」のようなものがあるのだ。

実は警察とマスメディアの間には、二種類の関係性が層《レイヤー》となって重なっている。ひとつのレイヤーは、記者クラブやオープンな記者会見で見られるようなオモテの関係性。マスメディアという機関と警察当局という機関。そういう機関どうしのつながりが、このオモテの関係性だ。

そしてもうひとつのレイヤーが、今まで私が説明してきたような夜回りにおける警察幹部と記者のウラの関係性。このウラの関係性は、あくまでも個人と個人のつながりをベースにしている。

そういう二重性があるのだ。

ウラの関係性が〈夜回り共同体〉であるのに対し、このオモテの関係性を〈記者会見共同体〉と呼ぶことにしよう。

これは必ずしも悪評高い記者クラブとイコールではない。たとえば警視庁捜査一課のケースで言えば、定例の記者会見には警視庁の七社会、警視庁記者クラブ、ニュース記者会という三つの記者クラブのいずれかに所属している記者でなければ出席できない。

しかし突発的な事件が起きた時はそうでもない。たいてい最初の記者会見は、事件が起きた現場のある警察署の副署長が開く。この時は記者クラブ所属ではないさまざまな記者がやってくる。中には記者クラブに加盟を認められていない雑誌の記者も副署長席に詰めかけていたりする。そういう多様な報道陣に向けて、副署長は現在進行形の情報をリアルタイムで伝えていく。

記者会見を開くのは、警察だけとは限らない。時には関係している個人や企業、組織、団体などが釈明や説明などのための記者会見を開くときもある。こういう場合はその団体の考えにもよるけれども、たいてい会見はオープンで、「報道」という腕章を付けているような記者ならたいていは参加できる。

この広場で重要なのは、「事件」というトピックだ。このトピックを軸にして、参加者はそのときどきで入れ替わる。オープンな広場になるときもあれば、記者クラブ加盟社だけのクローズドな広場になるときもある。しかしいずれにしても、随時そのメンバーが入れ替わっていくことには変わりがない。

それはたとえて言えば、インターネットのスレッド型掲示板のようなものだ。あるテーマについて、スレッドやトピックと呼ばれる元ネタが立ち上げられる。それに対してさまざまな参加者が投稿し、質問し、回答し、意見交換する。その掲示板はオープンに誰でも参加できる場合もあれば、管理人が参加者を制限している場合もある。許可がなければ発言や質問もできないように厳しく管理されていることもある。

しかしいずれにせよ、この掲示板で重要なのは「元ネタ」だ。すべては元ネタを中心にしてコメントの数々が積み重ねられ、元ネタを中心にしてスレッドは展開されていく。参加者どうしの人間関係も生まれてくるけれども、それはあくまでも副効用的な派生効果でしかない。

記者会見もこのスレッド型の掲示板と同じだ。つねにやりとりは「元ネタ」であるなにか特定の事件を中心にして展開されていくだけであって、この記者会見という広場では記者と警察幹部、記者と記者の間にある関係性はさほど重要ではない。

先ほども書いたように捜査一課担当の一番機と捜査一課長の関係性は非常に微妙だ。中には一課長に相当に食い込んでいて、かなりのネタを引き出している強い事件記者だっているだろう。私のように日ごろの夜回りでは一課長にまったく太刀打ちできていないが、文句を言ったせいで課長から「おまけ」のような特ダネをもらった記者だっている。あるいは捜査一課担当になったはいいけれども、全然ネタがとれなくて苦闘している記者もいるだろう。一課長と記者の関係は、個人によって全然様相が異なっている。

しかしそうしたさまざまな微妙な関係性は、記者会見ではいっさい表出されない。仮にある記者が一課長とズブズブに仲が良かったとしても、表だってその関係性を会見場などで見せるなどということは百パーセントあり得ない。

「〇〇君、今日も君が特ダネを取ったねえ」

「課長、やめてくださいよぉ」

といったようなへたくそなテレビドラマに出てきそうなじゃれ合いなんてものは、まったくあり得ないのだ。それどころか、仲が良ければ良いほど公の場所ではその関係性をひたすら隠す、というのが当たり前なのである。

警視庁を担当していたころ私は、ネタをもらっていた警部、警部補クラスの刑事としょっちゅう桜田門の警視庁本部内で出くわしていた。お昼休みに一階の食堂でランチをとっているとき、廊下を歩いているとき、ふいに相手が目の前に現れたりするのである。

しかしそういうときに声をかけるのは、御法度《ごはっと》中の御法度だ。そ知らぬ顔をして通り過ぎるのである。そして刑事の方も、「なんだお前、無視して水くさいじゃないか」などと声をかけてくることも絶対にあり得ない。向こうも何食わぬ顔で歩き去って行く。ひと気のない廊下で会っても同じだ。誰も見ていないのに、そしてお互いが一緒に酒を酌《く》み交わすほど仲が良いのに、それでもいっさい声をかけない。目も合わさない。相手の存在をキャッチした瞬間から、まるで相手が空気であるかのように振る舞って、いっさい無視する。それがネタ元の刑事と会ったときの鉄則なのだ。

記者会見という場は徹底的に「公」であり、夜回りは「私」である。公の場所では、私はいっさい表に出さない。それはある種の日本的な美学でもあって、それがここでは極端なかたちで現れているともいえるのだ。

そして「公」である〈記者会見共同体〉では、警察と記者の関係は対立構造にあることになっている。なぜなら新聞社やテレビ局は、警察当局という権力をチェックする機関であるというのが建前であり、そこにはズブズブのなれ合いなどいっさい存在せず、つねに緊張関係にあるというのが公的な建前になっているからである。だから記者会見では、建前に沿ったかたちで警察は追及され、厳しい質問も多く飛ぶ。私的な〈夜回り共同体〉においてその幹部と実はとても仲が良いかどうかといったことは、勘案《かんあん》されない。あくまでも公的な立ち位置にもとづいて記者から質問は行われ、警察幹部の側も公的な立ち位置にもとづいて質問に回答する。

これは言ってみれば、公的な儀式のようなものだ。

だから記者たちは、有能になればなるほど、記者会見ではいっさい質問しなくなる。記者会見はたしかに記者たちが属している記者クラブが主催する「広場」なのだけれども、彼らが本当に所属しているのは〈記者会見共同体〉という表向きの「広場」ではなく、その「広場」の奥底に隠された一枚下のレイヤー、〈夜回り共同体〉という秘密の場所なのだ。

だから事件の記者会見で熱っぽく質問をする記者を、敏腕たちは冷ややかな目で傍観している。

ウラの関係性はオモテでは表出されない

私が捜査一課を担当していたころ、ある殺人事件が世田谷区で起きた。通常は初動の会見は副署長が対応することが多いのだが、その日はどういうタイミングだったのか、捜査一課長がいち早く現場に到着しており、警察署の副署長席で一課長が報道陣に対応した。

詰めかけている記者たち。そのなかには当然、警視庁の記者クラブメンバーではない記者たちや雑誌のライターなども交じっている。

どこの新聞社だろうか。各社の捜査一課担当たちが誰も顔を知らないその若い記者は、捜査一課長が何かひと言説明をするたびに、突っかかるようにして問い詰めている。

「ちょっと待ってください、遺体の状況をもっと説明してもらわないと。何で言えないんですか？」

苛立《いらだ》ったような表情で返答する一課長。

「だから言ったでしょう。まだ遺体の検分が済んでいないんです」

「だってもう発見から二時間以上経ってるじゃないですか。何してるんですか」

一課長は、恐ろしくむっとした表情でその質問を無視した。

私はそのやりとりを真横で見ていて、はらはらしてしまう。いつも苛々していて、虫の居所が悪いと一番機に当たり散らすことで有名な一課長に対し、その質問の仕方はないだろう。いったいどこの社なんだ、こいつは――。

しかしその感想は、私の口からはいっさい発せられない。ただ黙って、若い記者と一課長のやりとりを見守っているだけだった。それは他社の一課担当も同じで、誰も横槍《よこやり》を入れるどころか質問さえしなかった。そして若い記者の質問に苛立ちながら対応している一課長も、特段われわれに助けを求めたり、「この失礼な記者をどうにかしろ」と怒りだしたりもしない。一課担当に対してはいつも厳しくあたる一課長も、この若い記者に対しては、直截的な怒りをぶつけることもなく苛々と我慢しながら説明を続けていた。

なぜか。

なぜなら記者会見は公的な儀式の場であり、私的な裏側の〈夜回り共同体〉の関係性を持ち出す場所ではない、ということを一課長の側もよく知っているからである。

一課長も一課担当の記者も、どちらも〈夜回り共同体〉の住人であって、〈記者会見共同体〉への参加は単なる表向きの体裁を取りつくろっているにすぎない、ということをよく知り尽くしているからである。

そうしてとげとげしい一連のやりとりが終わり、若い記者は「尊大な警察の幹部をやり込めてやったぜ」というような自慢げな表情で警察署から去って行った。たぶん恋人や、それとも学生時代の友人にでも「自分がいかに権力と日々闘い、警察幹部をやり込めてやっているか」というようなことでも吹聴しようと思っているのだろう。

私も記者の駆け出しの時代にはそういう時期があったから、彼の気負いはたいてい想像がついた。しかし警察権力の取材をどっぷりと続けているうちに、そういう反権力的気負いが実はたいそう牧歌的な幻想にすぎないということを、たぶん彼も思い知るときが来る。そしてそれを一課担当の中堅クラスの記者たちもよくわかっているから、その若い記者に特段腹も立たない。

「ああ、まだわかってないんだな」

という淡い感想が頭に浮かぶだけなのだった。

そうして儀式的な記者会見はとっとと終わり、昼間の〈記者会見共同体〉のベールを脱ぎ捨てる時間が来ると、再びわれわれは〈夜回り共同体〉の住人として、夜の世界へと戻っていったのだ。

警察と記者の関係は、このような昼と夜、表と裏の二重の共同体によって成り立っている。

皆が集まる広場は存在しない

そして三つ目の性格である「広場のない共同体」。

リアルの共同体は、一人ひとりが実際に会ってつながり、そういう対面の基盤をもとにして生活や仕事を共有する集まりのことを言う。インターネットでも、その基盤がリアルの物理空間からネットの電子空間に変わるだけで、やっていることは同じだ。いずれにしても、どこか広場のような場所に全員が集《つど》い、そこで相互にコミュニケーションを交わすところから共同体は発生するのである。つまりは「広場」が必ず必要であるということになる。だからこそギリシャの時代から、人々はこの広場を「アゴラ」と呼んで非常に重要な場所として認識してきた。

〈記者会見共同体〉は事件という元ネタを中心に参加者がやってきて、会見場という「広場」に集まる。この共同体の主軸はなにか特定の事件というトピックであり、そして会見場という中心的な場所を持っているのだ。

これに対して、〈夜回り共同体〉には事件というトピックもなければ、広場のような中心的な場所もない。トピックや場所を軸として構成されているのではないのだ。

では何を軸として、〈夜回り共同体〉は構成されているのだろうか？

その軸はあくまでも、警察幹部と記者という特定の人間関係である。そのときどきで扱われていく事件のトピックは変わり、遭遇する場所も自宅前や喫茶店やあるいはどこかの路上など次々と変移していくが、しかし関係性そのものは変移していかない。

そしてこの関係性は、担当する記者が異動で交替しても、なんと継続されてしまうのだ。

警視庁に限らずどこの道府県警察本部の記者クラブでも、たいていの場合「ネタ元の引き継ぎ」ということが年度末などに行われている。

私が警視庁捜査一課の担当になったのは、一九九五年春だった。オウム真理教事件が起きていた最中のことである。新宿署のサツ回り記者だった私は山梨県上九一色村《かみくいしきむら》や南青山にあった教団施設などの現場に駆り出され、そして地下鉄サリン事件が起きて世間が騒然としているさなかに警視庁担当になった。新聞社では花形の警視庁クラブだったが、そんなことを喜んでいる暇もなく次々と勃発《ぼっぱつ》する事件にただ引きずり回され、右往左往する毎日だった。

この右往左往の途中で、その前年度まで一番機を務めていた先輩記者から引き継ぎを受けた。このなかでも最も重要な引き継ぎ作業は「ネタ元の引き継ぎ」だった。まだ正式な記者クラブ員になる以前に、先輩記者と一緒にハイヤーに乗って夜回り先に向かい、何人かのネタ元の刑事の自宅に一緒に行って紹介してもらったのである。

「今度からこの佐々木がうかがいますので、よろしくお願いしますわ」

先輩は自分が異動になってしまった不義理を詫《わ》びながら、私を褒《ほ》めちぎった。

「こいつはちょっと無愛想だけど誠実な性格でよく働くんで、面倒みてやってください。ほんとにいつもすみません」

すでに帰宅してパジャマ姿だった無愛想な刑事は、少し苦笑いのようなものを浮かべながら「ああ、うん」と口のなかに呑み込んでしまうように曖昧に返事をした。先輩はさらりと、

「ところで今度の築地の事件ですけど……」

と話を変えた。刑事は安心したように「まあ時間はかかるわな」などといつもの禅問答を始めている。私はそのやりとりを聞きながら横でじっと待った。

そうして面会して十数分で、あっけなく引き継ぎは終わった。そうして次の回からは、私ひとりでその刑事の家を訪ねるようになったのである。

夜回りの引き継ぎ、というのは刑事と記者のどちらから見ても、なんとも奇妙な風習だ。生理的に素直に受け入れるのが難しい。ただ新聞社と警察は腐れ縁であって、昔からそうやって関係性を持続させている、という伝統だけでそういう引き継ぎが行われているだけなのだ。だからその関係性の異常さを、誰も納得していない。

本来はこの〈夜回り共同体〉は、個人と個人のひっそりと隠された関係のはずだ。それは言ってみれば、不倫の男女のようなものである。公の場ではその関係性はいっさい公開されず、夜の暗がりの中だけでコミュニケーションは交わされるのだから。禁じられた不倫なのである。

ところがこの禁じられた不倫関係では、女の方が入れ替わっても、その不倫が維持されてしまう。女が会社で転勤になると、いつもの密会のホテルに後輩の女性を連れてこっそりやってきて、男にこうささやくのである。

「今度から後輩のこの娘《こ》が来るから、よろしくね」

こういう関係があるとすれば、それは何とも不思議なゆがんだ性愛だ。

この女性が売春婦であれば、引き継ぎがあるのも理解はできる。「金銭のやりとり」が主軸であって、「誰がそのお金をもらうか」という関係性は二次的だからだ。売春婦の引き継ぎ（というようなものがあるとすればだが）、単なる事務作業の一環にすぎない。

しかし夜回りは不倫と同様に、金銭関係など発生しない。不倫が性愛だけを軸としているのであれば、夜回りは事件の情報を軸としているだけだ。それでもそこには引き継ぎという商行為のようなものが生じている。

それは言ってみれば、誰と誰がつながるのかというその個人のキャラクターを超えてしまって、「つながっている」という関係性だけが濃縮され、抽出されているということなのかもしれない。それほどまでにこの共同体では、関係性に最も大きな価値が置かれ、関係性こそがすべてを支配するルールとなっているのである。広場という場所や、どんな事件を扱うのかというトピックなどはもはやどうでもいい副次的なものにすぎないのだ。

だから優秀な事件記者になればなるほど、この関係性を最優先で大事にする。どんなに凄い特ダネをつかんでも、ネタ元の警察幹部や刑事との関係性を壊す可能性のあるネタは記事にしない。

前にも紹介した大先輩は、私にこう諭《さと》したことがある。

「佐々木、事件記者には二種類あるのを知ってるか」

「二種類？」

「狩猟民族と農耕民族だ」

そうして先輩は、こう説明してくれた。「ネタをつかんだらすぐに書いてしまうのが、狩猟民族型記者だ。目の前の餌に目がくらんで特ダネをものにするかもしれないが、そんなヤツは事件記者としては大成しない。ネタ元から『こいつはすぐに書いちゃうヤツなんだな』と判断されてしまう。そんなヤツに軽々しくネタをしゃべってくれる刑事なんていなくなる」

そして先輩は私の胸の内を見透かすように、怖い目をぎらりと光らせた。「お前はそういう仕事の仕方をしてるんじゃないか？」

私は何か言おうとして、しかし言葉を呑み込んだ。たしかに思い当たることがたくさんあったからだ。刑事が教えてくれたことを簡単に記事にしてしまい、後から「もっと調べてから書けよ」と当の刑事本人から苦情を口にされたことも一度や二度ではなかった。

「農耕民族にならなきゃダメだ。ネタ元を育てて育てて、何を聞いてもめったに書かないんだ。そうやって信頼を高めて、ネタ元を大切にして、そうやってればそのうち書けるネタが転がってくることがある。その時に初めて、じっくりと書けばいい。焦ることなんか何もないんだ」

先輩は、しみじみとこう付け加えた。

「事件記者人生は長いんだからな。一生かけて完成させるぐらいでいいんだ」

そうして先輩は、私もよく知っている別の記者の名前を挙げた。

「あいつを見ろ。墓場までネタを持って行ってまったく書かないって言われてる。書かない事件記者は社内では褒められないが、事件記者の間ではとびきりのスターなんだ」

そもそも共同体とは何か

夜回りは、このように「関係性」が極度に先鋭化された世界なのである。研ぎ澄まされた関係性を基盤として、事件ネタという情報が流通する共同体。広場はなく、網の目のような人間関係を軸とした共同体。

それが〈夜回り共同体〉の本質なのだ。

しかし、これを共同体と呼ぶことに抵抗を持つ人はそれでもまだいるだろう。特に実際に夜回りをしている記者は、自分が警察との共同体に属しているという感覚はないはずだ。

しかしそういう共同体への帰属実感がないことにこそ、実はこの共同体の大きな特徴がある。

なぜか。

彼らの視野に入っているのは、一本一本の具体的人間関係しかない。その関係の先に、別の記者や別の警察幹部、検事たちがつながっているという実感はないからだ。つまりそこには、通常の共同体が持っているアゴラ的な広場が存在しない。いくらつながっていても、そこに広場がなければそれは単なる「人間関係」であって、「共同体」としては感じられない。

そもそも共同体という日本語には、何かしら友愛のにおいがする。つまりそこに参加している者たちの間に、「私たちは仲間」的な感覚がきちんと存在し、お互いがきっちりと結びつきあっているというようなニュアンスだ。しかし共同体は実のところ、それほどに一意的なものではない。

いったい共同体とは何だろうか。実はその概念はかなりあいまいだ。時代によって、あるいは語り手によってその定義はさまざまに異なっている。

歴史的に見れば、もともとは農村のような地縁や血縁で結ばれている集団を共同体と呼んでいた。英語ではコミュニティ。このような伝統的な共同体では、慣習や儀礼、宗教、あるいは場所、生活、労働などが共有されていることが共同体の成り立つ条件となっている。

しかしこういう伝統的な共同体は、近代に入ってからは徐々に衰退していった。その先にどういう集団が生まれてくるのかがここ百年ぐらいの社会学の分野の重要なテーマになっていて、たとえば古い話で言えば、十九世紀終わりのテンニースはゲマインシャフトとゲゼルシャフトという構図を考えたことで有名だ。前者は伝統的な地縁血縁の共同体で、後者が自分の意思で参加する企業や組合といった近代以降の新しいタイプの共同体。またもう少し後の二十世紀半ばに出てきたマッキーヴァーは前者をコミュニティ、後者をアソシエーションと呼んだ。コミュニティは特定の地域に人が集まって生活している共同生活で、アソシエーションはコミュニティを基盤として、その上に一人ひとりの関心にしたがって形づくられる結社のような集団である。

しかし、二十一世紀の今の地点に立ってみれば、産業革命以前の地縁血縁共同体は多くの先進国ではとっくに衰退してしまっている。だからそもそも地縁血縁共同体と目的中心の共同体、というようなテンニースやマッキーヴァーの分類はもはや有効性はない。かといってかつて信じられていたように、近代以降はコミュニティのようなものは完全に消滅し、個人一人ひとりが多様なかたちで社会に接続されていくのかと言えば、決してそのような自律した個人のユートピアのようなものも現れてきていないのが現実だ。

そういうなかで、さまざまな局面で語られている「共同体」の概念は今やかなり融解してしまっている。とりあえず現時点で学問的な領域で共通認識としてとらえられている「共同体」は、

「何か共有されたものがあり、その共有されたものによって結合されている社会集団」

というようなゆるく広い定義になっている。

この「何か共有されたもの」を、ここでは仮に「共有物」と呼ぶことにしよう。

この共有物の内容によって、共同体はさまざまに色を変える。

宗教という共有物で結合された、宗教の教団。

場所という共有物で結合された、ご近所さんとのおつきあいや町内会、農村。

血縁という共有物で結合された、家族や親戚。

これらはテンニースがゲマインシャフトと呼んだ伝統的な共同体だが、近代以降の共同体は共有物がもっと複雑になっている。

思想信条という共有物で結合された政党、政治結社。

何らかの権益の確保という共有物で結合された圧力団体。

利益追求という共有物で結合された欧米や中国の企業。これに対して日本企業の場合は必ずしも利益だけでなく、そこに伝統的なムラ的共同体にあるような強い紐帯も入り込んできている。

同じ趣味という共有物で結合された趣味のサークル。

愛国心や民族意識のような共有物で結ばれているのは、国民国家という共同体だ。この愛国心で結ばれた国民国家という共同体を提示したのはアメリカの政治学者ベネディクト・アンダーソンで、彼はそれを「想像の共同体」と呼んだ。アンダーソンは同名の本を一九八三年に刊行し、これは国民国家がどのように生まれてきたのかをメディアの発達のなかでとらえ直した歴史的な名著として知られている。

中世には存在していなかった国民国家という概念が近代になって生まれてきたのは、いったい何を背景にしていたのか。中世には宗教やムラ的共同体によって、リアルに人と人はつながっていた。しかし産業革命によって工場労働者が都市へと流入し、中世の共同体が崩壊していくなかで、一人ひとりをリアルにつないでいたものが失われていってしまう。

その失われたつながりを代替したのが、十八世紀から十九世紀にかけて勃興してきた印刷文化だったのである。新聞や書籍が普及し、それまでのラテン語のような知識階級のみが読み書きする言語ではなく、それぞれの民族によって話されているフランス語やドイツ語、英語などが「私たち」という民族を語る言葉として使われていくようになる。

これが「ひとつの民族がひとつの国家を形成する」という国民国家的なイメージの創生に大きく寄与し、それまでは一人ひとりがばらばらにしか存在していなかった国民を、ひとつの国家のもとへとつないでいくことになった。つまりはこのつながりは決してリアルなつながりではなく、印刷文化が生んだ「想像」でしかなかった。これをアンダーソンは「想像の共同体」と呼んだのだ。

本来の定義でつかわれる共同体というのは、一人ひとりがリアルに接触してつながり、そういう対面の基盤をもとにして生活や仕事を共有する集まりのことを言う。つまりテンニースのゲマインシャフトだ。

この伝統的共同体とくらべると、印刷によってのみ人々がつながる想像上だけの共同体というのは異質だ。でもその異質なところに、近代以降のナショナリズムの本質があるのではないか、というのがアンダーソンの鋭い指摘だった。われわれが堅固なものだと思っている国民国家なんて、しょせんはイマジネーションの中だけの共同体じゃないか、ということなのである。

伝統的な共同体と異なり、近代以降の共同体というのはこのようにイマジネーション的な性格を色濃く帯びている。そこでは共有物は物理的な空間や血のつながりではなく、あくまでもメディアを経由して流れる情報を基盤としている。情報の流れが共有物を生み出すのだ。

ソーシャルメディアと〈夜回り共同体〉

情報の流れが生み出す共同体。

共同体を「情報をともに共有する人々」「コンテキストをともに共有する空間」と定義し直せば、これはインターネットのソーシャルメディアそのものではないだろうか？

つまりはフェイスブックやツイッターだ。

ここで警察と記者の話への補助線として、ソーシャルメディアの話へと少し踏み込んでみよう。私がこれまで説明してきた〈夜回り共同体〉とフェイスブックのようなＳＮＳの間には、実は類似点がたくさんある。

ソーシャルメディアのコミュニティには二種類ある。ひとつはサークルや同業者の寄り合い、趣味の集まりなど、実社会でも行われている活動を、そのままネットにも転写したものだ。集まる目的を皆が明確に共有していて、そこにはなにがしかの「友愛」のようなものがある。哲学者のカントは「他者の人格を手段としてだけ扱うのではなく、目的として扱わなければならない」という有名な言葉を述べたが、そのようにつながる自分と他者との間には、友愛の感情が生じてくる。

たとえ自分が「この業界内で有名になりたい」とか、「もっとお金持ちになりたい」と思ってそうした寄り合いやサークルに参加しているのだとしても、しかしせっかくそこで新たな友人たちとつながることができたのだから、彼らとつながったこと自体も大切にしていこうということだ。

そしてこのような友愛が存在するソーシャルメディアのコミュニティは、ネットでつながっただけのバーチャルな集まりであっても、「互いが互いとつながっている」「相手のことを大切にしたいと思っている」というアソシエーション的な友愛の力を強く持つことになる。

こうした友愛的なソーシャルメディアとしては、フェイスブックのグループ機能やミクシィのコミュ機能などが典型だ。かつて流行したパソコン通信も、きわめて求心力が強い友愛的なメディアだった。荒らしのようなものはあるし、罵《のの》り合いも時として起きるが、必ずそれを止めようとする人物が参加者の中から現れ、自浄作用を働かせようという引力がつねに強く働く。

ソーシャルメディアには、まったく違う方向のメディアもある。いま説明してきたような友愛的求心力をほとんど持っていない、つまり友愛的要素の乏しいメディアの一群だ。たとえば2ちゃんねるやツイッター、ブログのコメント欄でのやりとりが典型だ。

これらのメディアでは、情報が大量に流通しているので、情報アクセスの場所としての利便性はきわめて高い。しかし一方で、非常な勢いで荒らしが起きやすいというデメリットもある。

なぜならそこに参加している人たちの間には、なんらの友愛も求心力も存在していないからだ。参加している人たちの目的や意図はバラバラで、相手に対して友愛の感情を持とうという努力さえしていなかったりする。もちろん中には友愛を交わそうとする人たちも存在するのだが、荒らし的な発言も多いなかでは、そうした気持ちはときとしてかき消されてしまう。決してすべてが殺伐とした場所というわけではないのだが、かといって友愛的な雰囲気があたり一面に満ちているような牧歌的な雰囲気は皆無だ。

だからこうしたメディアは、友愛のアソシエーションではなく、ある種の情報交換所のようなものである。実社会で言えば、パーティーやセミナー会場のようなものだ。

こうした非友愛的な場には友愛があるとは限らない。参加者どうしが憎み合い、罵り合っていることもある。誰もそれを止めない。

目的も同じとは限らない。情報収集を求めて参加している者もいれば、自分の意見をただ言いたいためだけに参加している者もいる。目的をひとつにしようなどと呼びかける人は、当然皆無だ。自分の勝手な目的で、好きなように使えばいいのである。ただそこには両替所のような情報交換の場所が用意されているだけで、最低限のルールさえ守っていれば、参加者がどのような意思や感情を持っているのかについてまでは斟酌《しんしゃく》されない。

俯瞰《ふかん》してみると、日本のソーシャルメディアには「友愛」を軸としたものと、「情報」を提供するものの二種類が混在し、ある種クルマの両輪のようなかたちでここまで進化してきている。

まず2ちゃんねるのような「情報」のメディアが流行り、その後に2ちゃんねるへの反動のようにして「友愛」のミクシィが現れ、そしてミクシィのあとには再び「情報」のツイッターが大流行した。二〇一一年ごろからは今度は「友愛」的なグリーやモバゲー、フェイスブックが巻き返しをはじめている。

ソーシャル的なコミュニケーションが普及し始めた九〇年代末からの十数年を振り返ってみると、実にみごとに左右に振れながら進んできているのは面白い。

そしてこの二つは、日本のリアル社会のシステムの不備をそれぞれ補完するようなかたちで動いている。

「友愛」のメディアが補完しているのは、日本のムラ社会的中間共同体だ。

日本人の人間関係は、昔とくらべるとずっと多様化している。企業というムラ社会にどっぷりと浸っていた時代の人間関係は、同心円的だった。家族ぐるみで企業の用意してくれる社宅に住み、企業の関連会社が提供する分譲住宅を購入し、週末には上司や同僚とゴルフに出かける。妻も社宅のなかで夫の上司や同僚の妻たちとの関係性構築にいそしむ。そうした企業の関係性の外側には、「業界」というような円が取り囲み、さらにその外側には日本社会という大きなムラ社会がぐるりと取り囲んでいた。どこまで外に向かっていっても、いつまでもこの同心円からは逃れられなかったのだ。

ゼロ年代に入るころからこういう同心円社会は終わり、会社の人間関係や趣味の人間関係、飲み友だちの人間関係、大学の同窓生の人間関係というような多様な外部へのつながりを、ひとりの人間が掛け持ちするような方向へと進んできている。つまりは「多心円」社会だ。しかしこの多心円的な社会は、自分の立ち位置がはっきりしない不安な社会でもある。おまけにグローバリゼーションが進行していくなかで日本社会からは富が失われ、中産階級も没落しはじめている。多くの人々が、今後の自分の生活がどうなってしまうのか、不安に感じている。かつてのようなムラ社会に懐かしさを抱き、「中間共同体復興論」がさまざまな言論人によって語られるようになってきている。とはいえ今までのような農村や企業社会が復活してくるというのはあまり現実的ではない。そういう状況のなかで、フェイスブックのようなリアルの人間関係をそのままネットに転写したサービスが、中間共同体的な安心感をもたらすツールとして作用するようにもなってきているということだ。

一方、「情報」のソーシャルメディアではさまざまな情報が活発に流れ、情報流通基盤としての役割を担いつつある。

これはマスメディアの補完だ。マスメディアが衰退していくなかで、情報流通のインフラを外部に求める欲求が高まっている。この方向性は、二〇一一年の東日本大震災以降さらに強まった。マスメディア経由ではない別の情報をどうやって得るのか？　というのが多くの人々にとってのメディア接触の大きなテーマになってきているのだ。そしてツイッターのようなソーシャルメディアがその一翼《いちよく》を担うようになった。

このような「情報」のメディアでは、先ほどのような友愛は必要条件としては存在していない。誰かが誰かを強制的に参加させるような権力構造があるわけでもない。もちろん参加者どうしが守らなければならない最低限のルールはあるが、しかしそのルールはメディアの外部にはまったく届かない。

だから、一般的に考えられるような共同体的な要素はなにひとつ備えていないし、従来からの通念としての共同体的な枠組みにはおさまらないということなのだ。

ではこの共同体でもない、単なる情報交換所に人々が集まってくるのはどうしてだろうか？

それはパーティーやセミナー会場と同じだ。「そこになにかがありそう」「なにかおもしろそう」という興味をそそられて、そして実際にそこに参加してみると面白いからこそ、人はそのメディアに継続的に参加するようになるのである。

つまるところ、それはその場で共有されている情報への興味に他ならない。お互いがつながりあう友愛や、何かひとつの目標や、あるいはルールに縛られることへの強制力ではなく、そこに何らかの情報があるからこそ人々はそこにやってくるのである。

その情報は自分に役立つ有用性の高い情報かもしれないし、エンターテインメント的な娯楽かもしれない。いずれにしてもそこには情報という中心軸があり、そこに人が群がってきているという構図になっている。

こうしたメディア空間を他のメディア空間と分けるのは、その空間にどのような情報が集まっているのかというコンテキストだ。先ほどのハイコンテキストの話を思い出してほしい。

「はてな村」は何で結ばれているのか

例を挙げてみよう。

たとえば「はてな村」と呼ばれる場が日本のインターネット上にはある。

このコミュニティは、ブログサービス「はてなダイアリー」や、さまざまなウェブの記事にひとことコメントを書ける「はてなブックマーク」など株式会社はてなが提供しているいくつかのウェブのサービス上に横断的に存在している。どちらかと言えばウェブ技術系、オタク系にジャンルとしては傾斜しているが、必ずしもウェブ技術や萌《も》え系コンテンツの話ばかりが語られているわけではない。社会・政治・経済や男女の恋愛、人生の悩みまでさまざまな題材が俎上《そじょう》にのせられる。

このはてな村は、日本でブログが盛り上がった二〇〇六年から〇七年にかけて隆盛を誇った。その後、ツイッターやフェイスブックにネットの言論空間が分散していったのにしたがってだんだんと衰退していっているが、日本のネットのなかには「はてな村」的な雰囲気が今でもかなり色濃く影を落としている。

その雰囲気というのはどういうものかということを理路整然と説明するのはとても難しいが、断片的にその表情を並べてみると次のようになる。

「知的な言葉あそび」
「自意識過剰」
「ちょっかいを出したがるが、ちょっかいを出されると不安を感じてしまう小心さ」
「プライドは高いが自虐的」

はてなに参加している人たちの実際の性格が、こういうふうにちょっとひねくれているということではない。おそらくは多くの人はごく普通のまっとうな社会人なのだろう。だがはてな村は右のようなコンテキストがきわめて強いコミュニティで、ここに参加して他の参加者のコメントとやりとりしているうちに、同じようなコンテキストにだんだんと呑み込まれていってしまう。

たとえば「女性にもてない男」を表す「非モテ」。匿名でブログを書けるサービス「はてな匿名ダイアリー」に記事を書いた人のことを「増田」。これは匿名ダイアリーの英語表記アノニマスダイアリーからとった通称だ。

そしてこういう用語だけでなく、はてなのなかでしか成り立たないようなコンテキストが無数に存在している。先に紹介したような自意識過剰で自虐的なコンテキストに基づいたはてな系のブログ記事は、その文化に慣れていない人には非常にわかりづらい。書いてある文章は平易な日本語でも、それがいったいどのようなコンテキストに沿っているのかが理解しにくいのだ。たとえば試みに、はてな匿名ダイアリーに書かれた記事をひとつピックアップしてみる。

非モテ的にハイスペックとはなんだろうか

なんてことを最近考える。

というのは、ちょっと興味があって出会い系に登録してみたのだが、最初に送ったメールに反応してくれた子と会って、

「うわー、この子、非モテ的にハイスペックな気がする」

っていう印象を受けたからだ。この場合の「非モテ」は俺のことである。

・映画、読書、ピアノと趣味がインドア派
・は虫類、アラブ風俗、東洋の民族音楽が好きで、周囲に趣味を理解されない経験を持つ
・転勤族・海外暮らしが長くて日本の風俗に詳しくない
・カラオケ未経験
・がやがやするのが苦手で、人が集まる場所には顔を出さない
・メールとか頻繁にするのが苦手
・歩くの大好き

……かなり、自分にとっての寛容さ、っていうか衝突を避ける意識が入っているけれども、なんて「できた」やつなんだとびっくりした。

でもこれって、普通に考えると別に求められる要素ではないし、俺にしたって、積極的に相手に求めている部分でもないんだよな。気疲れしそう、とか、俺そういうの無理

だから、って普段言い訳している部分の逆を行っている感があってびっくりしたってのが正しい。
あ、ただ、金銭感覚は合わないと思うのよね。ブラックSEと箱入りお嬢様だからなぁ……。

増男的にはどんな要素を持っていれば自分的に「ハイスペック」だろうか。

たぶん、はてな的なコンテキストに慣れていない人だと、この文章は一読してすぐに理解できないのではないか。用語はそれほど難しくはない。「非モテ」は先ほども書いたように「異性にもてない」という意味だし、「ブラックSE」というのは仕事が超絶つらくて給料も少なく、将来性もない企業に勤めているシステムエンジニアのことだ。「増男」ははてな匿名ダイアリーに投稿している匿名のブロガーのこと。
おそらく、もっともわかりづらいのは、「ハイスペック」という言葉の使い方だろう。スペックが高いというのは、家電製品や自動車などでも使う。性能が良いという意味だ。だがこの記事ではハイスペックという言葉が、「自分のような女性にモテない男がたいていはかなり好むであろう女性のタイプ、そのタイプとしての質が高い」というような意味に使われている。つまり非モテ男性ができれば近づきたくないと思っている、リア充（実生活が充実している、の意味）やギャル系の女性ではなく、非モテでもつきあえそうな良い属性を持っていることを指して「ハイスペック」と表記しているのだ。

このハイスペックという言葉ははてなコミュニティのなかで必ずしもつねにこのような意味で使われているわけではない。しかしはてな文化に慣れた人だったら、「ああなるほど」とこの使いかたはすぐに理解できてしまう。これは実にハイコンテキストではないか。

そしてこのはてな村は、決して閉鎖的なムラではないし、そもそもが伝統的な定義でのコミュニティですらない。ここに参加している人たちは、単にはてなダイアリーを使ってブログを書いたり、はてなブックマーク上で他人の記事にコメントを付け加えているだけの人たちである。はてなダイアリーもはてなブックマークも無料のサービスで、会員登録のような作業は必要だが、しかしそこに参加制限のようなものは皆無だ。はてな匿名ダイアリーにいたっては、そもそもペンネームさえ必要ない。どこの誰が書いたのかさっぱりわからないけれども、しかしそこで書かれた匿名の日記は、ちゃんとはてな村の中のひとつのコンテンツとして認知されてしまうのである。

もちろんはてなのサービスの利用者がすべて、こうしたはてな的なものを共有しているわけではない。中にははてなを単なるウェブのサービスとして利用している人もいるだろう。「はてな利用者」と「はてな村民」は重なってはいるけれども、イコールではない。しかしそこにはてなを単なるウェブのサービスとして利用するという行為を超えた、ある種の共有感覚のようなものが生まれているのは事実だ。

これは他のブログのサービスとは決定的に異なっている。ブログは国内ではライブドアやニフティ、ヤフー、サイバーエージェントなどの大手ネット企業が提供している。しかしライブドアでブログを書いている人たちは、単に「ライブドアのブログサービスを利用している」というだけであって、そこにコミュニティ的な感覚はなにひとつない。ライブドアブログ特有のコンテキストなどというものがそもそも存在しない。利用者はそれぞれ自分の好きなようにブログを書いているだけで、それがライブドアのブログ利用者の間だけで感覚的に共有されるというようなことはいっさい想定していない。

ではライブドアとはてなは、何が異なっているのか。

答は明快だ。

コンテキストの有無である。はてな文化のなかで書かれた記事やコメントには、厳然としたはてなコンテキストがあり、そのコンテキストがはてなを一本貫く軸のようなものになっているのだ。

はてなに参加している人たちの間には、求心力があるわけでもなければ、友愛があるわけでもない。はてなをコミュニティとして成り立たせる家族制度のようなものがあるわけでもない。

ただコンテキストの存在のみが、はてなに共同体としての性質を帯びさせているのである。そしてはてなのコンテキストは、とびきり濃密なハイコンテキストだ。

コンテキストを軸としたつながり。コンテキストを基盤とした共同体。

本来は、そもそもリアルに人と人がつながる共同体がまず存在し、その共同体のなかでのみ伝わる文脈としてコンテキストという概念が生まれてきた。共同体は下部構造で、コンテキストは上部構造だ。ところが情報をやりとりする基盤が高度に発達してくると、ここに逆転的な現象が生じてくる。つまりコンテキストがまず生まれ、そのコンテキストにひきずられるかたちで共同体的な意識が生まれてくるという現象である。下部構造と上部構造が反転してしまっているのだ。

このような逆転構造は、まさにアンダーソンが「想像の共同体」で提示した国民国家という共同体概念と一致している。

アンダーソンが指摘した「想像の共同体」は、近代以降の西欧を対象にしている。つまりはローコンテキストで、明確でわかりやすい表現によって価値観が語られ、つねにシンプルで完成された理論が語られるような土地での話だ。

この「想像の共同体」が日本というハイコンテキストな民族に適用されれば、どうなるか。答は明らかだ。

日本で「想像」を生み出すのは、言葉や論理そのものではなく、それら言葉や論理を空気的にくるむコンテキストとなるのである。

西欧の国民国家が言葉によるイマジネーションが生み出した共同体だとすれば、日本という共同体は、濃密なコンテキストの産物なのだ。

日本社会では、コンテキストという空気感がわれわれの共同体を支える下部構造となっているのである。

さらに言えば、インターネットのソーシャルメディアという新しい圏域は、印刷文化やテレビ文化と異なり、あるひとつのコンテキストが支配する空間の規模を縮小させてしまうという力を持っている。

新聞やテレビといったマスメディアは、多くの日本人がいっせいにそれらの情報を均質に受容しているからこそ、国民国家という規模の「想像の共同体」を生成することができた。
だがインターネットはつねに情報の圏域が細分化され、ミドル化される志向を持ったメディアで、マスメディアのような規模感覚が欠けている。日本人約一億二千万人の大半がインターネットを利用しているといっても、そこで受容される情報はまったく均質ではなく、人によって情報の質も量もジャンルも大きく異なる。ものすごい不均衡が存在しているのだ。だからそこでは、国民国家というような大きなスケールの「想像の共同体」は生成されにくい。

一方でこのように圏域が細分化されていくインターネットは、そこかしこに小さな「コンテキスト共同体」のようなメディア空間を生み出していく可能性を秘めている。その典型的な例が先に紹介したはてなのコミュニティだったし、2ちゃんねるもそのひとつだ。

その国のソーシャルメディアのあり方は、つねにその国のリアル社会の反映であり、鏡である。しかしリアル社会とソーシャルメディアは必ずしもイコールではない。リアルにないものを人々がソーシャルメディアに求め、リアルの欠落部分をソーシャルメディアが補う。あるいはソーシャルメディアにないものをリアル社会に期待する。そういう相互補完的な関係になろうとしている。

私は先に、〈夜回り共同体〉が持っている「広場がない」という性質について説明した。これと同じ現象は、実は今やソーシャルメディアの世界で広範囲に起きている。

フェイスブックのフレンド同士の関係がそうだ。

フレンドの関係は、ミクシィのコミュ、パソコン通信、2ちゃんねるといった掲示板的メディアとは性格が異なっている。なぜならフレンド同士の関係は、グループやコミュのような広場のある共同体ではないからだ。単にその「つながり」が次々と連鎖していって全体として多くの人があちこちでつながるという結果になっているだけで、最初から集団を形成しているわけではない。共同体というよりは、単なる関係にすぎないように外形的には見える。

これはツイッターのフォロー／フォロワー、グーグルプラスなどの新しいソーシャルメディアも同様である。

このような一対一の人間関係にもとづいたメディアは、アゴラ的広場を持たない。

その一点で従来の掲示板やコミュ的メディアとは一線を画している。パソコン通信やネット掲示板が、バーチャルな「面」としての広場のなかで情報のやりとりを行っているのに対し、フェイスブックやグーグルプラスはあくまでも参加者どうしのつながりという「線」の上で情報のやりとりが行われているのだ。

フィード型という新しいソーシャルメディア

これをフィード型ソーシャルメディアと私は呼んでいる。フィードというのは「配信」「流通」というような意味だ。フェイスブックなどのソーシャルメディアで、参加者から参加者へと流れる情報を「ソーシャルフィード」「ニュースフィード」と呼ぶ。個人間でやりとりされる情報がフィードなのだ。参加者はどこかの掲示板に情報を見に行く必要はなく、そのソーシャルメディアに参加しているだけで、自分がつながっているフレンドから情報がフィードされてくる。そのフィードが、ソーシャルメディアの関係性のなかにおける情報の軸となっているのである。

■フィード型ソーシャルメディア（フェイスブック、グーグルプラス、ツイッターのフォロー／フォロワー）＝人と人のつながりの線の上を情報が行き来する

■広場型ソーシャルメディア（掲示板、パソコン通信、ミクシイのコミュ、ブログのコメント欄、ツイッターのハッシュタグ）＝ある場を設定し、その場のなかで情報がやりとりされる

ツイッターは両方にまたがっている。フォロー／フォロワー関係でのやりとりはフィード型だが、ハッシュタグでの特定キーワードに関するやりとりは広場型だ。またフェイスブックは通常のフレンド間のやりとりはフィード型だけれども、フェイスブックグループのなかでの情報交換は広場型になる。

そしてフィード型、広場型それぞれにおいて、友愛メディアであるか、ただ情報流通を提供するだけのメディアであるかという違いが生じる。

フィード型でも、フェイスブックは友愛的だが、ツイッターのフォロー／フォロワーは情報交換所だ。これらを図式化すると、次ページの図1のようになる。

このなかで見ると、フェイスブックのフレンド関係というのはフィード型であり、なおかつ友愛があるという点で他のソーシャルメディアとは一線を画している。友愛の共同体というのはたいていの場合緊密な共同体になるので広場のような場所を共有するメディアになりやすいのだが、それをフェイスブックは広場にせずに、人と人との関係性のなかに収斂《しゅうれん》させてしまっているのだ。

このフィードという関係性は、新しいソーシャルメディアの世界をつくり出している。こ

図1

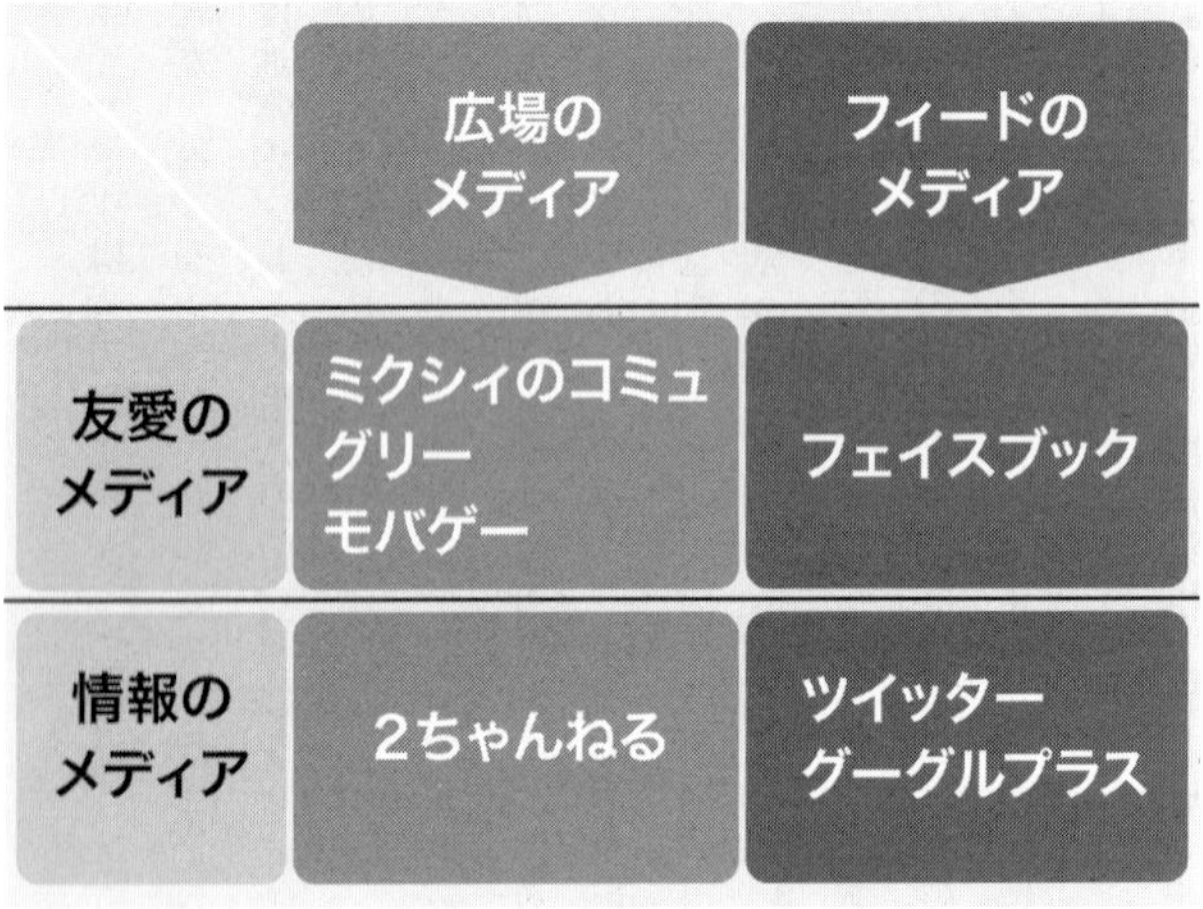

	広場のメディア	フィードのメディア
友愛のメディア	ミクシィのコミュ グリー モバゲー	フェイスブック
情報のメディア	2ちゃんねる	ツイッター グーグルプラス

れまでのソーシャルメディアがつねに広場を中心としていたのに対して、フィードの世界には中心はなく、すべての関係性が網の目にようにはりめぐらされ、中心のない網の目の広がりこそが世界の中心となる。

つまり中心はどこか一か所にあるのではなく、遍在しているのだ。

「世界の中心で、愛を叫ぶ」

ではなく、

「世界のあらゆる場所で、愛を叫ぶ」

なのだ。

それがフィードの世界の特徴なのである。

そしてこの四つのマトリックスは、そのまま人間社会の共同体の分類にも使うことができる（次ページ図2）。友愛があるけれども息苦しい中間共同体の農村や企業社会は、ミクシィのコミュやグリー、モバゲーなどのソーシャルゲームのような広場の共同体だ。〈記者会見共同体〉は、会見場という広場があり、情報が流れる。しかし友愛の要素はまったくない。参加者どうしに「この会見を成功させよう」「ずれた質問が出たら修正させよう」などという発想はない。ただそこに情報があることを知っているから、記者たちは集まってきているだけである。求心力など皆無の共同体なのだ。つまりは2ちゃんねるなのだ。

そして〈夜回り共同体〉。ここにはフィードの関係があり、しかし友愛はなく、情報が流れる。これはツイッターやグーグルプラスに呼応している。

記者と刑事や警察幹部とは強い関係性によって成り立っているが、そこには友愛は必要ではない。優秀な事件記者であれば幹部との間に友愛を構築するけれども、私のように下手くそな事件記者は友愛ではなく、警察にコントロールされそうになりながら情報を押しいただいている。そうやって情報はフィード上を流れていく。

そしてその関係が生まれる場所は記者会見場のような広場ではなく、あくまでもさまざまな場所や時間のなかで接続されていく。その両者のピュアな関係性にこの共同体は依拠している。

図2

	広場のメディア	フィードのメディア
友愛のメディア	ミクシィのコミュ グリー モバゲー 企業社会・農村	フェイスブック
情報のメディア	2ちゃんねる 〈記者会見共同体〉	ツイッター グーグルプラス 〈夜回り共同体〉

つまり〈夜回り共同体〉はツイッターやグーグルプラスと同じように、フィード型の情報流通ソーシャルメディアという特異性を帯びているのである。

しかもその共同体の圏域は、きわめて濃密なハイコンテキストによって取り囲まれている。フィード型である〈夜回り共同体〉は、警察幹部や刑事と記者が一人ひとりつながっているだけで、全員が集まるような「広場」は用意されていない。だから参加している者も、外側から観察している者も、そこに存在する共同体は非常に見えにくい。しかしそこはハイコンテキストという見えない障壁にぐるりを囲まれていて、〈夜回り共同体〉全体を外側の世界と分かっているのだ。

おまけにこの共同体は、〈記者会見共同体〉と二重構造になっている。〈記者会見共同体〉はときにテレビ中継もされるほどに可視化されていて、その実態がどのようなものなのかを外部の人も想像しやすい。そして建前に支配されたこの〈記者会見共同体〉では、「マスメディアは権力を監視し、そこには対等な緊張関係がある」という表向きのお題目が見かけ上は成り立っている。

この〈記者会見共同体〉を建前としてマスコミ業界人はメディアと権力の関係性を語る。しかし実はその裏側にある二重化された〈夜回り共同体〉のなかにどっぷりと参加し、そこでフィード型のハイコンテキストな情報流通共同体を権力との間に構築しているのである。

これこそが、メディアと権力の基本的構造である。この共同体関係が構築されているのは、記者と警察との間だけではない。検察を含めて官界、政界、財界などすべての権力装置との間でメディアがつくり上げてきているのだ。

「公」の場所では、記者と権力は記者会見場という広場に集まり、対立構造を表出する。広場型で、言葉中心のローコンテキストな共同体という仕立てになっている。

しかし「私」の場所では、記者と権力は個人と個人がつながり、そこには可視化された記者会見場のような広場は存在しない。フィード型で、暗黙の了解と禅問答がないまぜとなったハイコンテキストな隠れた共同体をつくっている。

共同体は可視化されてこなかった

振り返ってみれば、マスコミと権力の関係についてはこれまでまともな議論がほとんど行われてこなかった。現場を知らない識者やネットユーザーは「権力とマスコミはズブズブに癒着している」と批判し、しかし新聞記者の側は「そんなことはない、われわれは対等な緊張関係をつくってきたのだ」と反論してきた。そこにはとうてい埋めがたい溝があったのだ。

冷静に考えれば、そのようにまったく異なる認識になってしまうのは実に奇妙である。しかしそこを突き詰めた人はほとんどいなかった。それがこれまでのマスコミ論の実態なのである。

ではその認識の溝は、なぜ生まれてしまったのか。それを今から説明しよう。

フィード型共同体では、参加者は他の参加者とフレンドとしてつながって、そのフレンドに友愛を感じているだけだ。自分自身が何らかの共同体に参加しているという実感には乏しい。また情報もフレンドからフィード（配信）されてくるだけで、どこかの場所に情報が集められているわけではない。だから参加者自身がそれを共同体であると認識しにくい。外部からも、内部の参加者からも、可視化されていない共同体となっているのだ。

しかしそれは、実体としては共同体そのものである。友愛が網の目のようにつながり、その網の目が全体としてリゾーム（根茎《こんけい》）のような大きな組織構造をつくり上げている。その組織構造をひとまとまりにしているのは、ハイコンテキストな情報流通基盤だ。

〈夜回り共同体〉も、まさしくこのような構図になっている。記者は刑事に友愛を感じ、そこにつながりが生まれ、特ダネの情報がフィードされる。あるいはハイコンテキストな情報圏域を介して警察幹部とつながり、そこでウラ取りの情報がフィードされる。

しかし前にも書いたように、記者にも刑事にも警察幹部にも、自分たちが〈夜回り共同体〉の構成メンバーであるという実感はない。彼らには「目の前にいる記者」「目の前にいる刑事」「目の前にいる警察幹部」がそれぞれ見えているだけだ。しかしそうやって深夜の住宅街で「目の前にいる」という関係性が連綿と根茎のようにつながり、それら全体を事件捜査というきわめて濃密なハイコンテキストがぐるりと取り囲むことによって、ひとつの共同体をつくり上げているのだ。

記者の視点に立ってみれば、この共同体感覚はこのように受けとめられている。

「ぼくは刑事と仲良くなって特ダネをもらい、警察幹部にウラ取りをする。たしかにそこで情報のやりとりをしているけれども、でも警察とズブズブの癒着関係にあるとはまったく思っていない。僕は刑事や幹部と仲良くしているだけであって、彼らが属している警察組織と仲良くしているわけではないからだ」

これは記者の意識としてはきわめて正しい。しかし彼には、そうやって刑事や警察幹部との間に構築したフィード的なつながり、そしてその関係性をくるむハイコンテキストな情報流通が総体として大きな共同体をつくり上げ、自分もそのなかに気づかないうちに参加しているということを実感としては理解できていないのだ。

一方でこうしたマスコミの記者の取材手法を批判する側も、このようなフィード型の〈夜回り共同体〉が存在することをまったく知らない。

たとえばマスコミ批判の急先鋒として有名なブログ『世に倦《う》む日日』には二〇〇六年のライブドア事件の際、「検察は記者を集めてパワーポイントでプレゼンしながらリークしているのでは」とする記事が書かれたことがある。

これは毎日新聞が、ライブドア事件の最中に自殺した同社元役員・野口英昭の自宅から押収されていたチャート図を入手し、記事化したことを踏まえたものだ。検察しか持っていないはずの押収チャート図が、なぜ毎日紙面に掲載されたのか。ブログはこう書いている。長いが面白いので、引用してみよう。

検察の報道担当はPowerPointのハンドリングにこなれていて、捜査情報をPowerPointのプレゼンテーションシートに落とし込んで、リークの場で記者たちにPCを操作して説明を与えている。私が想像するに、検察の報道担当は新聞記者に（証拠として残る）ペーパーを渡していない。

印刷物は手渡さず、現場にPCとプロジェクタを用意して、PowerPointを使ってプレゼンテーションをしているのだ。リークは秘密裏に行われる。リークの場所もメンバーもコンフィデンシャルである。公式のプレス発表ではないから、会場は霞が関の検察庁内部の会議室ではないだろう。近くのホテルの一室を仮名で使用しているはずだ。記者たちは極秘で集まり、その場でプロジェクタからスクリーンに投じられた

PowerPointのチャート図をノートに筆記しているのである。リークを聞きながらメモを取っているのだ。説明は早口で証取法の専門用語が駆使された官僚口調のものであり、しかもメモを取りながら聴き取らなくてはならないから、当然、参加記者のなかで理解に差が出てしまう。今回は毎日新聞の記者がリーク参加者のなかで優秀だったということだろう。説明が理解できなかったら質問もできない。要所を押さえた質問でなければ気位《きぐらい》の高い検察官僚はバカにして応じないのだ。初歩的な質問をしたら、証取法を勉強してくれと突き放されてしまうだろう。

そんな現場を想像する。これもさらに想像だが、証券取引関係の知識で毎日新聞記者の後塵《こうじん》を拝《はい》しながら、それでも検察官僚以上にプライドの高い朝日新聞記者が、現場で検察の報道担当に食ってかかって、もっとわかりやすく詳しく説明してくれとか、検察には国民に対して説明する義務と責任があるはずだなどと、口惜しまぎれに言い出したのではないかなどと、映画の一コマのような空想をして一人で楽しんでしまう。同じほどプライドの高い日経新聞記者は、経済事件でありながら知識で毎日新聞記者に負けた恥を押し殺して、ここで喚《わめ》き出すと恥の上塗りだから、朝日新聞記者の真似をせず、黙って知ったかぶりを決め込んで、静かにポーカーフェースで座っているのではないかとか……。面白い映画の脚本ができそうだ。一度でいいから、この検察の情報リークの現場に同席してみたい。朝日新聞は何とかライブドア事件報道の態勢を立て直そうとして、最近は詳細なチャート図を組み上げて紙面で紹介するようになった。現場で若い記者がメモし損なったチャート図を、先輩の幹部が検察幹部に頭を下げて貰《もら》ってきたのではないかなどと意地悪く考えてしまう。

二十年後くらいでいいから、現場に居合わせた記者たちは、リーク現場の真相を教えて欲しい（二〇〇六年二月十五日『野口英昭宅から出たチャート図　PowerPointと検察リーク現場』）。

想像力のたくましさには驚かされ、読み物としては実に興味深い。つい引き込まれて読んでしまう魅力的な文章だ。

しかし残念ながら、検察にしろ警察にしろ、このようなかたちでリークするということはあり得ない。ホテルの一室とか会議室のような場所が用意され、そこに一同集合して情報がやりとりされるようなことは行われないのだ。

外の世界から見れば、マスコミと権力の関係はズブズブの共同体に見える。だから多くの人は、共同体の中心に広場のような場所があり、そこに記者や検事、警察幹部などが集まって密談をしているような光景を想像してしまうのだろう。広場型共同体のイメージだ。

だがこれまで書いてきたように、実際には〈記者会見共同体〉という表向きの広場型共同体と、〈夜回り共同体〉という隠されたフィード型共同体の二重構造がそこには形成されている。その二重構造が外部からはまったく見えないので、想像で描いてしまうとこのブログのエントリーのようになってしまうのである。

リークは会議室やホテルの一室に記者を集めて行われているのではなく、検事や警察官の官舎や自宅の前の路上、携帯電話による会話、あるいは最近だとメールなどを使って行われている。あくまでも検事や警察幹部という個人と、記者個人の間の一対一の関係によって行われているのだ。記者の側から見ると、かりにひとりの検事から情報をもらったとしても、それが他の新聞社の記者にも流れているのかどうかはいっさいわからない。そもそもその情報が自分と検事の間につちかわれた友愛によって配信されたものなのか、それともなんらかの政治的意図によって検事がリークしてきたのかさえもわからない。いや、それが政治的な理由かどうかはある程度は推し量《お はか》ることができる。しかし特ダネ競争にさらされ、上司から毎日のように「夜回りしてこんか！」「何かネタはないのか？」と叱咤《しった》されている身としては、それがリークだろうが友愛による情報提供だろうが、実のところどうでもいい。前にも書いたように、「超」のつく敏腕事件記者でもない限り、普通の検察担当や警察担当はただ必死なだけなのだ。

複雑で濃密な二重の共同体

この可視化されない〈夜回り共同体〉という謎の空間。

オモテの〈記者会見共同体〉のウラ側、二重レイヤーの奥底に隠された共同体。

濃密なコンテキストによって包まれ、フィードの関係性によって遍在していく共同体。

これこそが、権力と記者のつくる関係性の本質に他ならない。

〈夜回り共同体〉は、当局と記者の関係が極度に先鋭化され、その研ぎ澄まされた関係性を基盤として、事件ネタという情報が流通する共同体である。そこには物理的に共有される記者クラブのような場所や空間があるわけではない。どこかの一室に夜な夜な集まってレクチャーが行われているわけでもない。

それは徹底的に情報だけを軸とした想像の共同体である。

そして同時に、この想像の共同体は国民国家のように新聞やテレビなどの皆が閲覧《えつらん》する広場型のメディアを持っていない。国民国家やはてな村のような広場型共同体とは異なっている。あくまでも警察幹部と記者の一人ひとりが細い線で接続され、その細い線が網の目のように広がることによって形成されているフィード型の共同体なのだ。

情報を軸として、細い人間関係によって形成される想像の共同体。

それが〈夜回り共同体〉の本質である。

これは外部から見れば、まったく可視化されていない。内部にいる構成員からも、全体像は見えていない。実に幽《かす》かな「想像の共同体」なのである。しかしこの幽かな共同体は一方で、日本の権力機構のなかにまるで水のように染みわたり、日本の権力のあり方を支える強い基盤にもなってきた。幽かであり可視化されていないがゆえに、逆に批判を受けにくく生き残りやすいという状況を生み出しているのだ。

記者は徹底的に共同体の構成員であり、その意味でインサイダーである。彼らが「権力と対峙している」「われわれは反権力」というのはあくまでも二重化された共同体の外側の衣装、〈記者会見共同体〉における構図を言っているにすぎない。隠された幽かな〈夜回り共同体〉においては、彼らは権力構造と融解した共同体構造のなかに組み込まれている。

この二重構造を理解しなければ、記者と当局の関係は理解できない。

私は本章の冒頭で、マスメディアの記者が「われらは反権力である」というのは百パーセント間違いであり、同時にマスメディア批判者が「マスメディアは権力にコントロールされている」と主張するのも百パーセント間違っていると書いた。

これまでの説明で、その理由がおわかりいただけただろうか。マスメディアと権力の関係性はそんな単純な二極対立ではなく、もっと複雑で濃密な二重の共同体構造をつくり上げているということなのだ。ではこれは何を意味するのだろうか？　その共同体意識は、マスメディアの言論にどのような影響を与えているのだろうか？

同じ共同体の構成員であるという意味においては、マスメディアは、徹底した権力のインサイダーであると言える。

もちろんインサイダーであるからといって、権力を直接行使しているわけではない。権力と必ずしも癒着しているわけではない。それはこれまで述べてきたとおりだ。

そもそも、アウトサイダーとインサイダーを分けるものとは何なのだろうか？

権力の源泉は、他者をコントロールする力である。つまり自分の意思に沿って人々を行動させるような力を持っている者が、「権力を持つ」という言葉と同義なのである。それは必ずしも銃や逮捕権による強制とは限らない。「他者をコントロールする」ということには多様なあり方がある。道徳的倫理的な内面の服従によって権力が生まれる場合もあれば、人々が生きているアーキテクチャそのものを支配することによって生まれる環境管理的な権力もある。

マスメディアの持っているアジェンダ設定機能は、強力な権力である。アジェンダは「議題」「検討課題」の意味だ。

日々さまざまなできごとが日本では起きている。それらのなかで、新聞やテレビはみずからの意思によって、何を1面のトップ記事にするのか。何を夜のニュースショーのトップに持ってくるのかを決めている。当然、社会面下段のベタ記事で扱われるのと1面トップで扱われるのでは、人々の関心は大きく変わってくる。朝日新聞が1面トップで扱えば、それは当然のように「この記事に書かれている件は、社会全体が注目しなければならない」という日本社会全体の議題になる。つまり朝日の1面トップやNHKの夜七時のニュースのトップは、「今日一日において、社会で最も重要なテーマは何か」ということを設定するパワーを持っているということだ。これがアジェンダ設定機能である。

このアジェンダ設定の源泉は、権力インサイダーからの情報にほかならない。マスメディアはインサイダーである検察幹部や警察幹部、政治家、官僚から〈夜回り共同体〉の構造のなかで情報を得て、それをアジェンダ化する。アジェンダがマスメディアによって設定されることで、世論の方向はある程度は固定されていく。多くの人々の意見はマスメディアの「論調」のようなものに左右されやすいからだ。そうやってつくられた世論は、権力に強い影響を与え、政策決定プロセスに組み込まれていく。

つまりインサイダーとマスメディアは、情報と世論を交換している。この交換システムが、他者をコントロールする権力のみなもととなっているのだ。そしてハイコンテキストで濃密な〈夜回り共同体〉が、この交換システムを下支えしている。

戦後社会がつくり上げた情報と世論の交換システム

この交換システムは、戦後の日本社会のなかで徐々に形成されてきた。

振り返れば、日本の戦後社会の言論を支えていたのは、「五五年体制」と呼ばれる政治体制だった。

一九五五年、右派と左派に分裂していた社会党の再統一。そしてこれに危機感を覚えた財界の要請で行われた、自由党と民主党の保守合同。「改憲・保守・安保護持」をかかげる自民党と、「護憲・革新・安保反対」の社会党という非常にわかりやすい対立軸が生まれたのだった。

しかしこの対立軸はある種の「虚構のドラマ」のようなもので、自民党と社会党はウラではがっちりと手を握っていた。自民党と社会党の国会対策委員長がひそかに連絡を取り合い、接待や金銭の供与を通じて事前に国会の論戦を演出していたというのは、五五年体制が崩壊したのちに明るみに出た話だ。

オモテでは自社対立の茶番劇を繰り広げ、新聞やテレビなどのマスメディアも国対政治のウラ側を知りながら、紙面で「与野党、国会で激突！」といったようなエンターテインメント的な記事を書いていたのだ。

これはまさに、私がこれまで述べてきたような〈記者会見共同体〉と〈夜回り共同体〉の二重のレイヤー構造と見事に合致している。こういう二重構造が政治の世界からメディアの世界にまで広がり、浸透し、基盤として運用されてきたというのが日本の戦後社会のありようだったのだ。

〈夜回り共同体〉によってマスメディアに流れた情報は、「改憲・保守・安保護持」と「護憲・革新・安保反対」という非常にわかりやすい二項対立のなかで報じられ、その構図に沿うかたちで保守系革新系ともどもに国民に消費されていた。いま振り返れば、「保守対革新」という二項対立はあまりにもものごとを単純化しすぎで、このような二項対立の軸だけで社会のありようを規定しようとしていた戦後社会は、異常だったとしか言いようがない。そもそも五五年体制における革新というのは、「憲法を守り、大企業優先を改め、公害問題を鋭く追及し、アメリカの核の傘に入ることをよしとしない」というような程度の意味しか持っていなかった。この枠組みに社会のありとあらゆる問題をはめ込もうというのだから、かなり無茶な話である。

それでもその「無茶」に誰も特段の異議をとなえず、その構図そのものも破綻《はたん》してしまわなかったのは、当時の日本社会が右肩上がりで成長し、余裕があったからだ。

たとえば政治報道について考えてみてほしい。今も新聞やテレビでは延々と政局報道を続けている。「誰と誰が会った」「誰某は次に新しい政策グループを旗揚げするらしい」「誰某が誰某を批判し、党からの離脱も考えている」といったような、政治家の合従連衡《がっしょうれんこう》の話ばかりが取り上げられている。古代中国を舞台にした『三国志』を読むようにそれらのニュースに接すれば、それはそれで面白い。しかし「これから政治が日本をどう舵《かじ》取りしていくのか」「政治によってわれわれの生活がどう変わるのか」といったようなビジョンはそうした報道ではほとんど語られず、そういう意味でわれわれがこのグローバリゼーションの世界を生き延びていくための処方箋としてはまったく役に立たない。

総合週刊誌などの雑誌も同様だ。いまだに「権力者のカネと女をスクープする」というような文化が週刊誌には根強く残っていて、ドロドロとした金のやりとりや不倫の写真スクープばかりが狙われている。これも権力者のウラ側をかいま見るという意味では面白いニュースだけれども、しかし今の時代のサバイバルのためには何ら役に立たないという意味では、新聞やテレビと同じだ。

私は今ここで、新聞やテレビや雑誌の政治報道を「面白い」と表現した。そう、政局報道や政治家のカネと女の話は、エンターテインメント的に「面白い」のは間違いないのである。

こうした報道のあり方は、五五年体制の確立と歩みをいっしょにしながら、メディアの業界のなかで確立されてきた。これは言い方を変えれば、五五年体制の時代においては、こうした政局報道やカネと女の報道が当時の時代精神に適合した報道スタイルだったということができる。そうでなければ、ここまでこのような報道がメディアのなかで支配的にはならない。

その理由は、ひとえに当時の社会が右肩上がりで成長していたからだ。そのような局面においては、さまざまな社会問題の多くを「成長」が飲み込んでくれる。

そしてこの一九六〇年代から七〇年代という時代、日本社会は終身雇用制と年功序列を実現しつつあった。優秀な大学を出れば大企業の幹部候補生への門戸が開かれ、そこそこの大学でもそこそこの企業に入れた。高卒には高卒の、中卒には中卒のそれぞれの人生のパイプラインのようなものがあった。そしていったんそのパイプラインに乗ってしまえば、自分が定年を迎えるまでの社会人人生のスケジュールをおおむね予測することができた。二十代後半で社内結婚して社宅に住み、三十歳ごろにはクルマを購入し、子どもは二人。三十代後半で課長に昇進するとともに自宅を長期ローンで購入。五十代で部長に昇格し、クルマはトヨタのクラウンにアップグレード。役員はちょっと無理でも、運が良ければ局長クラスになって定年後は良い再就職先を見つけることができるかもしれない——。

大卒のサラリーマンだと、こういう人生が当たり前のように約束されていた。犯罪に手を染めたり、水商売の女に入れあげてサラ金に手を出したりしない限り、こういうパイプラインから転落する心配などほとんどなかったのである。

だからこの時代の人生は、かなり退屈だった。安定はしていたけれども、波瀾万丈《はらんばんじょう》もない。予定外のことが起きるスリルもあまりない。おまけに会社は同調圧力が強く、社宅での生活や夜の同僚との飲み会、週末のゴルフとつねに社内関係につきまとわれる。だからかなり息苦しかった。

「安定していたけど息苦しく、波乱はないけど退屈」

というのが戦後日本社会のサラリーマンの生活感覚だったのだ。そういう時代においては、ニュースが「時代を生きぬいていくための処方箋」にはなりようがない。どんなことが起きようが、首相が替わろうが、人生は安泰。だったら首相交代のウラ側で起きていた政治家たちの人生模様を面白おかしく描いてくれた方が、エンターテインメントとして楽しい。政治家のカネや女の話も同様だ。

そうやってニュースがエンターテインメント化していたのが、五五年体制下のメディアの実態だったのである。

そしてこのようなエンターテインメント化のなかでは、多様で複雑なリアル社会の構図のなかでニュースをとらえていくよりも、手っ取り早く簡単な二項対立に沿って報じた方がわかりやすく、また面白い。だからこそニュースは、保守対革新というわかりやすい構図に沿って描かれた。保守が極悪非道な悪のボスで、革新は市民とともにあゆむ正義の味方。そういう勧善懲悪《かんぜんちょうあく》の構図でつねにニュースは描かれつづけたのだった。

だがそうした勧善懲悪の構図には、限界がある。なぜならマスメディアは先にも書いたようにインサイダーだからだ。表向きは「権力を撃つ」といいながら、しかしその二重のレイヤーでは当局とハイコンテキストなフィード型共同体を形成している。

そういう二重性のなかで、いったいどのようにして一定の視点を保っていくのか？　保守は極悪非道で正義の味方は市民であるというような枠組みを本当に保持できるのか？

これはかなり困難なテーマだったと言わざるを得ない。だからこうした勧善懲悪の構図が徐々に完成に近づいていくと同時に、マスメディアにはひとつの問題が生じてくる。

つまり、マスメディアの視座をどこに置くのかという問題が浮上してきたのだ。

視座はどこにあるのか

いったいどこに視座を置けば、

「当局とハイコンテキストな共同体を形成しているインサイダーであるマスメディア」

「五五年体制のもとで、勧善懲悪的に政府自民党を批判するマスメディア」

という二律背反的な状態を保持できるのかという問題である。

そもそも報道の視座とは、何だろうか。日本の多くの新聞やテレビは「客観的で中立的な報道」を標榜《ひょうぼう》している。しかし神の視点にでも立たない限り、この「客観的中立」の客観をどこで担保するのか、中立というのであればその中立のポジションをどこに取るのか、という立ち位置の取り方の問題が必然的に生じてしまう。

「客観的中立って言ってるけど、何に対して客観的なの？　中立ってどこらへんの位置を指して言ってるの？」

ということを問われてしまうのだ。

さらに言えば、五五年体制下の戦後社会において、視座は保守と革新だけではない。そこにもうひとつ、「市民」という視座もあった。「市民目線」「市民感覚」と呼ばれているような視座である。では市民の視座は、客観的中立とイコールになり得るのだろうか？

しかし一方で、マスメディアは五五年体制下では「革新」と「市民」をイコールとしてとらえるような報道を行ってきた。ということは市民を中立としてとらえてしまえば、それは革新をも中立としてとらえることになってしまう。それは果たして中立と言えるのだろうか？

そしてまた、そのような中立的立場を取ろうとする一方で、マスメディアは取材を強く当局に依存してきた。つまりは「〇〇県警が容疑者を今日にも逮捕」というような、情報源をおもに当局に求める取材態勢である。〈夜回り共同体〉によって補強されてきたこの取材態勢と、客観的中立報道はどこで折り合いがつけられているのだろうか？

もちろん独自取材、というのがないわけではない。最近だと二〇一〇年の厚労省をめぐる検察官の証拠捏造《ねつぞう》事件は朝日新聞の素晴らしいスクープだった。あるいは二〇〇〇年に毎日新聞が報じた石器捏造事件を挙げても良いだろう。

だが私の新聞記者経験から言えば、ネタ探しから関係者取材、そしてウラ取りまでもすべて自分でこなさなければならない独自スクープは、ものすごく荷が重い。

会社が全面的にバックアップしてくれて、数人のスタッフをつけてくれるのであれば可能だ。全国紙の場合、大型キャンペーンや企画連載など社を挙げて取材態勢を組んでくれるチャンスは年に何度かある。そういう取材班に入ることができれば、しばらくはカネも人員も時間もふんだんに使って、独自にネタを掘り出す楽しさを存分に味わうことも可能だ。

そういう独自取材をとりあえず前面に打ち出して、新聞社は「ほら見てください、われわれはこれだけ独自に、当局に頼ることなく自社で取材をしてるんですよ」とアピールすることができる。もしその取材結果が新聞協会賞などの栄誉ある賞を受賞することができれば、ますます効果的だ。

しかし日常の記者の仕事は、それほど楽しくはない。記者クラブに所属している記者はプレスリリースの原稿に追われ、他社の動向にもつねに目を光らせておかなければならず、当局との関係もつねにあたためておかないといけない。

とにかく忙しいのだ。

だからジャーナリズムの理想の姿としての独自スクープが大切だとはわかっていても、会社のバックアップもないのにそんなことを一人でやってる余裕なんてまったくない。

それでも若干の独自ネタを引っかけてくることだってある。「どこそこの官僚が業者と癒着しているらしい」「あそこの財団法人は乱脈経営で大変なことになっている」「あの学校の理事長が内紛で追放されたらしい」

親しい知り合いからの連絡だったり、あるいは新聞社に直接電話や手紙やメールでやって来たたれ込みだったりと、情報源はさまざまだ。「これは面白そうだな。ちょっと取材すれば書けるかな」と狙って取材に入り、そうして苦労して記事化する。記者クラブなどの日常の雑務取材の間に何とか時間をつくって、取材を続けるのだ。そうして苦労してようやく原稿を仕立てて、デスクに渡す。

すると必ずこう言われる。

「で、当局はどう言ってるんだ？」

「当局にウラ取ったか？」

警察や検察、政府、自治体などの「当局」に確認を取っていない記事は、そうたやすくは新聞には掲載できない。なぜなら「誤報だ」「捏造だ」「取材がひどい」といったクレームが当事者から飛んできたときに、新聞社だけで全責任を負わなければならないからだ。

当局に「ああそれ捜査してるよ」とウラが取れていれば、記事の細部に多少の間違いや誤差があったとしても、絶対に言い逃れられる。

「警察が捜査しているのは間違いありません。後は捜査の推移を私どもとしては見守るだけです」

と言い張ればすむからだ。その後警察の捜査が行き詰まって、立件不可で捜査中止となっても新聞社の知ったことではない。「警察が捜査を断念」と続報を書けばいいのである。

「私たちは警察の動きを記事にしているだけ。警察が捜査を開始したと記事にして、捜査を中止したと記事にした。それ以上でもそれ以下でもありません」

と言い逃れることができるのだ。

こういう「当局頼み」の空気は新聞社の上から下まで浸透しきっている。だから若い部下が「当局抜き」の原稿を書いてくると、長年この空気にどっぷりと浸っていた上司はびっくりしてしまう。「当局抜きで原稿化するつもりなのか？　お前正気なのか？」という受け止め方になってしまうのである。だから慌てて問い返すのだ。

「で、当局にウラ取ったか？」

記者の側もウラ取りまで全部自分でやって、責任を取るのはできれば避けたい。仕事はもちろん楽な方がいいからだ。取材は少なければ少ないほど楽だし、しかしスクープのインパクトは大きければ大きいほどいい。だから関係者取材を地道に重ねてウラ取りまで全部自分でやるよりも、ある程度の取材を済ませたら後は当局に当てにいって捜査の見込みや状況などを確認させてもらった方が、ずっと楽でしかもインパクトも強いのである。

なぜインパクトが強いのかといえば、ライバル社の記者にとっては、当局にウラ取りされている方が衝撃度が大きいからだ。

たとえば、ある学校法人で事務長が使い込みをして行方をくらませている、という情報があったとする。もしどこかの記者が苦労して取材を重ね、独自に関係者にもウラ取りをしてこういう記事を書いたとする。

「〇〇学校法人で事務長が失踪　直前に銀行口座から大金消える？」

こういう記事が載ったとしても、「うわー抜かれた」と焦る他社の記者はほとんどいない。私立の学校法人なんて分野で、スクープを他社に抜かれて責任を取らなければならない担当記者など誰もいないからだ。だからこういう他社の記事が出ると、たいていの新聞社ではデスクが、

「うーん、これはまあひょっとしたら騒動になるかもしれないから追いかけた方がいいんじゃないかなあ」

とゆるゆると判断し、「さて誰に追わせるか」と考えて、まずはその学校法人が所在している場所の担当支局に依頼してみる。東京から遠く離れたどこか遠くの地方だったら、その支局に責任を負わせられるから簡単だ。「おたくの県で抜かれてるから対応しておいてくれ」と地方部デスクが支局デスクに連絡すれば終わる。

東京都内だともっと面倒くさい。東京地域面を担当している記者に追わせるか、そうでなければ編集局で目についた暇そうな記者に「おーい」と声をかけて、「これやっといてくれ」と他紙をばさりと渡す、というようなことになる。私も無任所の遊軍記者時代、うっかり編集局をうろうろしている時に、よくそうやってデスクに仕事を押しつけられたものだった。

しかしこのスクープが、次のような見出しだとまったく様相は異なる。

「○○学校法人で事務長が失踪　業務上横領容疑で警視庁が捜査」

即座に警視庁の記者クラブの本社直通電話が鳴り響き、捜査二課担当の記者が怒鳴りつけられるのだ。

「抜かれとるぞ！」

そうして二課担当記者は、大慌てで課長に朝駆けをして確認に追われることになる。書いた他社の記者はそういう様子を横目で見ながら、鼻高々だ。自分の書いた記事で他社が右往左往しているのを見るほど楽しいことはない。事件記者の醍醐味《だいごみ》である。

他社にインパクトを与えたければ、当局のからんだスクープに限るということなのだ。これがさらに進むと、記者が自分でつかんできたネタを警察や検察にこっそりと教え、捜査してもらうという「持ち込み」になる。当局の側も捜査の端緒《たんしよ》を欲しがっているから、「持ち込み」ネタは大歓迎だ。そしてますます「当局頼み」は強化され、当局とのハイコンテキストで濃密な〈夜回り共同体〉は強化されていく。

これまで説明してきたように、マスメディアの記者は当局との共同体構造のなかにしっかりとはめ込まれている。これは私が経験した警視庁記者クラブだけでなく、検察や各中央省庁、そして政治家や大企業幹部の取材にいたるまで、日本社会のいたるところに遍在しているメディアと権力の構造だ。

しかし、である。

話を最初に戻してみよう。

私は本章の冒頭で、「新聞記者はみずからをアウトサイダーだと思っている」と書いた。なぜインサイダーなのに、アウトサイダーを自任できるのだろうか？

そこに彼らは自己矛盾を感じていないのだろうか？

実は彼らは、この自己矛盾を心理的にはやすやすと乗り越えている。

その秘密は、「市民目線」「市民感覚」という報道の立ち位置にある。

マスメディアはこれまで、「市民感覚」という目線を異常なまでに大切にしてきた。この「市民感覚」と「当局依存」がメディアの業界のなかでは、なぜか矛盾なく両立しているのだ。そしてこの矛盾のない両立こそが、実はメディア言論の基底となっているのだ。

いったいそこにどのような秘密があるのだろうか？　次章では「市民」の謎へと踏み込んでいこう。

第二章

幻想の「市民」はどこからやってきたのか

長良川河口堰の建設に反対して、カヌーデモで抗議する市民団体
（1994年9月、写真提供・共同通信社）

マスメディアの記者たちは「市民目線」「市民感覚」と、ことあるごとに口にする。

「市民感覚からかけ離れた行政姿勢のままでは、痛みを伴う地方財政改革に理解が得られるはずがない」（一九九七年の読売新聞の社説）

「政党は当たり前の市民感覚をもっと大切にしなければなるまい。目覚めないままでいれば、有権者の『反乱』はさらに広がるだろう」（二〇〇二年の朝日新聞の社説）

マスメディアの語るこうした「市民」とは、いったい何だろうか。それを「想像の産物」と切ってしまうのは簡単だ。しかしそこにはもう少し複雑な構造が隠されている。

吉本隆明が論じた大衆の原像

そもそもこの議論は、ずっと以前から繰り返されてきたことだ。

思想家の吉本隆明に語ってもらおう。彼は高度経済成長が完成しつつあった一九六六年、こう指摘した。

——知識人や政治党派（吉本はこの時代らしく、これを「前衛」と呼んでいる）が「大衆」という言葉を語るとき、それは今そこに存在している大衆そのものではなく、自分たちの中のよりどころとして語られていると（「情況とは何かⅠ」）。

「大衆は平和を愛するはずだ」
「大衆は戦争に反対しているはずだ」
「大衆は未来の担い手であるはずだ」
「大衆は権力に抗するはずだ」

そして最後に、知識人や政党はこう考えるのだ。「大衆は、まだ真に覚醒《かくせい》していない存在だ」。だから知識人や政治集団は彼らの前衛となって導き覚醒させていかなければならない。

これは実に便利なレトリックである。大衆が戦争に賛同し、権力に抗《こう》していないのは、まだ覚醒していないからだと説明できてしまうからだ。おまけにこれは、イデオロギーの左右関係なく使える。実際に大衆がどう考え、どう投票行動しているのかというリアルとはまったく無縁に、自分たちの好む「大衆」を主張してしまえるからだ。「大衆はそんな風に思っていないのでは？」と反論されたら、こう答えればいい。

「彼らはまだ覚醒していないんだ！」

無敵である。

二〇一〇年代の現在から振り返れば、この知識人と大衆を切り分けるという考え方自体がすでに古びている。しかしこの一九六六年という時代には、知識人や政治党派と大衆は思いきり分離しているとまだ考えられていた。

当時の知識人の大衆観はこうだ。

大衆は自分の日々の生活の範囲でしか社会とかかわろうとしないし、想像力にも乏しい。毎日、食事をして労働にいそしみ、家族で愛し合い、ときには諍《いさか》い、子供を育て、娯楽を楽しむ。そういう生活がちゃんと毎日続いていくことだけを願っている存在が大衆である。

そして吉本はこう解説した——知識人になろう、知的になろうと思った人間はこのような大衆から離陸していく必要がある。飛行機が離陸するときに砂塵《さじん》をまきあげるように、いま飛び立とうとする知識人から見ると、自分が今まで属していた大衆という世界はなんだか無知で啓蒙《けいもう》しなければならない存在に見えてしまう。自分の生活にしがみつき、自分の利益だけを追求しているエゴイストの集団に見えてくるのだ、と。

そうなると、知識人はある種のジレンマに陥ってしまう。このあたりの分析が吉本隆明の凄いところで、彼はこう書くのだ。

「知識人あるいは前衛は世界認識としては現存する世界のもっとも高度な水準にまで必然的に到達すべき宿命を、いいかえれば必然的な自然過程をもっている。それとともに、後進社会であればあるほど社会の構成を生活の水準によってとらえるという基盤を喪失するという宿命を、いいかえれば必然的な自然過程をもっている。このような矛盾が、知識人あるいは政治的な前衛がもっている本質的な存在様式である」

いかにも吉本隆明的なわかりにくい文章だけれども、言っていることはとてもシンプルだ。知識人は知識をつけて知的レベルを上げていけばいくほどに、もといた大衆社会とのつながりをなくしてしまい、自分の拠《よ》って立つ基盤を失ってしまうということなのだ。かといって大衆と同じレベルにそのまま居つづければ、革命を起こしていくような知性を持つことができない。これは宿命的な矛盾だ、と吉本は指摘したのだった。

ではどうすればいいのか？

吉本の解答はこうだ。――もし知識人が自分たちの行動を有意義なものとしていきたいのであれば、大衆のあり方の「原像」をたえず自分のなかに繰り込んでいくしかない。大衆への啓蒙とかそういうのとはまったく逆のことをしなければならないということなのだ。

しかしこれは容易ではない。すごく容易ではない。

自分のなかに大衆の原像を……などということは可能なのだろうか？　自分という存在をきちんと確立したままで、しかしそこにさらに加えて大衆の原像を「繰り込む」ということが本当に可能なのだろうか。

仮にそれに成功したとしても、そこには非常な陥穽《かんせい》がある。自分が大衆の原像を繰り込んだ、と信じた者は、たいていの場合「自分が大衆を代弁できている」と思いこんでしまう危険性があるからだ。

つまりは、「自分が大衆に成り代わる」という憑依《ひょうい》のような行為にかんたんに転換してしまう恐れがあるのである。

これは非常に重大な陥穽だ。そしてこの陥穽の問題に、本書は後で真正面から向き合うことになる。

中間文化がつくりだしたもの

この吉本の大衆論が書かれたのが一九六六年というのは、実に象徴的だ。ちょうど時代の分かれ目を指し示しているからである。

福田赳夫が「昭和元禄」と活況で賑《にぎ》わう世相を呼んだ年から二年。戦後の高度成長がピークを迎えつつあったこの時期。

まさにこの時期に、それまでの「知識人と大衆の分離」という概念そのものが消滅していったからだ。

戦前までは大衆芸能しか知らない大衆と、クラシック音楽やファインアート、古典芸能などを楽しむ知的な層は完全に分離されていた。都市文化と農村文化、知識階級と労働者階級の間には大きな垣根があり、しかも前者の知的な層をなす人々の数は、圧倒的に少なかったのだ。

だが一九五〇年代後半から、この垣根は急速に取り払われていく。「中間文化」と当時社会学者の加藤秀俊が呼んだ新しい文化が台頭してきたからだ。

中間文化を担ったのは、折りからの新書ブームと週刊誌という二つのニューメディアだった。

一九五四年ごろから流行し始めた新書本は、学問的・専門的分野のむずかしい課題をわかりやすく簡潔にまとめ、専門書でもなく、また単なる読み物でもなく、その中間にある新しい別のメディアとして人気を博した。

さらにこの新書ブームを追うように、週刊誌の創刊ラッシュが訪れる。週刊誌では政治記事もゴシップのようにして扱われ、政策論争ではなく政治家たちの政局での暗闘ぶりを生々しく描いたことで人気を呼んだ。興味本位の記事でしかなかったと言えばそれまでなのだが、しかしこれが結果として人々の政治への関心を高めていったことは間違いない。政治を「自分たちとは関係のない偉い人たちのやってること」ととらえるのではなく、政治を娯楽コンテンツとして楽しむという大衆文化が始まったのだ。

背景には教育の均一化や徐々に始まりつつあった高度経済成長による給与格差の収縮、そしてそれらに加えて、雑誌や新書などのマスコミュニケーション的な情報手段が、階級間の文化的落差を小さくしたこともあった。

加藤はこれを「あたらしい市民層」と呼び、肯定的に評価した。

「この膨大な市民群のなかには、月収三万五千円ぐらいの課長クラスのゆたかな生活単位もあるし、月収八千円の町工員さんもふくまれている。しかし彼らが共通にのっかることのできる社会・文化的乃至社会・心理的な単一の基盤が成熟しはじめているように私は思えるのだ」(「戦後派の中間的性格」一九五七年)

このような中間文化は一九七〇年代後半、「一億総中流社会」と呼ばれる時代にほぼ完成を見る。ここにいたって、もはや「知識人対大衆」という二項対立などほとんど何の意味もなくなってしまったのである。

この間、大学進学率も急上昇した。一九六〇年にわずか一七・二パーセントだった大学・

短大進学率は、吉本が「情況とはなにか」を書いた一九六六年には一四・五パーセントに。七三年には三〇パーセントを突破し、そして九〇年代には四〇パーセントを超えた。「知識人」の定義を、高等教育を受けた人と定義するのであれば、現在では日本人の二人に一人近くが知識人ということになってしまう。

戦後間もなくに生まれた団塊の世代は、まさにこのジレンマに直面した人たちだった。彼らはまだ大学生がエリート知識人と信じられていた時代に子供時代を送り、しかし彼らが実際に大学に入学する一九六〇年代後半には大学生はもはやエリートではなくなり、「大衆」となってしまっていた。「末は博士か大臣か」と言われながら大学に入ってみると、自分に将来用意されているポストは博士や大臣ではなく、単なるサラリーマンだったという現実に直面させられることになる。大学が「サラリーマン養成所」のように言われ始めたのも、一九六〇年代後半のことだ。

つまりは吉本隆明が大衆論を書いたその時には、すでに大衆という存在はリアルさを失いはじめていたということなのだ。一九六六年というのは、そういう年なのである。

「自分の日々の生活の範囲でしか社会とかかわろうとしない」

「毎日、食事をして労働にいそしみ、家族で愛し合い、ときには諍い、子供を育て、娯楽を楽しむ」

そういうような大衆の原像というのは、この時期からリアルな存在ではなく、幻想のイメージとしてしか存在しなくなっていく。そしてもちろん二〇一〇年代の今や、このような大衆原像などどこにも存在しない。

新たな階層社会の出現

とはいえ、高度成長が生み出した総中流社会と中間文化は、現在になって逆に絶滅の危機に瀕している。

今や新しい格差が多くの人々に意識されている。しかしそれらの格差はかつてのような「知識人対大衆」とは同じではない。吉本隆明の考えたような大衆の原像は、今の日本社会でワーキングプアなどの地位におとしめられている低収入層とは決してイコールではない。

所得の格差による「上と下」と、情報流通における「発信者と受信者」は、中間文化が生まれる以前の戦前の日本社会では重なり合っていた。しかし今の日本では重なり合わないのだ。

ブログやツイッターのようなソーシャルメディアの出現によって、そもそもが知識人だろうが大衆だろうが、自分の意見を世界に向けて発信することは誰にでも可能になっている。情報流通はフラットになった。そしてもちろんそのフラットななかにも、強い説得力を持っていて多くの人に影響力を与えるようになった発信者もいれば、ステレオタイプなことばかり発言していて誰からも顧《かえり》みられないような発信者もいる。しかしその違いは昔のような「知識人対大衆」という分類にはまったく収まらない。ごく普通の生活を送っている会社員やコンビニ店長やワーキングプアの青年が強い発言力を持っているケースもあれば、逆に立派な大学教授や企業経営者、新聞社の論説委員などの肩書きをもっているにもかかわらず、発言があまりにもチープで失笑されている人もいる。混沌《こんとん》としているのだ。このようななかでいったいどのような層の誰を「知識人」と呼び、誰を「大衆」と分類するのか？

つまりここでは「知識人と大衆」というような単純な二元論ではなく、もっと別の次元での情報の階層化が起きているということなのだ。

しかし——である。

なぜかマスメディア空間のなかでだけは、かつて吉本隆明が論じたような大衆原像が今も生き延びている。大衆という言葉は少なくとも使われていない。かつての大衆の原像は、今のマスメディアでは「市民目線」「市民感覚」という言葉に変わって生き残りつづけているのだ。

それはしかし、決して「自分たちが知識人であり、大衆を見下している」というようなわかりやすいステレオタイプな構図ではない。もう少しねじ曲がり、ややこしいジレンマを抱えている。

この「市民」とはいったいどこの誰なのだろうか？

それをまず探らなければならない。

市民運動とはいったい何だったのか

私は駆け出し記者のころ、さんざん市民運動につきあわされた。好きでつきあっていたわけではなく、上司からしょっちゅう市民運動取材を命じられていたからだ。

一九八八年に毎日新聞社に入社し、初任地の岐阜支局で初めての仕事は「チンチン電車の廃止反対運動」だった。

この年、名鉄が岐阜市内で運行していた路面電車のうち、長良線という約四キロの路線が廃止されることが決まっていた。当時はバブル景気の真っ只中で、おまけにこの年の夏には「ぎふ中部未来博」という大きなイベントが予定されていた。バブルのこのころは地方博覧会ブームでもあったのだ。

この未来博には県外からも多くの人たちがマイカーで遊びに来るだろうと予想されていた。市街の中心を走るチンチン電車は自家用車のじゃまになる。だから古い路面電車の廃止に反対する人など表だってはほとんどなかった。

そのなかで、唯一抗議の声を上げたのが「チンチン電車を守ろう会」という市民団体。この団体からファクスが支局に届いて、デスクはさっそく新人記者の私を取材に向かわせたのだった。当時岐阜支局では、配属されたばかりの新人に地域面で五回ほどの連載記事を書かせるのがならわしとなっていた。チンチン電車廃止はこの連載のテーマにぴったりだとデスクは判断したらしい。

市民運動の人たちのメッセージはきわめてわかりやすかった。「経済効率から言って、マイカーより公共交通機関の電車の方がずっと有利ではないか。岐阜の市街地に車をたくさん乗り入れさせようとすると駐車場が多く必要になってくるが、駐車場ばかり造ったら街は衰退してしまう。もっとゆったりと路面電車で楽しめる街にしよう」

こういうわかりやすいメッセージに、異論を唱える人はいないだろう。おまけに取材に行ってみると、運動を担っているのはとても親切な良い人たちだった。だからまだ入社ほやほやだった私は、「この市民運動は盛り上がるんじゃないかな」と牧歌的に思った。

しかし実際に運動が集会を繰り返し、抗議メッセージを街中に貼り出すといった活動をスタートさせてみると、街の人たちが実に冷ややかな反応であるのにすぐに気づく。

「どうしてあんなに冷ややかで反応悪いんでしょうね?」

と私が先輩記者に聞くと、先輩はうんざりしたような表情でこう言った。

「共産党系だからに決まってるじゃん」

そして先輩は、「市民運動の金太郎アメ」という言葉を教えてくれた。岐阜のような地方では、行政や国がやることに対して反対運動を起こす人は非常に少ない。そもそも保守王国と呼ばれ、自民党が圧倒的に強い土地である。仮に内心は反対運動に賛成していても、親戚や近所の人、あるいは会社の同僚上司の前ではなかなか言い出しにくい。

実際、岐阜ではそのころ長良川河口堰《ぜき》反対運動が全国的な盛り上がりになってきていて、カヌーイストとして知られた作家の野田知佑《ともすけ》やC・W・ニコルといった著名な環境保護派の人たちが多数集まってきていた。

もともとこの河口堰は愛知県の工業地帯に工場用水を送り込むための施設として計画されたものだ。ところが高度経済成長がとっくに終わっていた八〇年代になると、愛知県から

「もう水はいらない」と通告されてしまう。だが、当時の建設省はいったん決めた政府の計画を中止にはできないとして、「実は洪水対策にも役立つのだ」と言いだし、これに環境保護団体などが「河口のダムが洪水対策に役立つわけがないだろう」と至極まっとうな反論をし、「河口をせき止めたら水が濁り、国内有数の清流が消滅してしまう。リツキマスやシジミの生態系にも大きな影響がある」と指摘した。そういう論争が続けられるなかで、反対運動がどんどん盛り上がっていたのだ。

地元でも内心、河口堰に反対している人は多かった。どう考えても洪水対策になるわけはなく、建設省のごり押しにしか見えなかったからだ。しかし保守王国だった当時の岐阜県では、地方議会と自治体、中央官僚、そして地元選出の国会議員が強固なトライアングルを形成していて、とうてい「反対」を言い出せる雰囲気にない。

おまけに反対運動の盛り上がりに焦った建設省は、地元自治体や県議会・町村議会を動員して「河口堰建設期成同盟」という団体を設立させ、「河口堰の一刻も早い建設を！」と呼びかけるデモを組織したりした。

入社二年目になっていた私は当時河口堰問題を担当していたので、当時さかんに地元の集会やミーティングに取材に出かけていた。そして同時に、もちろん推進派の「期成同盟」にも顔を出していたのだが、あるとき期成同盟のデモ行進で思わぬ顔を見かけてしまう。なんと反対運動のメンバーのひとりだったはずの地元の青年が、「河口堰早期建設」というノボリを持って期成同盟のデモに参加していたのだ。

いったいどういう裏切り行為なんだろう……と驚いたが、しかしさすがにその場で声をかけるのははばかられた。数日後、反対運動の集会で再び顔を見かけて声をかけてみると、彼は何とも申し訳なさそうな、情けない顔でこう説明してくれたのだった。

「役場から町内会経由で動員がかかっちゃってね……。うちも地元で仕事してるから断れないんだよね」

こういう強固なムラ社会が確立している圏域では、空気の圧力を突破するような行動はとうてい起こせない。下手に動けば、地元で仕事ができなくなってしまう危険性さえある。だから市民運動はなかなか盛り上がらない。長良川河口堰反対運動も、最初に火がついたのは東京や名古屋などの都市部からだ。都市部の住民が大挙して岐阜にやって来て運動を盛り上げ、それに地元のしがらみの少ない若者層がつながり、運動が組織されていったのだった。運動が最高潮に達していたときでも、地元に生まれ、地元に密着して仕事をしている人たちの参加は、実際かなり少なかった。

そういう土壌のところでは、市民運動の構成員はどうしても特定の層ばかりになる。共産党の議員や活動家。外の土地からやってきたしがらみのない人たち。さらには岐阜のような中央から遠く離れた地域には、一九七〇年代のヒッピームーブメントの流れのなかで中央を離れて田園生活を選んだ画家や音楽家、芸術家なども少なからずいた。六〇年代末の学生運動の闘士が運動衰退後に新たな展開を求めて……といったケースさえあった。連合赤軍の初期のリーダーのひとりである川島豪《つよし》がそうだ。

一九四一年生まれの川島は岐阜大学を卒業後、東京に出て京浜安保共闘を組織し、米軍基地を爆破しようとして一九六九年に逮捕される。獄中から部下の永田洋子や坂口弘に対し、自分を獄中から奪還するように命じ、これがきっかけとなって京浜安保共闘は交番襲撃や銃砲店の襲撃へと走るようになった。

京浜安保共闘と赤軍派が合同した連合赤軍は七二年に浅間山荘事件を起こして全員逮捕され、その後集団リンチ死が明らかになり、学生運動の決定的な衰退の引き金となる。川島は七九年に出獄し、その後は岐阜に戻った。大垣市で家業の屎尿《しによう》くみとり会社を継いで、社長に就任する。そうして当時は保守系だった岐阜県環境整備事業協同組合（岐環協）の理事長におさまると、この団体を拠点にして徹底的な反権力抗争を展開したのだった。とにかく行政のやることに不満があると、傘下のバキュームカーを数百台も動員し、役場に押しかけて抗議デモを行い、果てはバキュームカーの中身をぶちまけることまでやった。この運動にどの自治体も恐れをなして平伏《へいふく》し、岐環協と川島豪という名前は「元連合赤軍」という恐ろしい肩書きとともに岐阜県下に響き渡ったのだった。川島の名が出るたびに、地元の人たちはバキュームカーのデモを思い浮かべ、「あれは黄色い革命を目指してるんだ」と口々にささやき合った。

川島は一九九〇年に亡くなっている。

市民運動の「金太郎アメ現象」の本質

川島豪のケースはかなり極端だけれども、このようなムラ社会から外れ、その地域においては異邦人的な立ち位置にいる人たちが、市民運動などの主体となって活動していたということなのだ。共産党員、芸術家、外部からやってきたしがらみのない人たち、地元では変人と見なされているような独立独歩の人たち。そういう異邦人たちである。

しかし異邦人の数は、そう多くはない。だから保守王国で市民運動に参加する人たちはかなり範囲が限られてしまう。結果としてどうなるのかと言えば、どの市民運動に参加してもいつも同じようなメンバーばかり……という現象を引き起こしてしまうのだ。

それが先輩記者の言った「市民運動の金太郎アメ現象」の意味なのだった。

市民運動には、もちろん河口堰反対のような正当な論理に裏打ちされた運動もある。しかし金太郎アメ化されてメンバーが固定化していってしまう市民運動は、だんだんと一種のムラ社会的な閉鎖性を帯びていき、その閉鎖性が運動体をかなりねじ曲げてしまうようになる。

わかりやすく言い換えれば、つまりこういうことだ――自治体や政府のやることには何でも反対し、とにかく「反対する」という行為自体が存在理由になってしまうようなタコツボ的市民運動に陥ってしまうのである。一九九〇年代ごろまで、こうした金太郎アメ的でタコツボ的な「何でも反対」市民運動が全国各地に浸透していた。

長良川河口堰反対運動が盛り上がりはじめたころ、私は野田知佑にインタビューしたことがある。集会の夜、長良川の河原で焚き火を囲みながら話を聞くという贅沢《ぜいたく》な雰囲気のインタビューだった。何を聞いたのか細かいことは忘れてしまったけれども、彼がこう何度も繰り返していたことは今も強く印象に残っている。

「環境保護ってイデオロギーじゃないと思うんだよね。『日本の美しい川を守れ』っていうのは右翼の人にだって伝わるメッセージだと思うんだ。だから河口堰反対運動には右翼も左翼も、いろんな人が参加できるはずなんだよ」

しかし実際には、そうはならなかった。河口堰反対の集会に行けば、いつもの「金太郎アメ」の人たちがいて、集まってきた参加者たちに「死刑反対」や「原発反対」や「自民党一党支配打破」や、挙げ句は「天皇制反対」のビラまで配っている。「河口堰反対の人たちは、死刑や自民党体制にも反対なのが当然でしょう?」というようなよくわからない空気がそこにはあった。そうしてそういう空気に反発を感じる都市部からの若い運動メンバーとの間に小競《こぜ》り合《あ》いも起きたりした。そういう若者たちが、

「そんなビラ配らないでください!」

と詰めより、しかし「金太郎アメ」の側は、

「えっ?」

と虚《きょ》を突《つ》かれてどう反応して良いのかわからず、しかし自分の行為が批判されていると知るや否や、

「なぜいけないの?　正しいことを伝えるのは当然でしょう!」

と怒りだし、結局は議論にも話し合いにもならず、決裂して終わるのだった。

こうした金太郎アメ的な市民運動は閉鎖的でタコツボ的だったし、徐々に衰退しつつあったけれども、しかし決して運動自体が消滅するようなことはなかった。これは全国どの地域でもそうだった。

なぜか。

それは新聞社が強力に後押ししていたからだ。

新聞社は政府や自治体が何かことを起こすと、必ず市民運動の反応や抗議を取材報道する。これは習性のようなものだ。

私が岐阜支局に新人記者として赴任してすぐに「チンチン電車を守ろう会」の取材を命じられたのもそういう習性のひとつだ。ではなぜ市民運動の反応を報じるのだろうか？

それは、次のような思考の流れだ。

名鉄という巨大企業が、岐阜市内を走る路面電車を廃止すると決めた。これは名鉄からの記者会見やプレスリリースによって流れてくる。

新聞社は、か弱くて古くて無垢《むく》なものが大好きだ。だから「路面電車廃止」と聞いたとたんに、

「昔からの庶民の足を奪うのか」

「これはクルマ優先社会の弊害だ」

「未来博開催に邁進《まいしん》している岐阜県との癒着だ」

といったステレオタイプな拒絶感が頭に浮かんでくる。しかし、かといって新聞社が正面切って「路面電車反対」という意見を述べるわけにはいかない。なぜなら日本の新聞は客観的中立報道を標榜《ひょうぼう》しているからだ。まがりなりにも意見を言える場所は、社説のページや記者のコラム（私の勤めていた新聞社には『記者の目』という記者の主張を書ける長いコラム欄があった）くらいである。ふつうの社会面や地域面では、記者の意見をダイレクトに訴えることは許されていない。

……とそういう状況の時に、市民運動から「路面電車廃止に反対します」という集会告知のファクスが送られてくる。

「これだ！」

そうして新人記者を取材に向かわせ、翌日の地域面では「岐阜の路面電車廃止　市民からは『クルマ優先社会の弊害』の声も」といった見出しが躍るという算段になる。

つまり市民運動は、しょせんは自分たちが紙面に出したい意見を代弁させるツールとしてしか使われていないのだ。

ということは、新聞記者は市民運動が大好きなのだろうか？

たぶん新聞メディアに批判的な多くの人は、そう見ているだろう。「市民運動とつるんでつまらない衆愚的な報道ばかりしやがって」と思っている人は少なくないはずだ。

しかし「記者は市民運動が好きか？」と聞かれれば、私は自分自身だけでなく、同僚や上司や後輩の記者たちを代弁して明快に答を言える。

「ノー」だ。

新聞記者は市民運動を嫌っている

私は岐阜支局の後、名古屋の報道部を経て入社五年目に「東京社会部」に異動した。花形部署である。事件事故から行政、政治に至るまで幅広い分野をカバーしていた。とにかく社会面で書ける話であれば、何でもありという部署だ。科学分野の記事だって請け負う。たとえば誰か日本人の学者がノーベル物理学賞を受賞すれば、1面の記事や受賞内容の科学的な解説は科学部が担当するが、「受賞したのはこんな人」という横顔記事や街の人たちの声などは社会部が書く。

政治記事も同様で、たとえば解散総選挙が行われれば1面記事や政局的な話は政治部が担当するが、それが社会に与える影響などについては社会部が書く。だから政治部とは別に、社会部も国会記者クラブに常駐記者を置いている。

こういう何でもありの部署だから、いろんなタイプの若い記者が社会部には流れ込んでくる。検察や警察を担当して事件記者をやってみたいという尖った若者もいれば、社会の裏面を描くような企画連載を書いてみたいと思う記者もいる。そして中には、「市民運動系」と呼ばれるような記者もいる。

たいていの場合は地方支局などで市民運動を取材し、そこで運動体の中の人とすっかり仲良くなってしまって、人間関係ごと運動にどっぷりとはまってしまっているような記者だ。記者というよりは、半分ぐらいは運動の中の人になってしまっていて、自分の勤めている新聞の紙面は運動の広報媒体ぐらいにしか思っていない。だからこういう記者は原稿の出稿量はものすごく多い。いろんな市民運動とつながっているから、そうした運動から次々に記事化を依頼され、そのままに記事をどんどん書いては出稿してくるからだ。

たいていの全国紙には、こういう「市民運動系」と呼ばれる記者が数人から十数人ぐらいは存在している。

私が在籍していたころの東京社会部にも、市民運動の関係者にもよく知られた「市民運動系」の記者がいた。仮にDさんとしておこう。

Dさんは、部内ではものすごく浮いていた。浮いていたというより、実のところ嫌われていたという方が正しいかもしれない。

社会部には毎年十人近い若い記者が地方支局や内勤部署から異動してくる。デスクはこういう若い記者たちを飲みに連れていって、「お前ら社会部では何をしたいんだ？」と聞く。内々に希望を聞いておいて、それによって検察を担当できる司法記者クラブに回すのか、それとも警視庁なのか、あるいは行政か遊軍かといった振り分けを行っていくのだ。

事件記者志望がいると、敏腕事件記者で鳴らしてきたデスクなどは大喜びだ。私もそうだった。

「僕は警視庁でぜひ一課担をやってみたいです」

と私が居酒屋のカウンター席でおそるおそる告げると、

「おーそうか。警視庁の今のキャップは○○っていい奴だからなあ。話しておくよ」

とそのデスクは私を抱きしめんばかりの勢いで言い、満面に笑みを浮かべたのだった。

しかし中には、事件記者なんてとんでもないという若手もいる。そうしてそういうタイプ

のなかにはときおり、

「市民運動の取り組みとかをずっと取材していきたい」

と目を輝かせる記者もいる。そういう台詞《せりふ》を聞いたとたんに、デスクは急に鼻白《はなじろ》んでこう言ったりしたものだ。

「なんだ……Ｄ系か」

Ｄさんのような市民運動に関心のある記者を、社内では皆「Ｄ系」と呼び習わしていたのだった。

若手記者がＤ系だと知ると、デスクも他の記者もその若手にはすっかり興味をなくす。挙げ句、こんなことを言い始める。

「最近はＤ系増えてるんだよな。最近の若い記者は本当だめだな」

「Ｄはあれじゃ運動家だろう。記者じゃない」

「単に市民運動の紹介してるだけじゃねえか」

市民運動に対するアンビバレントな感情

しかしそんなふうにＤさんとＤさんに追随する若手記者を口を極めて罵りながら、しかし新聞紙面では市民運動のデモや集会を大きく報道するのである。

私もサツ回りや地域面を担当していたり、社会部で宿直勤務に就いたときなどには、何度となくこうしたデモ、集会の類《たぐい》の取材に駆り出された。ある死刑囚が死刑執行された時には、死刑制度反対の市民団体から「明日午前に抗議集会を執《と》り行います」というファクスが送られてきて、運悪く泊まり勤務に入っていた私にお鉢《はち》が回ってきた。

「佐々木、明日一番でこれ取材行ってきて。夕刊用ね」

私は「興味ねえなあ」と思いながらも、でもまあ夕刊番で社内に午前中留め置かれているよりはいいかと気を取り直し、翌朝宿直室から取材に直行した。

ところが指定された集会の会場に行ってみると、青空の下に集まっていた参加者はわずか五十人ぐらい。主催者はハンドスピーカーで「昨日、大変な国家犯罪が〜また繰り返されました〜」と声を張り上げているが、まったく雰囲気は盛り上がらない。

一緒に駆り出されていた写真部のカメラマンと顔を見合わせ、「これじゃ記事にならないよなあ」と愚痴を言い合った。それでもデスクから命じられた仕事だから、参加者の一人にコメントをもらい、会社に戻って四百文字ぐらいの短い原稿をやっつけ仕事で書き上げた。

そうして十一時を回ると、夕刊の早い版のゲラが上がってくる。その刷りを見て、おもわず私は声を上げた。なんと私の取材した死刑制度反対集会の記事が、社会面に写真入りでとびきり大きな扱いになっていたのだ。

「これ、でかすぎないですかね?」

とデスクに聞きに行ってみると、とぼけた表情でデスクはこう返す。

「まあ社会的反応の大きい話だから……ほかに大きいネタもなかったし」

そう言っているデスクは、実のところ数日前に居酒屋で「市民運動系」記者のDさんの悪口を思いきり言っていた人なのだった。

これは特段極端なケースではない。新聞社ではよく見られるごくありふれた光景なのだ。いったいこの矛盾はどこから生じていたのだろう?


Dさんは物静かで穏やかな性格の人で、声を荒らげたり人を非難しているような姿を見たことは一度もなかった。すごく鋭い分析の原稿を書くというわけではなかったが、多くの原稿を出稿していたし、特ダネだってちゃんと取っていた。社外の市民運動との人間関係が非常に幅広く、さまざまなところから情報が入ってくるのだ。そういう外部ネットワークを大切にしているという意味では、非常に優秀な記者のひとりだった。

運動の紹介をしているばかり、というのはたしかにそうだったかもしれない。しかしそれはDさんに限った話ではなく、よほど優秀な特ダネ記者でもない限り、たいていは何かの活動や美談の紹介を書いているか、官公庁のプレスリリースを起こしているのが日ごろの記者の活動だ。そもそも客観的中立報道を標榜している新聞社の記者が、「紹介」以上のことを書いて論をぶつことはできない。

だからDさんに対する非難は、今思えばほとんどは的外れだったと言わざるを得ない。

でも正直に打ち明ければ、私も新聞記者時代、Dさんのことはあまり好きではなかった。これについてはDさんに謝らなければならないと今になって思う。そもそも嫌う理由など何もなかったはずなのだから。

ではなぜDさんは嫌われていたのだろうか？

おそらくそこには、新聞記者が市民運動に抱くアンビバレントな感情が背景にあった。

そしてDさんは、そのアンビバレンツのシンボルになっていたのだ。

昭和の時代からの従来型市民運動はたいていの場合、反権力――すなわち権力に対するカウンターとして存在している。だから市民運動の活動を報道することは、それはすなわち

「権力対市民運動」という二項対立の枠組みのなかに記事を押し込めてしまうことになりかねない。

先ほどの岐阜のチンチン電車の報道なども、その典型だ。チンチン電車廃止が鉄道会社によって決定されたという事実。その事実に対しては、多面的な分析が可能だ。

路面電車という形態は今の日本の交通事情に果たして合っているのかどうか。

他の都市での実状はどうなのか。

路面電車に対して岐阜市在住者はいったいどのようなメリットとデメリットを感じているのか。

人々の路面電車への愛着はどうなのか。

鉄道会社の経営状態はどうなのか。

こういう多面的な分析はしかし非常に面倒で、しかも面倒なだけでなく、記者が自分自身で何らかの結論を提示しなければならない。しかしその結論は「客観的中立報道」の制限を乗り越えてしまう可能性もあるし、もしそうなった場合には社論と記者の論に整合性があるかどうかを慎重に見きわめなければならない。デスクと担当記者の間で激論も予想されるだろう。

もちろん、大きな社会問題を報道するにあたっては、新聞社のなかでこのような多面的な分析は行われているし、デスクと記者が口角泡《こうかく》を飛ばして激しく議論することも珍しくない。しかしそんな議論や多面的分析を、日々起きるありとあらゆる事象に対して適用していたら、ただでさえ忙しい新聞社の仕事が回らなくなってしまう。

そこで、市民運動に頼るのだ。ただ「路面電車の廃止が決まる」というだけの記事では、あまりにも素っ気ないし、鉄道会社の言い分をそのまま報じているようにしか思われない。新聞社としてはそこでバランスを取るべく、しかもそれを手っ取り早い方法で行うために、「市民から異論の声が」と運動体の抗議活動を取り上げて、とりあえず紙面的には一件落着とさせるのである。

つまりは、市民運動は新聞社にとっては使いやすいツールでしかないということなのだ。

権力に対するカウンターとして、弱者の声のシンボルとしてそこに存在していてくれる。

客観的中立報道の立ち位置から外れられない自分たちの代わりに、反権力的な意見を代弁してくれる。

それらを記事に配置することによって、権力機構の行うさまざまな政策の報道にバランスが取れるという大きなメリットがあるということなのだ。

あまりにも単純明快な結論だが、本当にただそれだけなのである。

しかし新聞記者も、当たり前だが決してバカではない。さまざまなできごとや事象について、努力して多くのことを勉強している。だからそのような「弱者対権力」、「市民運動対権力」というような単純な二項対立で世の中が動いているわけでもなければ、動かせるわけでもないことはよく知っている。

おまけに先ほどの保守王国岐阜のケースでもわかるように、金太郎アメ化した市民運動は市民のマジョリティでさえない。市民運動といいながら、圧倒的多数のなかで孤立したマイノリティでしかない。

そして新聞記者は、市民運動がそういうマイノリティであることも知っている。

それでも市民運動を記事に取り上げつづけるのは、それが記事をつくる上で実に楽ちんなパーツであり、「自分たちは弱者の味方である」というわかりやすい立ち位置を打ち出しやすいからだ。

そこに新聞記者の大いなるジレンマがある。

マイノリティをマジョリティとして描かざるを得ないジレンマ。

本当はそんな単純な「市民運動対権力」という構図ではないとわかっているのに、そういう単純構図に記事を押し込めざるを得ないジレンマ。

加えて、市民運動の人たちの「押しの強さ」が新聞記者のこのジレンマをさらに嫌な味にしてしまっている。

どういうことだろうか。

市民運動家の側も、もちろんバカではない。百戦錬磨《ひゃくせんれんま》の運動家になればなるほど、新聞記者のそういうジレンマをよく承知している。だからそういうジレンマをうまく突いて、記事に取り上げられやすそうなかたちで情報を投げてくる。良き運動家は、良きPRパーソンでもあるのだ。

新聞記者も実はそういう百戦錬磨の士にうまく操られていることを自分でわかっていながら、それでもそういうコントロールにつきあって記事を書いてしまう。それでまた運動に対するイライラが微妙に募《つの》ってしまうのだ。

そしてもっと重要なこととして、彼らは新聞記者にまったく平身低頭してくれない。平身低頭どころか、ごく自然に対等な立場で接してくる。

私は岐阜の駆け出し記者時代、長良川河口堰問題を取材していて運動のベテランスタッフから何度も叱られたことがあった。

「佐々木さん、だめだよ。あんな記事書いちゃ。全然わかってないじゃん！」

「あなたねえ、イベントばっかり追いかけてないでもっとリサーチしないと。朝日の〇〇さんを見なよ。データを入手してきて凄くいい分析書いてるでしょう」

市民運動家にはこういう口達者できっちりした人が実に多い。バランスの取れた良い運動であればあるほど、こういう人が増える。中にはもっと強烈な人もいて、東京に転勤した後にある住民運動を取材に行ったところ、リーダー格の女性から、

「取材の前に、まずあなたがどちらの立場で記事を書くのか鮮明にしなさい！　役所の立場ですか、それとも住民の立場ですか」

と詰め寄られて閉口したこともあった。

とにかく彼らは運動をどう展開するか、そして運動をどうメディアにＰＲし、書かせるかという戦術に非常に長《た》けている。市民運動家がネットなどで揶揄《やゆ》的に「プロ市民」などと呼ばれているのは、実際にこういうプロフェッショナル性があるからだ。

しかしそういうプロフェッショナル性は、冷静に考えれば悪いことでも何でもない。運動を展開するというのはすぐれた戦略と戦術を必要とする業だからだ。

そして彼らはプロだから、同じようにプロのジャーナリズムを担っている新聞記者に対等

に接してくる。自分たちの意見が通らなければ衝突もするし、報道がおかしな方向に行かないように助言もしてくれる。

そしてこういうプロの運動家との対等な接触を受け入れられる記者は、市民運動と長くつきあうようになる。おそらくDさんは、そういうタイプの記者だったということなのだろう。しかし、そういうタイプの記者は実に少数派だ。たいていの記者は、そういう市民運動の対等目線があまり好きではない。

なぜなら記者は「市民」という存在と自分たちが対等だとは思っていないからである。

新聞記者が市民運動を嫌うのは、先ほども書いたように、マイノリティでしかない市民運動をまるでマジョリティであるかのように描き、単純構図に記事を押し込めてしまっているというジレンマがあるからだ。そしてこのジレンマに内心辟易《へきえき》しているところに、市民運動家が対等な目線で、時には上から目線で記者を見下ろしてくる。

これは記者にとっては、不快以外の何ものでもない。

そうやって新聞記者の心中には、市民運動に対する嫌悪感がだんだんと染みついていく。その染みついていく嫌悪感という刃は、市民運動とつながって運動の記事を熱心に書くDさんのような記者にも向かっていってしまうのだ。

市民運動の側には何の罪もない。

市民運動を勝手に幻想のマジョリティとして祭り上げ、しかし自分の内なるジレンマから勝手に嫌悪感を抱いてしまっている新聞記者に罪があるのだ。そしてこの罪こそが、マスメディアと権力と市民運動の関係性をきわめてねじ曲がったものにしてしまっている元凶になっているのだ。

「無辜の庶民」と「プロ市民」の間に

実のところ、新聞記者が本当に好きな「市民」は、プロフェッショナルな市民運動家ではない。彼らが好きな「市民」は、無辜《むこ》の庶民のような市民なのだ。

記者に対等に意見を述べたりせず、論争はせず、地道に暮らし、地に足着けて労働し、文句も言わず黙々と生きているような人たち。

しかし、そんな人たちは本当に存在しているのだろうか?

『豆腐屋の四季』というノンフィクションの名著がある。書かれたのは一九六八年。

著者は松下竜一。その後、豆腐屋を廃業してノンフィクション作家となり、『砦に拠る』『ルイズ　父に貰いし名は』『狼煙を見よ』などの超一級の作品を次々に世に送り出した人だ。

二〇〇四年に六十七歳で亡くなっている。三十歳代はじめに書いたこの『豆腐屋の四季』はベストセラーになり、緒形拳主演でテレビドラマにもなっている。

松下は幼いころからずっと病弱で、右目は失明し、高校時代には喀血《かっけつ》した。背も小さく、楽しいことなど何もなかった。十九歳で母親を失い、そして父親とともに豆腐屋を切り盛りするようになる。しかし体力がなく、技量もない彼がつくる豆腐は固まらない。配達のために自転車で街に出れば、坂で転倒して豆腐をだめにしてしまう。そういうつらい日々を骨太な、しかし瑞々《みずみず》しい文章で描ききった本だ。哀感、愛情、怒り、労働、人間が生きているということのすべてがこの本にはこめられていて、私も新聞記者になったころにこの本を読んで激しく感動した。著者が詠《よ》んだ痛切な短歌がいくつもちりばめられている。

「泥のごときできそこないし豆腐投げ怒れる夜のまだ明けざらん」
「生きて来し苦労に荒るる掌を持てど老父の造る豆腐美し」
「豆腐五十ぶちまけ倒れし暁闇を茫然と雪にまみれて帰る」
「我がつくる豆腐も歌も我が愛もつたなかりされど真剣なり」

この本の素晴らしさについては、私がここでさらに詳しく述べる必要もないだろう。私自身はこの本を非常に愛しているし、松下竜一のその後のノンフィクションの数々は、私が新聞記者時代にもっとも強く影響を受けた書物だった。

とはいえ、ここでいま語ろうとしているのはこの名著の内容そのものではない。なぜ私がこの本のことを説明しはじめたのかと言えば、ある新聞記者が書いたブログのエントリーがこの『豆腐屋の四季』を取り上げており、そしてそのエントリーには、新聞記者が「市民」になにを求めているのかが見事に浮き彫りになっているからだ。

そのエントリーを書いたのは、高田昌幸という北海道新聞の記者（当時）。北海道警の裏金疑惑を追及するなど、調査報道の分野では新聞業界屈指の敏腕記者である。彼の仕事を私は高く評価しているが、しかし市民に対する目線の置き方は、見事に日本のマスメディアの「市民目線」の問題を浮かび上がらせてしまっている。

彼は二〇〇六年にブログでこう書いている（「『豆腐屋の四季』と市民型ジャーナリズム」）。

「もし、市民型ジャーナリズム（その定義については、ここでは捨象する）が成り立つとすれば、それはこの『豆腐屋の四季』のような内容においてこそ、ではないかと思う」

これは当時流行していた「オーマイニュース」などの市民ジャーナリズムメディアに対応して書かれたエントリーだ。さらに正確に言えば、これは私との短い論争のなかで書かれたものである。

当時オーマイニュースの編集委員を務めていた私は、ソーシャルメディアの勃興によってマスメディアとネットメディアはフラットになっていくと同ニュース上で主張した。これに対して高田は「フラットにはならない」と反論し、こう指摘した。「『意見』や『批評』『評論』は自由に発信でき、『議論』は自由に交わせる。（中略）しかし、議論や意見の土台となる『情報の質と量』は、以前と同じく、『持つ者』から『持たざる者』へと流れてくる。そりゃそうだ。膨大なマンパワーと資金によって、情報をかき集めてくる大会社や官庁・捜査当局等の情報量と、個人や地域の民間団体等とでは、今は土俵が違いすぎる」

新聞記者が思い浮かべる「市民」像とは

この指摘に対して私がどう受けとめたのかは、本書の論から外れてしまうので置いておく。

いま私が取り上げたいのは、このエントリーの続きとして書かれた「『豆腐屋の四季』と市民型ジャーナリズム」のなかで、高田がこう説明している点だ。

「必要なのは、いま既存メディアが伝えていないことをどう伝えるか、にある。そしてそれは、『正義』や『国家』といった概念を、抽象的な言葉を用いてこねくり回すことではなく、『豆腐屋の四季』が描いたような、足元の世界とそこから見える社会と世界のありようを活写することだと思う」

つまり市民型ジャーナリズムは国家や正義のような抽象的な概念ではなく、『豆腐屋の四季』のように、働いている人一人ひとりが自分の足元の世界を描く。そのようにマスコミと市民は役割分担できるのではないか、という説明である。

この記事で高田が思い描いている市民は、吉本隆明が「大衆」と呼んだ存在にほかならない。つまり地に足着けて文句も言わず、国家や正義を声高《こわだか》に議論せず、権力や資本主義に酷《ひど》い目に遭《あ》わされながらも、それでも地道に自分の生活を送っていくような、そういう無辜の庶民。かつての日本の農村にいたそういう土着的な庶民と、そういう土着性に対する郷愁。

しかしそれは現実的には、幻想でしかない。戦前のように労働者階級と資本家階級が著しく分離し、先に私が説明したような「知識人対大衆」という構図が存在していたころには、知識人からかけ離れた大衆は無辜の庶民である、ととらえることも可能だった。だが高度経済成長と中間文化によって、そうした大衆の原像は幻想にすぎなくなった。大衆の原像がリアルな存在として完全に消滅したのは一九七〇年代で、それからもう半世紀近い年月が経っている。

吉本隆明の言葉をもう一度掲げよう。

「政治的に啓蒙さるべき存在にみえ、知識を注ぎこまなければならない無智な存在にみえ、自己の生活にしがみつき、自己利益を追求するだけの亡者にみえてくる」

そういう野性的で本能のままに生きる大衆。本能的であるがゆえに政治的な野心や意見を持たず、だからこそ無辜である庶民。そういう庶民が持っている土着性のようなものに対するノスタルジーと、そしてそういう無辜の庶民をマスメディアという知識人が導いていくという高い場所からの視線。高田のエントリーには、マスメディアの記者が持っているそのような「知識人対大衆」のイメージがきわめて鮮明に浮き彫りになっている。

つまるところ彼らが好きなのは、そのような物言わぬ無辜の庶民であって、弁が立ち国家正義を論じる市民運動のプロフェッショナル市民ではないのだ。

マスメディアの正義の依拠する場所は、うるさいマイノリティである市民運動家ではなく、黙して語らない庶民たちなのである。

それが記者の本心だ。

私が名古屋の報道部にいた一九九一年、湾岸戦争が起きた。1面トップは外信部の特派員がカタールあたりから送ってきた原稿だが、その本記を受けて社会面では日本国内の受け止め方や、街の人の声を集めた記事も掲載しなければならない。まだ入社四年目の駆け出しだった私には、デスクから「東海地方に住んでるイラク人を探し出して街の声をとってこい」という指示が飛んできた。

中東諸国を支援している市民団体などに電話をかけまくり、名古屋市内に住んでいるイラク人女性を見つけた。急いで連絡を取り、会いに行く。私のインタビュー取材に対して、彼女はこう言った。

「この戦争は、イスラム教徒にとっての聖戦です。アメリカの支配に負けるわけにはいきません」

私はこのコメントをそのまま原稿に起こして、デスクに渡した。デスクは原稿を読んで

「うー」とひとことうなり、そうしてこう言ったのだった。

「こういうのじゃなくてさあ、バグダッドの子どもが可哀想だとかそういうイラク人の声はないの？」

私は反論した。

「でもそういう『聖戦である』って声だって、ひとつの考え方じゃないですか。イラクの人がそういう風にとらえてるってことは報道する意味があるんじゃ？」

しかしデスクは「うーん、新聞じゃこういうのは使わないんだよねえ」ともごもご言うだけで、結局その原稿はボツになってしまったのだった。

つねに市民は、権力に蹂躙《じゅうりん》され、か弱い被害者。そういう型から逸脱した原稿は、新聞のコンテキストには適合できないということなのだ。

要するにマスメディアの正義の依拠する場所は、うるさいマイノリティである市民運動家ではなく、黙して語らないマジョリティの庶民たちなのである。

しかしこの構造には、大いなる矛盾が存在している。

市民とメディアのねじくれた構造

高田は、マスメディアと市民ジャーナリズムの役割分担を説いている。既存メディアは日々、正義や国家について報じ、社説で論じている。市民ジャーナリズムはそうした概念を抽象的な言葉でこねくり回すのではなく、足元の世界とそこから見える世界を活写せよ、という。

ここには「正義や国家について論じるのはわれわれだ。君たち市民は抽象的な言葉をこねくり回さず、目の前の地べたの話を書け」という何とも形容しがたい「上から目線」が隠されている。

それでも百歩ゆずって、そのような役割分担も可能だとしてみよう。もしそうだとしたら、マスメディアはいったいどのような立ち位置で「正義」や「国家」を論じることができるのだろうか?

本章で私は、マスメディアは「市民感覚」や「市民目線」というものを非常に重要視していると説明した。ということは、マスメディアは市民感覚や市民目線に基づいて正義を論じ、国家を語っているということになる。

しかし高田は、市民は正義を論じ、国家を語るべきではないと説いている。正義を論じ、国家を語るのはマスメディアであって、市民は豆腐屋的な地に足が着いた生活実感を書いていくべきである、と。

これでは堂々めぐりだ。

市民は正義や国家を論じてはいけない。

正義や国家を論じるマスメディアは、それら市民を代弁し、市民感覚で報道する。

なぜ市民が自分で語ってはいけないのか？　なぜマスメディアに代弁してもらわなければならないのか？

そもそも高田が言うような、市民が「足元の世界とそこから見える社会と世界のありよう」から皮膚感覚的に感じている正義は、マスメディアの語る正義とイコールなのだろうか？

さらにこの市民とマスメディアの関係のなかに、第三の存在として市民運動が入ってくる。新聞記者が嫌いながらも自分たちの意見を代弁する便利なツールとしての市民運動だ。この第三の存在がからんでくることによって、構図はさらにねじれてややこしくなってしまう。ここでは少しわかりやすくするために、マスメディアの好きな市民を〈庶民〉と呼び、市民運動の主体となっているような市民を〈市民〉と仮に呼んでみる。


〈庶民〉は正義や国家を論じないマジョリティ。

〈市民〉は正義や国家を論じるマイノリティ。

マスメディアが〈庶民〉を代弁する。

〈市民〉がマスメディアを代弁する。


これは実にねじくれ、ややこしい構造だ。

マスメディアが報じる正義は〈市民〉によって代弁されている。市民運動のデモや集会を紹介することで、正義がどこにあるのか、マスメディアの考える正義とは何なのかを〈市民〉たちに代弁させているのだ。

しかしマスメディアは、自分たちの正義の根拠が〈市民〉にあるとは考えていない。紙面上はそういうふうに見せかけていたとしても、実は記者は自分たちの依拠する立ち位置は、無辜の〈庶民〉だと考えている。

つまりマスメディアは〈庶民〉に依拠し、しかし代弁は〈市民〉が行う。すなわち〈庶民〉の感覚を、マスメディア経由で〈市民〉が代弁しているということに他ならない。しかし〈市民〉は金太郎アメ的なマイノリティであって、必ずしもマジョリティの〈庶民〉と感覚が一致するとは限らない。むしろ一致しないケースの方が多いのが実態だ。それはたとえば、憲法改正について多くの〈市民〉が反対しているにもかかわらず、新聞の世論調査などでは憲法改正容認派がかなりの多数に上ることや、あるいは大半の〈市民〉が脱原発を訴えているにもかかわらず、選挙では原発容認派の首長が当選してしまうようなことにも表れている。

そしてこうしたねじれの現象が生じたとき、マスメディアは〈知識人対大衆〉モデルでこれに対処しようとする。〈庶民〉と〈市民〉が一致しないのは、〈庶民〉の意識がまだ覚醒していないからだ、と。知識人であるマスメディアが彼らの前衛となって〈庶民〉を導き覚醒させなければならない、と考えるのである。

再び吉本隆明に登場していただこう。彼は一九六六年にすでにこのことに言及している

（「情況とは何かＩ」）

「大衆はそのとき現に存在しているもの自体ではなく、かくあらねばならぬという当為か、かくなりうるはずだという可能性としての水準にすべりこむ」

「大衆は権力に抗するはずだ、そして最後に〝はず〟である大衆は、まだ真に覚醒をしめしていない存在であるということになるのだ」

これはまさに、そのままマスメディアと〈庶民〉の関係に他ならない。しかしこのようにして〈庶民〉を未覚醒で衆愚化した存在ととらえることには、やはり大きな矛盾がある。マスメディアは〈庶民〉の感覚に依拠していた。しかし〈庶民〉がまだ覚醒しておらず、その感覚が誤っているのだとすれば、じゃあいったいマスメディアはなぜ〈庶民〉に依拠していると言えるのだろう？

ここでもまた堂々めぐりの袋小路に入り込んでしまう。

何度も書いているように、マスメディアは〈市民〉にみずからの意見を代弁させてはいるが、しかし〈市民〉にみずからの立ち位置を依拠はしていない。ただツールとして嫌々ながらも便利に使っているだけなのだ。

この袋小路のようなロジックの迷宮で、かろうじて得られる結論はひとつしかない。マスメディアが依拠している〈庶民〉が、実はどこか遠くの世界にいるアウトサイダーであるという可能性だ。

〈市民〉はいったい誰を代弁しているのか？

どういうことだろうか。

何度も書いてきたように、マスメディアが依拠する〈庶民〉は、幻想の存在でしかない。しかもこの幻想の存在である〈庶民〉は、つねにマイノリティである市民運動によって代弁されている。

市民運動を担う人たちは、戦後の総中流社会においては、社会の周縁部に存在する人たちだった。市民団体が「非政府団体」として権力との協力関係をつくるようになり、地方自治や政治に本格的に参画するようになるのは九〇年代後半以降である。阪神・淡路大震災によってボランティア活動が活発化し、これが非政府団体と政府との協力関係を構築する一助となり、以降〈市民〉と政府当局との関係は緩やかに、良い方向へと変化してきている。

本書の舞台としている一九七〇年代から八〇年代においての時代環境においては、先に私が紹介した保守王国岐阜のケースでもわかるように、金太郎アメ化した市民運動は、圧倒的多数のマジョリティのなかで孤立したマイノリティであるケースが多かった。インサイダーではなく、かといって完全なアウトサイダーでもなく、社会とその外側の周縁部にポジションを取り、その立ち位置から権力のあり方を鋭く批判する人たちだったのである。

そしてマスメディアがこの周縁部にいる人たちに〈庶民〉を代弁させてきたのだとすれば、では〈庶民〉はいったい社会のどの立ち位置に存在しているといえるのだろう?

周縁部に存在する〈市民〉が、インサイダーである〈庶民〉を代弁することはできない。なぜならメディア空間は、同心円の円環形状となって無限に外側に広がっているからだ。私が何かを語るとき、その外側にいる誰かを背負っている。

たとえばツイッターやブログなどソーシャルメディアでの議論を考えてほしい。誰かが何かを発言すれば、その発言に対してつねに批判や賛同や反論が巻き起こる。この批判からは決して逃れることができない。そしてこの円環が特徴的なのは、ある環を包囲する外側の環は、かならず最初の円環とは別のコンテキストを使って、内側の環を批評してしまうことだ。

ブログの炎上のようなケースで言えば、その渦中にいるブロガーに対して、その外側にいる誰か(A)は自分の正義によって、その内側にいるブロガーを批判するだろう。ところがさらにその外側にいる人（B）は、また別の「正義」というコンテキストを使って（A）を批判するかもしれない。しかしその批判は絶対的正義にはとうていなることはできず、「絶対なんてことはあり得ないだろう」という別のコンテキスト（C）によって再び批判者（B）が批判されていくことになる。

その円環のさらに外側には、発言しないサイレントマジョリティが包囲し、その怒れる様子を楽しんで消費している。もっと外側にはネットにあまり興味のない人たちもいて、「ネットの連中は変なケンカをしていて、なんだか気持ち悪いなあ」と無関心に見ている。いつまで経っても円環は消滅せず、まるで年輪のように円環は積み重ねられていくだけなのだ。

つまり、円環の外側には誰も出られないのだ。言い換えれば、誰も絶対的な第三者にはなれない。それがメディア空間の不思議な性質である。そしてこの円環どうしの戦いは、「誰が『皆』を背景にしているのか」という戦いでもある。「自分こそが世論だ」「自分こそが正義だ」「自分こそが社会の論理だ」という論をぶつけあっているのだ。

このような無限の同心円の広がりを持つメディア空間のなかでは、自分の内側にいる者を背負うことはできない。自分が背負えるのは、つねに自分の外側にいる存在だけだ。

つまり〈市民〉が代弁しているのは、周縁部のさらに外側にいるアウトサイダーであるということなのである。

では〈市民〉はいったいどのようなアウトサイダーを代弁しているのか？

それは〈異邦人としての庶民〉という新たな存在なのだろうか？

だとすれば、その存在はいったいどこから現れ、どこに存在しているのだろうか？

それを突き止めるためには、歴史を遡《さかのぼ》ってみなければならない。

タイムマシンの時計の針をセットする先は、吉本隆明が大衆原像論を書いた一九六〇年代だ。

第三章

一九七〇年夏のパラダイムシフト

早大大隈講堂時計台に向け放水する機動隊。屋上は逮捕された革マル派学生と機動隊員でいっぱい
（1969年9月、写真提供・共同通信社）

津村喬は高校生だった一九六四年夏、兄と二人で中国大陸を旅し、南京大虐殺記念館に衝撃を受けた。

当時の時代精神を、二〇一〇年代のいま直観的に理解するのはほとんど不可能だ。当時を大人として生きていた人でさえ、ノスタルジーの向こう側へと自分の当時の生々しい精神を追いやってしまっているだろう。つねに人は過去を美化してしまうのだ。

煩悶の末に、後の左翼評論家が獲得したのは何だったのか。

一九六〇年代前半の津村にとって、日本人が「加害者である」という視点は存在していなかった。左翼運動の中心人物だった父親の影響を強く受け、またそういう環境のなかで育った彼には、在日の友人も少なからずいた。彼は自分ではそうした友人たちと対等に向き合い、自由な関係を保っていたと無邪気に信じていた。自然な友人関係だと無意識に思い込んでいた。そこには差別と被差別というような感覚は存在しないと勝手に考えていたのだ。

しかしひょっとしたら、彼ら在日の友人たちの側は「対等じゃない」と思っていたのではなかったか――。

津村は南京大虐殺記念館での体験を経て、そのことにようやく気づくようになる。個人として在日の友人たちと向き合っているつもりでも、実はそこには個人だけではなく、日本人と朝鮮人という関係性が頑《がん》として存在していて、自分自身も「日本人であること」というものを背負わされているのではないか。そういう事実を初めて彼は自分の内側に突きつけられたのだった。

彼は「日本人という存在をどうとらえるのか」と問い詰められ、そしてその結果獲得したのが、戦後生まれの若い日本人にとってはまったく新しい視点だった。

それは「戦争加害者としての日本人」である。

こう説明されると、二十一世紀に生きている方々は「なんだ」と落胆されるだろう。「そんな話はもう聞き飽きたよ」と。たしかに二〇一〇年代の現在の視点で見れば、「加害者としての日本人」という表現はとうの昔から左翼のクリシェ（決まり文句）であり、目新しくも何ともない。

「加害者視点」が存在しなかった戦後日本

しかしこのような「加害者としての日本人」という視点は、実は一九六〇年代までの日本人には、ほとんど存在していなかった。

団塊の世代も含めておそらくほとんどの人が忘れ去ってしまっているが、この視点が獲得されたのは一九六〇年代半ばのことだ。そしてこれがクリシェ化していくのは七〇年代に入ってからのことなのである。

それ以前の時代はどうだったのか。

つまり太平洋戦争の敗戦から高度経済成長の六〇年代にいたるまで二十年間、ふつうの日本人は「大日本帝国の軍部にだまされた無辜の庶民」と自分たちをとらえていた。自分も加害者であるという認識はほとんど皆無だったのである。

無辜の庶民たち。

男たちは戦争に駆りだされて中国戦線や南方戦線で酷い目にあわされ、そして女や子供、高齢者は内地で空襲や原爆や、あるいは飢餓にもだえ苦しんだ。そういう徹底した被害者としての意識だけが、六〇年代までの日本で共有されていた空気感だったのだ。そこには「自分たちもアジアに対して戦争を行った加害者である」という視点はほとんど存在していなかった。

しかし実際には開戦前から戦争中まで、多くのごく普通の日本人たちは積極的に戦争に加担していた。

マスメディアはこぞって戦争を扇動し、しかしそれはマスメディアだけではなく多くの言論人、多くの日本人がみな同じだった。

たとえば真珠湾攻撃のその日に、中国文学者の竹内好《よしみ》はこんなことを日記に書いている。

「歴史はつくられた。世界は一夜にして変貌した。われらは目のあたりにそれを見た。感動にうちふるえながら、虹のように流れる一すじの光芒のゆくえを見守った」

あるいは作家、伊藤整《せい》の日記はこうだ。

「大東亜戦争直前の重っ苦しさもなくなっている。実にこの戦争はいい、明るい」


ところが太平洋戦争に敗北して以降、そうした「自分たちの戦争責任」は日本人の意識から追いやられていってしまう。

なぜか。

第一には、戦後経済の困窮があった。

経済がどん底にまで落ち、餓死者が出るなかで、焼け跡には犯罪があふれかえる。海外からの救援物資も、闇経済に呑み込まれて闇商人たちをうるおすだけで、人々の手にはなかなか届かなかった。

たとえば隠退蔵物資事件。これは日本軍が戦中に民間から接収していた膨人な物資が、ひそかに横流しされてしまっていたというものだ。

この事件を暴いたのは、参議院議員だった世耕《せこう》弘一。小泉政権で自民党の広報戦略を担当して一躍有名になった世耕弘成《ひろしげ》参院議員の祖父である。

世耕弘一は非公式にこの事件を調査し始め、一九四七年に国会で、「日銀の地下倉庫に隠退蔵物資のダイヤモンドがあり、密かに売買されている」と爆弾発言する。その後国会にこの事件を調べる特別委員会がつくられ、恐ろしいほどの腐敗が明らかになっていく。

愛国婦人会の女性たちが戦争に協力しようと寄付したダイヤモンドや貴金属類。海外から持ち帰られた希少な金属や薬品。戦前、本土防衛のためにたくわえられていたはずの膨大な宝物が、ほとんど雲散霧消してしまっていたのだ。四七年の一年間だけで発見された隠退蔵物資は、総計で三〇〇億円以上にもなったと言われている。この年の国家予算はわずか二〇五〇億円だから、消滅した物資がいかに巨額だったかがわかる。

そして驚くべきことに、この隠退蔵物資事件では犯人は誰ひとり起訴されないまま終わった。なぜかと言えば、官僚の上から下まで、政治家から警察官、元軍人とありとあらゆる人たちがこの不正に手を貸していたため、摘発しようがなかったのである。

戦前まで、貧困や困窮は人々の間で共有されていた。貧しく物資が不足していたとしても、

「私たちの国が危機にさらされているんだ」「このままでは私たちの国が危ない」という危機が共有され、その危機感によって「堪え難きを堪え、忍び難きを忍び」の精神で国民の統一感は保たれていたのだ。ところが戦争が終わってみると、そこにはずるがしこく物資を盗んで私腹を肥やす者たちが現れ、格差は表面化し、「自分たちが我慢したのはいったい何だったのか」という空気が生まれてきた。

第二には、そのように世論が誘導されていったという事実がある。誘導したのはメディアや左翼運動だ。

敗戦の年の暮れに出版された『旋風二十年　解禁昭和裏面史』（森正蔵）という本がある。上巻は最初の一週間で十万部を売り、下巻は翌春に出て七十万部以上の大ベストセラーとなった。

この本は張作霖《ちょうさくりん》爆殺事件から満州事変、二・二六事件、日中戦争、そして開戦直前の日米交渉、真珠湾攻撃までの間に政府のなかでどのようなプロセスで政策が決定されていたのかを、当時取材に当たっていた毎日新聞の記者たちが書いたものだ。この戦前の昭和期、軍や内務省は厳しい検閲を敷いていたから、そうした政府内部の実態はほとんど報道されていなかった。序章には、こんなことが書いてある。

「このなかのあらゆる章には、これまでさまざまな制約のために公にされなかった史実が、多分に折《（ママ）》り込まれている。抑圧された言論、歪められた報道は、われ等が現にそのなかで生活して来たわずか二十年の歴史を、全く辻褄の合いかねるものとしている」

その意味でこの本は、抑圧された言論の貴重な証言になっている。でも一方でいま読み返してみると、あまりにも牧歌的に軍人や政治家、右翼の大立者《おおだてもの》たちを「あいつらが戦争を引き起こしたのだ！」と指弾しているばかりにも見える。国民の戦争加担の問題は、いっさい語られていないのだ。もちろんアジアへの戦争責任への言及など、まったくゼロだ。

「軍部が悪い」というロジック

日本の戦後の混乱期を包括的に描き出した米政治学者ジョン・ダワーのピューリッツァー賞受賞作『敗北を抱きしめて』（二〇〇一年）は、この『旋風二十年』をこっぴどくこき下ろしている。こんな風に書いているのだ。

「それは、深い考察などに煩わされない、じつに屈託のないアプローチを取っていた。日本の侵略行為の本質や、他民族の犠牲などを白日のもとにさらすことにも（南京大虐殺は触れられてもいない）、広く『戦争責任』の問題を探ることにも、とくに関心はなかった。既存の資料や、これまで発表されなかった個人的知識だけを主たる材料に、こういう即席の『暴露本』が書けるという事実からは、今自分たちが正義面で糾弾している戦争にメディアが加担していたことについて真剣な自己反省が生まれることはなかった」

しかし、この『旋風二十年』がベストセラーになることによって、多くの読者は太平洋戦争が少数の政治家や軍人の無知と無謀と野望のためだったと思うようになり、気がつけば「戦争は軍が勝手に引き起こしたことだ」といった言論がまかり通っていく。自分たちの戦争加担はそうしてどんどん忘れ去られていく。

「やっぱり俺たちは悪くなかったんだ」

「私たちはだまされていたんだ」

「心ある国民はずっと戦争には反対だったのに、みんな軍が悪い」

そんなふうにして、戦争の責任はすべて軍に負わせられていったのである。

この時期、映画監督の伊丹万作《まんさく》は「戦争責任者の問題」というコラムを雑誌「映画春秋」

の創刊号に書いている。敗戦翌年の春のことだ。ちなみに伊丹万作は、「マルサの女」などで有名な故伊丹十三監督の父。

『旋風二十年』に触発されて、当時の社会では戦争犯罪者を告発する運動が高揚していた。これは映画界でも同じで、戦争を賛美し、戦意を高揚するための作品を戦争中に撮っていた監督やプロデューサーたちがやり玉に上がり、非難されていたのである。その非難の急先鋒になっていたのは、同じ映画界の労働組合やプロデューサー、脚本家、批評家たちだった。彼らは「自由映画人連盟」という戦争責任者を追及するための団体をつくり、自分の元仲間たちの糾弾を行っていたのである。

これに伊丹は痛烈な批判を加えた。彼はこう書いたのである。

「みんな、今度の戦争でだまされたと言ってる。みんなが口をそろえてる。でも私の知ってる限り、『おれがだました』って言ってる人はひとりもいないな」

当時の多くの日本人はわれわれは皆だまされたのだと考え、「だました人」と「だまされた人」の境がはっきりしてると思っていた。しかしそんなことは現実にはあり得ない。

一般国民は口をそろえて「軍と官僚にだまされた」と言い、軍と官僚は口をそろえて「上司にだまされた」と言う。その上司にきいてみると、口をそろえて「もっと上の者にだまされた」と言う。そうやって突き詰めていくと、最後はひとりかふたりになってしまう。しかしそんなひとりやふたりの知恵で、一億人がだませるわけはないのではないか？

伊丹万作は、ごく真っ当にそう指摘したのだった。

彼はそしてこう続けた。――戦争の間、誰が自分たちを苦しめたのかと思い出すときに、真っ先に記憶からよみがえってくるのは近所の商店主や町内会長や郊外のお百姓さんや、あるいは区役所や郵便局の役人たちではないだろうか。ありとあらゆる身近な人たちが、自分たちをいちばん苦しめていたではないか、と。

それは皆が悪人だったからではない。そうではなく、そんなふうに戦争によって国民どうしが苦しめ合わなければならないことになってしまったということが問題なのだ。その事実を認めるべきではないのか、と。

しかし伊丹万作のような声はきわめて少数派で、結局は「われわれは被害者である」という声が国民の圧倒的多数になっていく結果となったのだった。

そしてこういう世論の動きを、実は反戦と平和を訴える左翼運動の側も後押ししていた。

なぜか。これは実は、とびきり政治的な理由である。

なぜなら「自分たちは被害者であり、犠牲者である」という意識を強調した方が、反戦意識を国民のなかに根付かせやすい、と運動の側が考えたからだった。「軍国主義はけしからん！」という気持ちを長続きさせるためには、「自分が酷い目にあった」という思いを抱かせることが最も手っ取り早い、と考えられたのである。

そしてさらに、こういう意識はなんとGHQまで後押ししていた。

日本人が自分自身の戦争への加担について目覚めるということは、すなわち中国などアジア各地での自分たちの残虐行為に目覚めるということにもなる。ところが敗戦から数年経ったこの時期、中国は共産主義国となってソ連とタッグを組み、アメリカとの間で冷戦の緊張が高まっていた。もしこういう状況のなかで、日本人が中国への加害者意識に目覚めてしまったら、日本を共産圏への楯として使えなくなってしまうではないか。

そういう危機感がGHQにはあった。だから彼らは、そうした中国への加害に関する表現は検閲で発禁としてしまったのだった。

こうして日本人の戦争への加担意識は、密封されてしまう。メディアと左翼運動とGHQが、その密封作業を分担して行ったのだった。そして一九四五年以降、六〇年代後半にいたるまでの二十数年間、日本人はみずからを戦争の「被害者」として認識し、「加害者」としての認識をあえて忘れ去ったのだった。

しかしこのような「われわれは被害者だった」という歴史観が固定されてしまうと、非常にやっかいなことが起きてくる。

戦前から日本に多数居住していた在日朝鮮人や台湾人などの旧植民地の人たちを、いったいどうやって扱えばいいのか、という悩ましい問題である。単純な構図では、すべてのものごとを包括しきれなくなるのだ。

彼らは軍部ではもちろんないし、日本の「庶民」でもない。彼らはリアルに言えば、戦前まで日本の被害者となっていた人たちであり、日本の敗戦によって解放された人たちでもある。しかしそういうリアルな存在は、「われわれは被害者」という感覚のなかには置き場所がない。やっかいなのだ。

それで戦後の日本人が彼らをどうしたかと言えば——。

無視することに決めたのだった。透明な存在として、そこにはいないかのように振る舞うことにしたのだった。

「異邦人」は戦後日本でどう扱われてきたのか

彼ら「異邦人」がどのように戦後日本で扱われていたのかを、歴史を振り返って見てみよう。

戦後まだ十年も経たない一九五三年に書かれ、その後映画化もされた『にあんちゃん』というベストセラーがある。十歳の少女・安本末子が書いた日記を書籍化したものだ。佐賀県の鶴ノ鼻炭鉱を舞台に、炭鉱で両親を亡くした四人の兄弟姉妹が、苦境に負けず明るく生きる姿を末娘の眼から描いた感動作だ。

一家は在日朝鮮人だった。しかし書籍にも映画にも、彼らが在日であるということを明白に説明するシーンはいっさい出てこない。映画の冒頭、父親のお葬式のシーンで親戚らしい老女が「哀号《あいごう》」と泣き叫んでいる。この場面で観客はかろうじて、「ああ在日なんだな」とわかるようにはなっている。しかしそのことは明確には語らない。この不思議な描き方に、当時の日本社会が在日に向けていた眼が象徴されている。

在日の人たちは、日本の敗戦によって虐げられていた地位が復権し、闇市などでは日本人のヤクザと衝突することも多かった。こうした目に見える「敵」に対しては、日本社会の側も透明な存在として無視するわけにはいかない。だからそういう彼らに、日本社会は「第三国人」などと変な呼称のラベルを貼った。

占領下の日本にはさまざまな外国人がいた。かつて敵国だったアメリカ人やイギリス人、中国人などの連合国民。ドイツやイタリアの枢軸国民。そして中立国の国民。しかし植民地だった朝鮮や台湾の人々は、こうした区分けには収まらない。敗戦後の四五年十一月に進駐軍が発した軍政基本指令には、これらの人々を「できるだけ解放国民として扱う」「ただし必要に応じて敵国民として扱いうる」と記している。つまり朝鮮人や台湾人は日本人よりも上の「解放国民」だが、しかし日本人として扱う場合もある、というのが進駐軍のとらえ方だった。そしてこの人たちに対しては、日本の裁判所が裁判権を持ち、日本の警察が取り締まることができるという覚書も進駐軍から出されたのだった。

朝鮮人・台湾人の側も、日本の敗戦によって虐げられていた地位が復権し、「解放された人民」として意気軒昂《いきけんこう》になっていく。これが闇市などでの日本人ヤクザと朝鮮人・台湾人との紛争にもつながっていく。しかしこれを取り締まる際に、日本の警察もこれまでのように居丈高《いたけだか》に「半島人」や「鮮人」などと蔑称《べっしょう》を使うわけにはいかなくなっている。なにしろ解放国民なのだ。

かといって、もちろん同じ日本人とは思っていない。そしてアメリカやイギリスのような圧倒的な強者の戦勝国の国民でもない。そこで警察は、彼らを「第三国人」という新しい名称で呼びはじめたのだった。

自分たちのような戦争被害者でもない。かといって自分たちを統治する強者でもない。戦争中の〈軍部―庶民〉という構図が終わり、占領下では〈進駐軍―日本政府―庶民〉という新しい構図に移行していくなかで、その構図には当てはまらない違和感のある存在として、第三国人という呼び方はその後定着していったのだった。

自分たちを治める支配者でもない。

かといって自分たちと同質でもない。

そういう不穏な「異物」としての存在。

それが第三国人という不思議な言葉に表れている。

闇市でのヤクザとの紛争の多発を通じて、第三国人には異質な「怖い存在」としてのイメージが固定化していく。その呼称には、自分たちがかつて抑圧した存在である朝鮮人から、何かひどいしっぺ返しを受けるのではないかというコンプレックスも浮かび上がってきている。そのしっぺ返しへの不安が、彼らを怖い危険な存在である「異物」として認知するという集合的無意識を生み出したとも言えるのだ。

そしてこの「透明な存在」であり「異物」であるという感覚は、敗戦から一九六〇年代までを通じて、朝鮮半島の人たちに対する日本人の共通認識のようなものになっていた。

片言の日本語をしゃべる在日二世たち

在日朝鮮人の「異物」感は、一九五〇年代から六〇年代にかけてつくられたヤクザ映画を見ればよく理解できる。

一九六六年の映画『望郷と掟』。野村芳太郎《よしたろう》監督の名作だ。元暴力団組長として映画界に進出し、人気をさらっていた安藤昇が主演を務めている。

この映画で舞台となっているのは、神戸。劉《りゅう》という名前の密輸王が裏社会を牛耳《ぎゅうじ》っている。さかんに「第三国人」というセリフが出てくる。ドヤ街の居酒屋の殿山泰司扮する日本人店主は「三国人にのさばられて黙っておられるかい」というのが口ぐせだ。

この密輸王から金塊を奪おうという計画を、主人公の安藤昇や殿山泰司が立てる。そこに仲間に入ってくる愚連隊の二人の若者。ひとりは崔という名前の在日だ。名バイプレイヤーの砂塚秀夫が演じている。

崔の両親は戦前に日本にやってきてこの地に住んでいるけれども、いつかは国に帰ろうと願っている。でも両親の出身地は北朝鮮と韓国に分かれていて、家庭では口論が絶えない。そんな喧嘩を毎日のように見ながら、崔は朝鮮半島に密入国する船を雇おうと考える。そのために金塊の強奪を手伝うのだ。

仲間の留次（竹脇無我《むが》）に、崔は片言の日本語で切々と訴える。

「オレどうしてもカネほしいのや。お父ちゃん口癖に、国帰りたいいうのや。ところが国籍のことなるとあのとおり親子げんかや。一家そろって国に帰るには、どうしても船一艘《そう》雇わななならんのや」

留次が問い返す。「船で密航するのか？」

「こまい船でいいのや。危険つうても玄界灘一日だけの辛抱」

「そんならいいとこ二、三百万円あれば間に合うな。（金塊を奪ったカネで）他は何に使うんだ」

「お父ちゃんが持ってたいう土地買い戻してやるのや」

「お前親孝行やなあ。親孝行いうのは親が生きてるうちにしかできんからな」

このやりとりには、重大な間違いが含まれている。お気づきだろうか？　私も初見の際は、まったくわからなかった。何人もの在日の言論人たちがこの映画に言及して指摘しているのを読んで、初めて気づいたのである。

それは、「崔がなぜか片言の日本語をしゃべっている」という誤りだ。

強制連行にせよ、あるいは自分の意思でやって来たにせよ、「在日一世」と呼ばれる朝鮮人たちが日本にやってきたのは太平洋戦争以前のことである。彼らの母国語は朝鮮語で、だから老後にいたるまで日本語が片言だった人は決して少なくはなかった。

しかしその一世の子供世代である「在日二世」はほぼ全員が日本で生まれ育ち、日本で教育を受け、日本の生活文化のなかで暮らしている。だから生まれながらの日本人と同じように、ごく普通に日本語をしゃべる。片言の日本語をしゃべる在日二世などというものは現実には存在しない。

この映画の時代設定は明らかにされていないが、悪名高い北朝鮮への帰還事業が本格化したのは一九六〇年代で、この映画が撮られた六六年にはまさに帰還船が活発に日朝間を行き来していた時期だった。そうした六〇年前後の時代背景をもとに崔の人物像は描かれたのだろう。

だから二十代の若者として描かれていた崔は、明らかに戦中もしくは戦後生まれの在日二世だ。その在日二世に片言の日本語をしゃべらせてしまうというこの松竹映画の脚本には、「第三国人」に対する無知や無関心が浮き彫りになっている。

少し時代をさかのぼって、勝新太郎主演の一九六二年の映画『新・悪名』（監督・森一生）。大阪・河内の暴れ者、八尾《やお》の朝吉を主人公とするヤクザものシリーズのこの第三弾では、朝吉が在日朝鮮人のボスと対決する話が後半のクライマックスになっている。ヤクザの土屋と在日朝鮮人たちが組んで闇市の露店を立ち退かせ、娯楽施設を建てようと計画している。朝吉が闇市の店主や娼婦たちに頼まれてこれに対抗し……というお話だ。

この映画のなかで、朝吉が在日の男性と語り合うシーンがある。闇市を支配する在日のボスが部下たちに命じ、闇市で仕事をする日本人をいじめるシーンのすぐ直後だ。

騒ぎを知って駆けつけた朝吉は、在日の部下たちを蹴散らして追い払う。ほっとする闇市の人たち。朝吉は憤りが収まらない。

「おまえら第三国人にあんなことされてだまってけつかるんか。そやからお前らなめられまうんやないけ。しっかりせなあかんぞ、ほんまに」

そこに、諦めたような表情で騒ぎの場にたたずんでいた闇市の男が声をかけた。

「まったく酷いね」

「酷いなんてもんやないで」

「しかしね、大将。あの連中も長い間日本人に馬鹿にされて、酷い目に遭わされてきたんですよ」

「そんなことわかってらい。そやからいうて、あんな酷いことしてええわけないやんけ」

「そうです。あんな酷いことしたらあきません」

「わしは三国人やいうて、わけへだてするのは嫌いやねん。昔から弱い者の味方できたんや。そりゃお前、長い間いじめ抜かれてきよった連中や。やっと独立国になって嬉しさもようわかる。嬉しいことやろ、なあ。喜んでやりたいがね。そやけどやなあ、こういう時にこそ立派な国民になってみせる時やないけ。な、そうやろ、それをお前、あんなことしよったら、やっぱりアカイやっちゃ思われてもしゃあないやんけ」

　とうとうとまくしたてる朝吉に、男はしみじみとこう答えた。

「おっしゃる通りや、よう言うてくれました。おおきに」

「われが礼言うことやあらへんやないけ」

「ふふっ、私は第三国人ですよ」

えっと驚き、間《ま》の悪そうな表情を見せる朝吉。「……そうか」


この映画では、第三国人が共産党勢力と連携して社会を混乱させる、不気味なグループとして描かれている。そして自分のことを「第三国人」と呼ぶ在日朝鮮人。岩手大学の梁仁實《ヤンインシル》准教授はこう指摘している（「『やくざ映画』における『在日』」二〇〇二年）。

「ここで、男は自らを『第三国人』と称しているが、現実には当時の『第三国人』という言葉は他称であり、『在日』が自分のことを自ら『第三国人』と呼ぶことはなかった。また、朝吉の台詞では、当時の『在日』の立場を理解するような見解を見せながらも、『やっと独立国になって嬉しい』のに、何で日本にいなければいけなかったのかに対する疑問はない。そして、『やっぱりアカイ奴』といったことは『朝鮮人が日本共産党と一緒になって日本に革命を起こそうとしている』という当時の日本社会の『在日』認識が反映されたものであろう」

そこには日本が朝鮮に対して行った行為、あるいは戦後に日本に残った在日に対してどう向き合うのかという姿勢、そういうものが決定的に欠落していた。

不気味で怖い存在としての「在日」

いや、単なる無知や無関心だけではなかったのかもしれない。そこには単一民族という日本人観と、その日本人観には当てはまらない存在としての在日観の分裂があり、さらには戦後の闇市のなかで在日がヤクザや警察と対抗する集団として畏《おそ》れられていたという経験。そういうものがないまぜになって、「不気味で怖い存在」という異物としての在日に対する無意識的な見方が醸成《じょうせい》されていたのだろう。

だからこの五〇年代から六〇年代にかけて、在日はつねに「不気味で怖い存在」であると同時に、崔のように「いずれは朝鮮半島へと帰っていくことを願っている者たち」として描かれた。それは先にも書いたように北朝鮮への帰還事業の盛り上がりを背景にしていた。しかしそこには、「どこからかやってきて、再びどこかへと帰っていく存在」という異邦人的な立ち位置を在日に対して求めていた、そういう日本人の無意識が色濃く投影されていたのではないかと思われる。

この時代の映画に出てくる在日は、製作された映画全体の本数から見れば決して多くない。いや非常に少ないと言っていい。そしてたまに描かれる在日は、崔のように非合法的な存在、あるいは苦しい生活に打ちのめされているかわいそうな哀れみの対象者としてしか描かれていない。

さらに言えば、このような在日観はヤクザ映画のような大衆的な娯楽作品にかぎった話でもなかった。たとえば社会的弱者の問題にきわめて鋭敏で、後に在日の水墨画家と結婚することになる作家・小田実《まこと》は、一九五六年に刊行した初めての小説『わが人生の時』（河出書房）でこんなふうに在日の友人を描写している。

「朴の言葉はときどきもつれた。そんなとき、彼の口調は、大阪における主要な朝鮮人の居住地帯である鶴橋・今里あたりでよく耳にする朝鮮人のたどたどしい日本語の特徴を明らかに示していた。それはこれまでになかったことだった。（おそらく朴の日本語は急速に外国語化しつつあるのだろう。そしてもともと日本語の占めていた位置に、彼の母国語たる朝鮮語がとって代わろうとしている）」

広島県立大准教授で韓国籍を持つ李建志《りけんじ》は、小田の小説についてこう指摘している。

「いかに『民族』に目覚めようとも、日本で生まれ、日本で育っている人間は、その日本国内で朝鮮語を母語化することは不可能に近い。もちろんこの小説では、日本に大量の朝鮮人が存在している理由を忘却しているわけではないが、後年『在日朝鮮人問題』に深く関係していく小田実でさえ、朝鮮人は日本社会の外部の存在である（その象徴としてのカタコト日本語をしゃべる）ということを無意識に共有してしまったわけだ」

一九六〇年代まで、在日は徹底して日本社会の「異物」だった。不気味で怖い存在。そしていつかはどこかへ帰っていく者。そういう異物だったのだ。小田実のような社会のあり方に鋭敏な作家でさえも、そういう無意識からは逃れられなかったのである。

しかし彼らは決して異物でも、いつかはどこかへ帰っていってしまう存在でもない。好むと好まざるとにかかわらず、日本に根を下ろし、日本における「内なる異邦人」として生活している人たちなのだ。彼らの存在は、「日本人」というアイデンティティの外殻の境界線をどうとらえるのかという点において非常に重要な問題を孕《はら》んでいる。

だが一九五〇年代から六〇年代初頭にかけての時期に、在日朝鮮人という「内なる異邦人」について考え、彼らに対する日本や日本人の責任について指摘した言論人は皆無に近かった。あれだけ論壇が盛り上がり、雑誌文化が花開いた時代に、言論人はほとんど誰も言及していなかったのである。

これは二十一世紀の現在から見れば驚くべきことだ。

「ボクを異国人扱いするな」とアイヌ記者は叫んだ

さらに言えば、一九五〇年代から六〇年代前半にかけてのこの時代において欠落していたのは、実は在日への視線だけではない。マイノリティといま呼ばれているような少数派の多くが異物扱いされていたのである。

たとえば、北海道の先住民族アイヌに対する視線。

朝日新聞記者だった萱原幸助は、六〇年代半ばに札幌市で開かれた北海道ウタリ協会大会での、あるアイヌの青年の悲痛な訴えを紹介している（『現代のアイヌ』一九六八年）。

「日本は戦争に負けて、民主主義社会を建設するといっているが、ぼくたちアイヌにとっては、ほんとうに民主主義社会が一日も早くきてほしいものだ。このごろの新聞はいまだに『アイヌ女自殺』とか『アイヌ盗む』『旧土人凍死』などという見出しの記事を平気でのせている。新聞社はアイヌを自分たちと人種が異なっていると思っているらしい。それに『犯人はアイヌだ』とか、『死んだのはアイヌだ』と、ことさらにアイヌとか旧土人という言葉を使って事件を扱っている警察もひどいではないか。新聞社と北海道警察本部に大会の名で抗議文をつきつけようではないか！」

青年の動議は満場一致で採択され、その結果、ようやく新聞記事や警察の調書に「アイヌ女」や「旧土人」といった烙印が押されることは消えたのだという。

菅原は、「マコちゃん」こと元北海タイムスの記者だった高橋真の話も書き残している。「誰が見てもすぐ『アイヌのこども』とわかる人相をしていた」という大正九（一九二〇）年生まれのマコちゃんは、旧土人学校（アイヌ人学校）を出てから警察官を目指したが、給仕として働いていた警察署の署長に「アイヌは警察官の試験を受けることができない」と諭され、あきらめて新聞記者を目指すようになる。そうして十勝新聞の給仕をふりだしに、機敏な性格が認められて外回りの記者に採用されることになる。

戦前の差別はひどかった。二十歳になったばかりのかけだし記者のころ、帯広市内で一家五人惨殺事件が起きた。マコちゃんが勇んで現場に一番乗りしたところ、若い警官に怒鳴られる。

「こら、アイヌがこんなところに来てはいかん」

そのときは旧知の警察署長がやってきて収まったが、同じようなことは次々に起きた。火災現場でも、役所の記者会見でも、「ここはアイヌの来るところではない」と何度となくつまみ出されたのである。

そしてこの差別は、新聞記者仲間でも同じだった。特ダネを書くと、妬みから取材先の役所にこんなふうに怒鳴り込む他社の記者までいた。

「あんなアイヌに特ダネを教えて、同じ日本人の記者には特ダネを出せないのか」

マコちゃんは、著者の菅原幸助にこのころの思い出話を切々と語っている。

「ボクを〝異国人〟扱いする記者がいたよ。そのころは若かったから頭にきてね。『何が日本人だ。ボクらアイヌも日本人だよ。北海道はアイヌの国だ。お前たちこそアイヌの国に来て、大きな顔をするな』そんなことをわめきながら、大ゲンカをしたこともあります……」

戦後は十勝新聞が廃刊になり、十勝農民新聞、東北海道新聞、そして合併先の北海タイムスに転籍し、マコちゃんは同紙の釧路支社で昭和三十五（一九六〇）年まで新聞記者を続ける。そして戦後もあいかわらず、新聞社内のアイヌへの差別や偏見と闘いつづけたのだった。

「アイヌ盗む」「アイヌ凍死」といった見出しを見ると、デスクや編集責任者のところに出かけていって抗議した。

「本州人が死んだら『シャモ凍死』と見出しを付けるのか！」

と憤然として編集陣の反省を求めつづけたのである。

戦後間もないころ、アイヌ民族の地位向上と発展を目指したアイヌ協会が設立された。以降、新聞社や行政などに対して差別の撤回を求めた運動が展開されていったのだが、実態としては一般社会にしろ新聞社内部にしろ、アイヌ民族に対する感覚はこの程度のものだったし、そういう差別と闘う人たちは大変な苦労を強いられていたのが実状だったのである。

『ノルウェイの森』で緑が語ったこと

そして、女性の性差別。

一九六〇年代後半の学生運動の季節になっても、大学のバリケードの内側にあっては、女性への性差別はまったく公然と行われていた。

たとえば機動隊と学生のぶつかり合いという暴力的な闘争のなかで、女性は「銃後でおにぎりづくりや洗濯」というのがほとんど何の疑問もなく習慣化していた。フェミニズムの活動家である池田祥子は一九九〇年代に入ってから当時を振り返り、こう語っている（『全共闘からリブへ』一九九六年）。

「いよいよ明日は機動隊が入るというので戦線配置すると女は救護班になるの。友人が時計台にお釜持ち込んで『オニギリつくるのよー』って号令かけて、しかもその時彼女は炊き込みご飯つくったの。私もいっしょにやったのよ。違和感持ちつつ働いていた」

そもそもこの時代、大学に入学した若い女性たちは、自分自身の「性」のあり方をどうとらえればいいのかという問題に悩まされていた。戦後に生まれた彼女たちは男女平等を旨とする民主主義教育を受けて育ち、しかし「世間」と言われるような実社会のなかでは、有形無形の性差別を受けつづけた。「女の子だから」「女らしく」とことあるごとに言われ、それに反発し、しかし一方でさまざまな小説や映画やドラマや音楽で「運命の波にのまれて果てる悲劇のヒロイン」というような古くさい女性像を無意識のうちに植え付けられ、気がつけばそうした女性像によって自分自身が受け身的に作り替えられてしまい……というようなさまざまな矛盾のなかで思春期を暮らし、そうした矛盾を抱えながら大学に入ってきたのだった。

村上春樹の小説『ノルウェイの森』に、それを象徴するようなシーンがある。「緑」と「僕」が、お茶の水の街を歩きながら学生生活について語り合っている。この作品には、村上の実体験が色濃く投影されていると言われている。団塊の世代である村上が早稲田大学に入学したのは一九六八年。学生運動が最も盛り上がっていた年だ。

緑は大学に入学すると同時に、フォークソングのクラブに入った。歌をただ歌いたかったからだ。しかし入ってみると、クラブ活動は予想外の内容だった。

「そこに入るとね、まずマルクスを読ませられるの。何ページから何ページまで読んでこいってね。フォークソングとは社会とラディカルにかかわりあわねばならぬものであって……なんて演説があってね。で、まあ仕方ないから私一所懸命マルクス読んだわよ」

しかしマルクスは読んでみてもまったく理解できない。次のミーティングで「読んだけど何もわかりませんでした」と緑が正直に報告すると、

「それ以来馬鹿扱いよ。問題意識がないだの、社会性に欠けるだのね。冗談じゃないわよ。私はただ文章が理解できなかったって言っただけなのに。そんなのひどいと思わない？」

「ディスカッションってのがまたひどくってね。みんなわかったような顔してむずかしい言

葉使ってるのよ。それで私わかんないからそのたびに質問したの。『その帝国主義的搾取って何のことですか？　東インド会社と何か関係あるんですか？』とか、『産学共同体粉砕って大学を出て会社に就職しちゃいけないってことですか？』とかね。でも誰も説明してくれなかったわ。それどころか、真剣に怒るの。そういうのって信じられる？」

そして緑はこう憤然としたのだった。「こいつらみんなインチキだって。適当に偉そうな言葉ふりまわしていい気分になって、新入生の女の子を感心させて、スカートのなかに手をつっこむことしか考えてないのよ、あの人たち」

そして四年生になれば髪を切り、大手企業にさっさと就職し、マルクスなんて読んだこともないかわいい女の子と結婚し、子供をつくるというのだ。

さらに酷いのは、そういう「帝国主義的搾取」を指弾する大学生たちが、学内では平気で女性に対する性差別意識を隠そうとしなかったことだった。緑は言う。

「ある日私たち夜中の政治集会に出ることになって、女の子たちはみんな一人二十個ずつの夜食用のおにぎりつくって持ってくることって言われたの。冗談じゃないわよ。そんなの完全な性差別じゃない」

緑はそこまで波風を立てるのもどうかと考え、梅干しを入れて海苔を巻いたおにぎりを二十個つくって持って行った。ところが後から男たちに「小林のおにぎりは中に梅干ししか入っておらず、おかずもついていなかった。他の女の子たちのは、中に鮭やタラコが入っていて、玉子焼きも付いていた」と言われてしまう。

「もうアホらしくて声も出なかったわ。革命云々を論じている連中がなんで夜食のおにぎりのことくらいで騒ぎまくらなくちゃならないのよ、いちいち。海苔が巻いてあって中に梅干しが入ってりゃ上等じゃないの。インドの子供のこと考えてごらんなさいよ」

一九六〇年代の女性が抱えた二つの葛藤

ここには二つの葛藤があった。

ひとつは性格差の葛藤。そしてもうひとつは、男女にかかわらず当時の大学生たちが共有していた時代的な強い不安だ。

そして実はこの時代的な不安こそが、さまざまなマイノリティの問題を覆い隠してしまう背景要因になっていたのである。

一九五〇年代末から始まった戦後の高度経済成長は、日本を農業国から工業国へ、そして途上国から先進国へと脱皮させる原動力となった。これは社会の構成を大きく変えた。人口は農村から都会へと大移動し、サラリーマンと呼ばれるホワイトカラーを大量に生み出していく。

ほんの少し前まで地方の田園地帯で鼻水を垂らして裸足で遊んでいた子供が、今ではスーツを着て通勤電車で会社に通うサラリーマンになっている。太平洋戦争敗戦の直後に生まれた団塊の世代の人たちというのは、言ってみればそういう激変期を多感な思春期から二十代にいたるあいだに劇的に経験した世代にほかならない。

「大学生」というステータスはその典型で、進学率がまだ低かった時代には大学生は「末は博士か大臣か」という文言がさかんに口にされ、大学は将来エリートを嘱望《しょくぼう》された若者たちが集う真理探究の場と考えられていた。旧制高校や帝大のイメージである。だが人口の多い団塊の世代が大学に入学するころには、急速に大学はマンモス化していく。日本大学などはその典型だった。そしてこうした大学はエリートへの玄関口ではなく、単にホワイトカラーのサラリーマンを大量に養成するための場でしかなくなっていく。そうしたなかでマンモス化についていけない大学の設備や教員の質に対する不満が高まり、それが六〇年代末の学生運動の引き金のひとつとなった。

慶應義塾大学の小熊英二教授は、膨大な資料を駆使して書いたおそろしく分厚い著作『1968』（二〇〇九年）で、一九六〇年代末の学生運動のこうした時代背景に着目し、こう指摘している。

「『あの時代』の叛乱は、高度成長に対する集団摩擦反応であったと同時に、こうもいえるであろう。それは、日本が発展途上国から先進国に、『近代』から『現代』に脱皮する過程において必要とした通過儀礼であり、高度資本主義社会への適応過程であったのだ、と」

これは当時の運動の結論としてはあまりにも身も蓋もなく、だから実際に運動を闘った団塊世代の論者たちから、『1968』は猛批判されている。

たとえば高校時代に全共闘運動に参加していた一九五三年生まれの評論家・四方田犬彦は、「すでに諸方面から事実認識の誤認や叙述の遺漏を指摘され、満身創痍のまま沖縄に向かう戦艦大和を思わせる様相を呈することになったこの書物」と、ひどい表現でこき下ろしている（『1968年文化論』二〇一〇年）。

しょせんは通過儀礼などと言われれば当時の運動を担った人たちが腹を立てるのも当然だろう。ただそうした通過儀礼的な時代精神の洗礼が、学生運動の引き金になっていたのは否定できない。日本社会がそんな風に途上国から先進国へと脱皮し、近代から現代へと進んでいくなかで、その変化をもっとも強烈に浴びせられた大学生たちが、

「自分たちはいったい何者なんだ?」

「自分たちはいったいこれからどうなるんだ?」

「自分たちは何かになれるんだろうか?」

「自分は社会とどう向き合えばいいのか?」


という不安に苛《さいな》まれ、そしてその不安を運動というかたちで乗り越え、そしてさらにそれを社会を変革するための武器として考えるに至ったのは当然の流れだった。

そして同時に、このような時代精神のなかで、在日やアイヌといったマイノリティやジェンダーの問題に視線が転じていかなかったのは、ごく自然だった。自分のことで必死なときに、人は他者にまでは目を配ることができないのだ。

東大闘争は何を目指したのか

この「自分は社会とどう向き合えばいいのか？」という切羽詰まった課題の、最大の象徴となったのが、東大闘争だった。一九六〇年代末の学生運動の時代の頂点ともなった闘争である。

受験戦争を勝ち抜いたエリートたちが通う最高学府。

高校のクラスメートたち、そして同じ東大の入試を受けた多くの受験生たちを蹴落として、この大学に入った若者たちは、ここでも大きな矛盾と向き合うことになる。戦後民主主義のなかで、学生たちは「人間は平等だ」「我利我利亡者になるな」と、利己主義的な行動は倫理に反すると教えられてきた。しかしその一方で、まるで『蜘蛛の糸』の犍陀多《カンダタ》のように、他の受験生たちを蹴落としてのし上がってきた自分たちがいる。

そこに生じてしまう罪悪感が、東大闘争の心理に大きな影響を与えていく。そして「自己否定」という新しいコンセプトが生まれたのだった。ある程度経済力に余裕のある富裕な家に生まれ、親や教師が口では「平等」「民主主義」と言いながら、その言葉とは裏腹に自分に他の受験生を出し抜くよう命じ、そういう命令に唯々諾々と従ったのが今ここにいる自分だ──。

つまりそういう自分を否定するところから、この闘争は始めなければならない。「自己否定」はそのような宣言だったのである。

だから東大闘争は、他の大学とは毛色がかなり違っていた。「学費値上げ反対」「自治会の制限撤廃」「大学経営を民主化せよ」といった具体的な要求ではなく、

「自分たちにとって学問とは何なのか」

「自己の生き方を変えていかなければならない」

「主体性を確立しよう」

というようなきわめて抽象的で理念的な目標が掲げられたのだった。東大全共闘の議長だった山本義隆は、こう語った。

「平和のためといっても（大学の研究は）同時に現代資本主義社会そのものを支えている。そこでぼくらは、研究を一時的にせよ中断し、放棄するだけの権利を留保している」

そこには世界的に反戦運動の盛り上がりが起きていたベトナム戦争の問題もあった。東大の高度な研究や、あるいは東大から輩出される日本のリーダーたちの存在は、結果として当時泥沼化していたベトナム戦争に協力することにもなる。そういう考えから東大闘争

では、東大生である自分自身が否定され、乗り越えられる存在と考えられたのだった。

社会の体制を維持するためのエリートを輩出する東大。自分もやがてはエリートとなって社会の体制を維持する側に回る。だったらこのシステムを破壊しない限り、この腐った社会を維持するしくみはなくならない！

東大闘争では、こんな趣旨のビラもあったという。

「遠く離れたベトナムから、とおりいっぺんのデモに参加すれば免罪符を得られるのではない。われわれの『内なるベトナム』である東大闘争を闘い抜くことによらなければ、われわれは自身を正当化できないのだ」


つまりは自らが所属する体制の破壊、すなわち「自分」と「体制」がイコールであるこの空間そのものを一変させてしまうことこそが究極の目標である、という新しいテーマがそこに設定されたのだった。そしてこの考え方は、またたくまに東大だけでなく他の大学にも広がっていった。

運動がこのような方向に進むのは当然だった。

先ほども書いたように、学生運動の背景には、社会構造が農業国から工業国へと大きく変化し、その時代の流れのなかで若者たちが立ち位置を見失わざるを得ない方向へと押しやられたことがある。だとすればこの壁は、学費値上げ反対や大学運営の民主化といった具体的目標では決して乗り越えられない。自らが属している社会そのものを変えていかなければならないし、そのためにはその社会に参加している自分をも変えていく必要があるのだ。

自己批判の理念とその困難さ

これはいま振り返ってみても、とても素敵な問題意識だ。

戦後間もないころ、映画監督の伊丹万作が放った鋭い矢のような言葉を思い出してほしい。「皆が悪人だったからではない。そうではなく、そんなふうに戦争によって国民どうしが苦しめ合わなければならないことになってしまったということが問題なのだ。その事実を認めるべきではないのか」

東大闘争は、戦後二十年以上も忘れ去られていた伊丹万作の鋭い刃のような問いかけに、今こそ回答してみようという真摯《しんし》さをはらんだものだった。戦争を起こしたのは、この社会がこんなふうにあるのは、誰のせいでもない。自分のせいなのだ。だったら結局は、自分を変えるしか方法はないのでは？

しかしこの問題は、当時の学生にはあまりにも荷が重かったのだと思う。『ノルウェイの森』の緑のセリフを、もう一度引用しよう。

「こいつらみんなインチキだって。適当に偉そうな言葉ふりまわしていい気分になって、新入生の女の子を感心させて、スカートのなかに手をつっこむことしか考えてないのよ、あの人たち」

学生たちは自己否定から世界を変えていくために、「帝国主義的搾取」「産学共同体粉砕」といったスローガンを口にする。しかしそれらの言葉には、実が伴っていなかった。自分たちでもそういう「帝国主義」や「産学共同体」がどのように自分とつながり、社会をどう構成しているのかという具体的なイメージを持つことができなかったのだ。

「政府のやってることは全然だめだね」「政治家や金持ちが私らをだましてるんだ」。社会を抽象的に語り、抽象的に批判するのはたやすい。

「学費値上げなんてひどい」「ぼくらは単なるサラリーマンになるしかないのか？」。そういう自分の問題を、自分の言葉で素直に語るのも、たやすい。

難しいのは、自分の問題と社会の問題の間に橋を架けて、自分の問題と社会の問題を同じ地平で接続させていくことだ。それも、抽象的な空理空論ではなく。

こんなことができる人間は、昔も今もそんなに多くない。たいていの人間は、自分の問題を具体的に語る一方で、社会の問題については空理空論でたやすく批判してしまう。そういう落とし穴からほとんどの場合は逃れられないのである。

だから東大闘争で提示された「自己批判」の理念はとても素敵だったけれども、しかしそれがさまざまな大学闘争の場へと広がっていくなかで、本来その理念が持つべきだった困難さみたいなものは忘れ去られていってしまう。

だから当時の学生たちはみんな、抽象的で非現実的な世界革命を論じてしまう方向へとどんどん陥ってしまった。

「自己否定」や「大学解体」はつまるところ、「自分自身をどう変えていくのか」という自己の問題に根ざした問題意識にならなければいけなかった。

でもバリケードのなかで語られ、叫ばれ、議論されていた内容には、学生たちの身体や生理や感覚に根ざした「自己」は欠落していた。つまり「自分自身」の延長線上で議論するのではなく、抽象的で記号的なところに議論が飛び立っていってしまったのである。

その空虚な空中戦の行き着く先には、何もない。大地ではさまざまな問題が噴出しているのに、ただ闇雲に戦闘機で空中を飛び回っているだけでは、いずれは燃料が尽きて墜落してしまうしかない。そして実際に学生運動のある部分では思考は失速し、連合赤軍の集団リンチ殺人のような凄惨な結末を招いてしまうことになったのだった。

しかしそれはまだ少し後のことである。隘路《あいろ》に入った学生運動の一部が先鋭化し、連合赤軍事件を引き起こすのは一九七一年になってからのことだ。

一九六八年から六九年にかけて、学生運動が最高潮に達していた時期にはまだそこまでの危機感はもたれていなかった。そもそも、そうした「自己否定」の先に、連合赤軍のようなできごとがやってくるなんてことを予測していた人は誰もいなかった。

「自己否定」の先には、自分自身がどう当事者として向き合うのかというきわめて困難な課題が立ちふさがってくる。でもその課題を空中戦に走るのではなく、自分自身の問題として地に足を着けながらどう決着させるのか？

危ういバランスを求められそうな、そんな鋭敏で困難なテーマにどう立ち向かえばいいのか？

この六〇年代という特異な時代は、先進国への脱皮という大いなる変化のなかでさまざまな矛盾を生み、もだえ苦しむ若者たちを輩出したと同時に、新たな時代精神を準備し、実現しつつある時代でもあった。だから彼らが悩んでいる時、次のパラダイムシフトへの準備は実は様々な場所で同時並行的に進んでいた。

在日のような少数派を無視し、透明な存在として扱ってきた高度経済成長下の戦後社会。しかし六〇年代に入ると、その視線は少しずつ少しずつ、変化しつつあった。

変化といっても、凝視してみてもその当時としては、ほとんど動きがないようにしか見えなかったかもしれない。後になって振り返ってみてようやく、「そう言えばあの時期に少しずつ変わっていってたな」とわかるようなものだったのだ。そう、まるで太陽が水平線から昇ってくるのを凝視している時のように。

その小さな変化とは何だったのか。

それは「マイノリティの発見」である。

「わたしたちの無関心の暗い空洞」

一九六五年。

『ドキュメント朝鮮人　日本現代史の暗い影』という本が日本読書新聞編集部や評論家の藤島宇内《うだい》の手によって刊行される。冒頭にはこう書かれている。

「日本には約六〇万人の朝鮮人が生活している。これはフランスに生活するアルジェリア人に匹敵する人口である。第二次大戦後、二〇年をへた今日、日本人の多くはなぜこれほど多くの朝鮮人が日本にいるのか、その理由さえ知らないし、また知ろうともしない。なぜ知ろうとしないのだろう。それがまず不思議だ。私たちはまず自分自身の心にひそむこの無関心の暗い空洞になにがひそんでいるのかどうしてそのような暗黒の部分が形成されてきたのかを考えてみなければならぬ」

この本は、おそらくは戦後初めて在日朝鮮人の問題と真正面から向きあった書物だった。本の末尾には、編纂《へんさん》時に日本読書新聞の編集長を務めていた定村忠士の、哀切きわまりないあとがきが掲載されている。

一九三二年生まれの定村は、太平洋戦争が終わった後に一家で朝鮮から引き揚げてきた。

日本に戻ってきて落ち着いた先は、福岡の筑豊炭田にあった古川大峯炭鉱である。炭鉱の脇には、戦前に使われていた朝鮮人労働者の収容所がそのまま残っていて、中学生の定村はその陰鬱《いんうつ》な板塀を横目に見ながら、毎日学校に通ったのだった。

彼は学校で、Eという同級生と仲良くなった。朝鮮人の父と日本人の母のあいだに生まれた在日二世である。クラスのなかでEは、「おとなしくて頭は良いが、手癖《てくせ》が良くない」などと陰口をたたかれていた。朝鮮人として差別されていたのだ。Eの家は街外れのコークス焼き場の向かいにあった。

朝鮮半島から引き揚げてきた定村は逆にEに親しみを感じ、すぐに仲良くなった。学校からの帰り道、将来の進学や家と生活のこと、そして感傷的な哲学や観念まで縦横に語り合った。炭鉱町のとろりとした夏の日ざかりのなかで、足もとからたちのぼるかげろうにむせながら、いつまでも二人は話をやめなかった。

あるとき、Eの家で父親にばったりと出会ったこともあった。ふっくらとした丸顔のEからは思いもよらない、削《そ》いだような筋張った顔の父親だった。

その後、定村が地元の中学を離れたこともあって二人は疎遠になっていく。一度だけ出会った時、Eは炭鉱ではたらきながら、新制高校の夜間部に通っていた。

「遅れてしまったけど、どうしても大学に行きたい」

彼は口数少なくそう言った。

そのまま定村はEの消息を耳にしなくなる。

そうして十年後。ある友人から偶然にもEのその後を聞かされる。Eは定時制高校を終えて九州大学を受験し、そして合格した。しかし大学のある博多から帰ってきたEは、乗換駅のある田川市のそばの公園の桜の樹で、首を吊ったのだった。合格通知はポケットに入れたままだったという。自殺の理由は最後までわからなかった。

まだ在日朝鮮人が「無視」されていた時代だ。本の企画を進めている間ずっと、Eの自殺、そしてその後ろに過去に知り合った朝鮮人たちの熱っぽく、ときには控えめな表情のかずかずがこころに揺らめきつづけていた、と定村は書く。

在日朝鮮人という存在。そして日本人。この関係のなかで、自分をどこに置けばいいのかという困惑。その何とも言えない実感のようなものが、定村にこの『ドキュメント朝鮮人』という本を編集させる原動力となったのだった。

「かつての日本帝国主義の植民地政策について、一方では、あれは前世代のやったことだといいきってしまえない加害者としての痛みの感情をもち、他方では、おれは直接手を汚したのではない、むしろおれ自身被害者に近い存在だったという断絶観を抱く――この両端のあいだにさまざまに微妙な色あいをもった実感があった。

そう。六〇年代半ばになって、このような「加害者であり、被害者」「加害者でもなく、被害者でもない」というあいまいな立ち位置を認識する。そういう新たな感覚が現れてきたのである。これは六〇年代後半にかけて、大きな時代精神として展開していく。

小田実が切りひらいた世界とは

次に種を蒔《ま》いたのは、小田実だった。

「日本読書新聞」の『ドキュメント朝鮮人』が書かれた一九六五年は、「ベトナムに平和を！　市民連合」こと「ベ平連」が結成された年でもある。

小田実はベ平連のリーダーだった。一九六〇年代、南北に分裂していたベトナムでは共産圏の北が南への侵攻を開始し、内戦状態に陥っていた。これにアメリカは「放っておくとドミノのように周辺国までも共産化してしまう」というドミノ理論をもとに介入し、南を軍事支援したのがベトナム戦争の事実上の始まりだった。

ベ平連は、とてもとても牧歌的な立ち位置からスタートした。

アメリカは北ベトナムへの爆撃、当時「北爆」と呼ばれていた攻撃を本格化していた。この北爆に反対しようと、評論家の鶴見俊輔やフランス文学者の桑原武夫、歴史学者の貝塚茂樹など戦中派の言論人たちが相談し、ベ平連はスタートした。

この時代、戦中派の彼らは五年前の六〇年安保の敗北で疲れ切っていた。まだその敗北の余韻から覚めやらない。だから東京・本郷の学士会館で会合を開いた彼らは、六〇年安保の時よりも若い世代からリーダーを求めようということで意見が一致したのだった。そこに小田実という新進気鋭の作家の名前が挙がり、鶴見が大阪にいた小田に電話をかけた。小田は即座に「やる気ありますよ」と快諾して、さっそく運動はスタートしたのだった。

戦中派の人たちが中心になってスタートしたという空気感は、ベ平連が始まったころのデモやスローガンに色濃く投影されている。

最初のデモは、一九六五年四月。赤坂の清水谷公園からアメリカ大使館を通るコースだった。その記念すべき呼びかけパンフレットにはこうある。

ベトナムのこどもたちに
これ以上の苦しみを加えないよう

ベトナムのひとびとが
残酷な戦火から
開放《（ママ）》されるよう
ベトナム人にベトナムの地を返すよう
アメリカに訴えましょう。
一人の人間として、
人類の友として

このデモの直後に小田実は書いた。

「日米両国民、『ふつうの日本人』『ふつうのアメリカ人』の生存の安全をおびやかすようなものに対して協働の戦線をはることが基本なのではないか」（日本図書新聞、一九六五年五月十七日）

べ平連のデモは、米カリフォルニアのバークレイで行われた平和団体のデモに連携して行われたものだった。そのデモの主催者との電話でのやりとりについてそう書いたのである。

「私はさらに言った。このことは『ふつうの日本人』、『ふつうのアメリカ人』についてだけでなく『ふつうのイギリス人』『ふつうのソ連人』『ふつうのインド人』『ふつうのガーナ人』についても言えることではないか」

ここにあるのは、とても素朴な平和への国際協調だ。「戦争をやめよう」という牧歌的なスローガンがただ発せられている。でもそのスローガンには、重大な落とし穴もあった。「ベトナム戦争反対」というスローガンを、いったいどのような立場から発するのか？　そういう問題である。

ベ平連がつくられた年の夏、小田たちが中心となって「戦争と平和を考える集会」という大規模な徹夜の討論会が開かれた。この年は、太平洋戦争の敗戦二十周年の節目である。会場はまだ超高層の新館がなかったころの赤坂プリンスホテル国際会議場。作家の開高健や日高六郎東大教授などの知識人に加えて、中曽根康弘や宮澤喜一など自民党の議員をはじめ、社会、共産など各政党の議員らも綺羅星《きらぼし》の如くずらりと並んでいた。会議は夜の十時半から始まって、延々と朝の六時半まで続けられた。

この会議は、東京12チャンネル（現在のテレビ東京）で生中継されていた。ところが途中で司会を務めていた教育者の無着成恭《むちゃくせいきょう》がかなり過激な発言を繰り出して、12チャンネルの側は腰が引けて放送を途中で打ち切ってしまうという事件も起きる。ちなみに無着の発言は、次のようなものだった。

「いま天皇の命令でまた戦争をやると言えば、あれと同じようにやるかどうかとか。あるいはたとえば、原爆を体験した人は、あの原爆はアメリカは正当だったといってるんだけど、ほんとにあの広島や長崎に落ちた原爆は正当であると考えられるかどうか。あの占領政策では戦犯というかたちで取り上げておきながら、あの牢屋から出てきた人たちは、どんどん総理大臣になったりしているのは、あれはどういうわけか」

この最後の「総理大臣になった」人というのは、A級戦犯だった岸信介《のぶすけ》のことだった。五年前の六〇年安保で首相を辞任したばかりで、政界に隠然たる権力を振るっていた。その岸に遠慮した12チャンネルは、「岸信介氏が会場に来ていないのに欠席裁判になる」と説明した。これに開高健が「私はグエン・カオ・キ氏（当時の南ベトナム首相）を批判しましたが、それもキ氏が会場にいない以上、あきまへんか」とまぜっかえすという一場面もあった。

この騒動をはじめとして、徹夜討論は実に混沌《こんとん》とした状況だった。そもそも討論は前半のベトナム戦争問題（第一部）と、後半の「戦中・戦後を振り返る」と題した第二部に分けられていた。しかし第一部と第二部の間には、ほとんど何の連続性もない。

第二部が始まると、被爆や引き揚げの体験を語る人たちが次々と登壇してくる。東京裁判に反対し、自分の指を二本切ってアメリカ大統領に送ったという人や、自分の財産を捨ててヤマギシズムの共同体に参加した話など、ベトナム戦争から話はどんどんずれていって、いったい何についての討論が行われているのかも定かでないような状態となった。

つまりはベトナム戦争という今そこで起きている凄惨なできごとと、平和な現在を謳歌《おうか》している日本人との間をどう結ぶのかということがはっきりしていないことが、この討論会ではおぼろげながら明確になってしまったのだった。

司会のひとりの哲学者・久野収は、前半のまとめとして未明に次のような言葉を残している。

「アジア人との仲間意識とは、今の段階ではなんであるのか。ベトナム戦争における当事者とは誰なのか。その周りとは誰なのか。その周りの人々は当事者のためになにをするべきなのか。こうした問題についても、ゆっくりとお考え願いたい」

しかしその答が明確にみつかるためには、まだかなり時間がかかる。この時点では、まだその解決方法を見いだせていなかったのだ。

この討論に参加していた作家のいいだももは、こう書き残している。

「第一部のベトナム問題と第二部の二十年の回顧とは、うまくつながるのだろうか。第二部は文字通り回顧趣味だけで終わってしまうのではないだろうか。個々の体験が思想にまで昇華されてお互いに伝達できるようになるだろうか、という危惧が大いにありましたが、実際にやってみると、大きなうねりとしては、二十年目の八・一五の意味をもう一度ふりかえって出しあってみることが、すばらしい助走路となって、このままではまったくもって困るさしせまったベトナム問題を前方に高く遠く跳ぶようすがになった、と思います」(日本図書新聞、一九六五年八月二十八日)

気鋭の新左翼系論客だったいいだももの微妙な困惑が伝わってくる。ベトナム問題を遠くへと跳躍《ちょうやく》させるよりどころとなった、という何だかよくわからない精神論ぐらいしか、この「ベトナムと日本の間」を言い表せる言葉はなかったということなのである。

この当時の日本にとっては、しょせんはベトナムは「遠く離れた土地でアメリカ軍に悲惨な目に遭わされている国」というイメージでしかなかった。

「戦争加害者」という新しい視点の出現

べ平連はこの年の十一月十六日、ニューヨークタイムズ紙に「爆弾でベトナムに平和をもたらすことができるか？——日本の市民からの訴え」という全面広告を出した。この広告の書き出しはこうだ。

「アジアにおけるアメリカの最良の友は一億の日本人です。朝日新聞（日本最大の中立系新聞の一つ）が最近行った世論調査（八月二十四日号）によれば、その九四％がベトナム戦争を注視し、六〇％が戦火に巻き込まれはしないかと真剣に憂慮しています」（『資料・「べ平連」運動』一九七四年）

この文面にあるとおり、平和運動にとっても最大の眼目は「日本人がベトナム戦争に巻き込まれるかどうか、そこに不安を感じている」ということだったのである。つまりはベトナム戦争に対して、被害者の立場に立つ可能性を危惧していたのだ。

ようやく長くつらい太平洋戦争が終わって、二十年。この間に日本は高度経済成長を成し遂げ、その繁栄ぶりを表す言葉として「昭和元禄」などという流行語まで生まれてきていた。そこに東南アジアというすぐ近くの土地、かつて日本が戦中に進駐していたインドシナで、再び戦火がまきおこっている。これは戦争経験者がまだ圧倒的多数を占めていた六〇年代の日本人に、太平洋戦争の悪夢を思い出させるには十分だった。そういう牧歌的かつ生理的な「反戦感覚」が、ベトナム戦争への反対運動へとつながっていたのだった。

しかし翌一九六六年、このベ平連の考え方は百八十度転回する。そして戦後初めて、ここで日本の反戦運動に「戦争加害者」としての視点が生まれてくるのだ。

この夏、ベ平連は「ベトナムに平和を！　日米市民会議」を東京・大手町のサンケイ会館で開いた。そして会議の冒頭で、小田はこのように演説したのである。

「ベトナム戦争の残虐行為の写真を見ると、そこに出てくるのは、まず、かわいそうな被害者の姿である。しかしそれだけではなくして、私の目に出てくるのはその残虐行為を加えている手です。その手の姿が私の目に現れてくる。その手はひょっとすると自分の手であるかもしれない。そのことをまず私は考えます。実際のところ、私たちは原理的に言ってベトナム戦争に加担している」

そして彼は、こう続けたのだった。「そういった加害者の立場を私たちは認めなければならない」

「戦火が日本に及ばないだろうか」「太平洋戦争の悪夢が再びやってくるのでは」という被害者意識からの反戦運動が、「加害者としての責任を負う反戦運動」へとぐるりと転回した一瞬だった。

小田の論理はこうだった。

ベトナム戦争に兵士として駆り出されているアメリカの若者は、「国に命令されている」という意味では被害者だ。そしてベトナム戦争で人を殺しているという意味では加害者だ。しかしそれは、

「被害者であるにもかかわらず、加害者である」

というのではない。

「被害者であることによって、加害者になってしまった」

ということなのだ。なぜなら国に命令されるという被害がなければ、ベトナム人を殺すという加害も生まれなかったのだから。

この構図は、さまざまな局面でまったく同じように立ち現れてくる。

中国戦線に兵士として駆り出される被害者としての日本兵は、だからこそ中国で加害者となる。

米軍によって土地を奪われた沖縄の農民が、だからこそ基地労働者となり爆撃機に爆弾を積み込んでベトナム戦争に加担する。

この「被害者だからこそ加害者になる」という関係。〈被害者＝加害者〉というメカニズムに、私たち一人ひとりは取り込まれてしまっている。

そして小田実は、このメカニズムから自分をいかに切り離すかが、反戦運動の大きな課題だと考えたのだった。

この背景には、六〇年代後半に達して市民運動の担い手が替わってきたことが大きくあった。太平洋戦争の敗戦から二十年が経ち、戦中派の人々はだんだんと老境にさしかかってきている。代わって、団塊の世代と後に呼ばれるようになる戦後派が思春期を迎え、成人へと達してきている。これまでの戦中派の運動のように、「自分たちがいつ再び戦争の被害者になるのか」という意識だけでは、戦後派の若者たちには伝わらなくなっていくのではないか。一九三二年生まれでぎりぎり戦中派世代にぶら下がっている小田は、そう考えたのだった。

「日本民族の犯罪をひきうけなければ」

この〈被害者＝加害者〉論は小田のみならず、同時多発的に一九六〇年代末に勃興してきた新たな反戦論となっていく。もうひとり、重要な役割を果たしたのが津村喬だった。

一九六四年に中国を旅した津村は、六七年に早稲田大学第一文学部に入学した。そして在学中から華々しく論壇に登場し、二十歳そこそこの若さで当時の左翼論壇の中心的存在になっていく。

一九六八年。大学二年生となっていた津村はキャンパス闘争のただ中にいた。この年の夏、彼はこんなアジテーションを書いている。

「歴史の影のすべてをになうことなしに、われわれは歴史を前進させることができない。『日本民族』の名においてなされた犯罪のすべてをひきうけ、自らのうちに爆破しつづけることなしに、われわれは日本人であることを超えることができない！」

「自分たちは戦争の被害者である」という意識だけが拡張していった戦後二十年の先に、いったいどんな未来が待ち受けているのか。津村はそう告発しようとしていた。しかしその「自らのうちに爆破しつづける」というのは、いったい何を具体的に言おうとしているのか。津村本人にもまだ自覚できていない。抽象的な言葉をちりばめたアジテーションを書きまくっていても、それはしょせんは空理空論でしかない。

このころ津村は、早大反戦連合による本部キャンパスのバリケード封鎖に参加していた。前年まで日大や東大で大きく盛り上がっていた闘争が、六九年に入ると少しずつ全国的に退潮しはじめていた。そういうネガティブな気分に抗するように、「もう一度闘争を盛り上げよう」と早大反戦連合が立ち上げられ、封鎖が行われ、そしてその闘争は予想していたよりもずっと素早く面白いように広がっていったけれども、しかし津村にはその内実はずいぶんと空しいもののように思えていた。まるで音もなく速い引き潮が、彼がつかむそばから砂を奪い去って行くように感じていたのである。

そもそも自分たちはいったい何のために闘っているのか?

先に、東大闘争の活動家たちの苦悩について述べた。

「遠く離れたベトナムから、とおりいっぺんのデモに参加すれば免罪符を得られるのではない。われわれの『内なるベトナム』である東大闘争を闘い抜くことによらなければ、われわれは自身を正当化できないのだ」

このような「自分にはいったい何ができるのか?」「自分はいったい何の当事者なのか?」というもがき苦しむようなテーマは、六〇年代のどん詰まりの学生運動の活動家たちに共有されていた問題意識だった。

自分の問題と社会の問題に橋を架け、自分の問題と社会の問題を同じ地平で接続させていこうとしても、どうしても地に足の着かない空中戦になってしまう。抽象的な空理空論から逃れられない。そういう壁に多くの活動家たちがぶつかっていたのだった。

中国人青年の自殺

そういう宙ぶらりんの状況のなかで一九六九年、衝撃的な事件が起きる。

李智成という華僑の青年が自殺したのだ。

奈良県立医大で華僑《かきょう》の学生運動を指導していた李青年は一九六九年四月二十日、次のようなきわめて短い遺書を残して服毒自殺した。まだ二十二歳だった。

「満腔《まんこう》の怒りをもって佐藤政府の〝出入国管理法案〟〝外国人学校法案〟にたいして抗議する」

この出入国管理法案というのは、時の佐藤栄作政権が国会に提出していた出入国管理令の法改正案で、外国人の政治活動を規制する条項を含んだものだ。日本政府が決定した政策に反対するようなことを扇動する外国人に対しては、六か月以下の懲役もしくは五万円以下の罰金を科すことができ、日本からの退去も強制することができる。

法務省はこの法案について「国政に参加する資格をもたず、国政に責任のない立場にある外国人には、やむを得ないことであるし、内政干渉にわたる行動は当然在留国において慎むべきことである」と説明していた。しかしこのような法案が成立してしまうと、華僑や在日朝鮮人などは日本国内では政治活動ができなくなってしまう。だから猛烈な反対運動が巻き起こったのだった。

後者の外国人学校法案も同様だ。これは朝鮮学校のような外国人学校の教育内容や運営を、文部省の管理下に置くことを目指した法案で、在日外国人から強い反発が起きるのは当然の帰結だった。そしてこのような状況下で、李智成は抗議の自殺を遂《と》げたのだった。

李の自殺に、津村は激しく動揺した。

当時の早大は、大学当局と、そして大学当局に黙認されるかたちで学内を牛耳っていたセクト・革マル派によって二重に管理される状況になっていた。そういう「二重の支配」に対抗し、そして「まだ日大闘争も東大闘争も終わっていない」と宣言するためだけに、反戦連合のキャンパス封鎖が行われたのだ。いちおうは「第二学生会館の管理運営権を自由化せよ」みたいなスローガンはかかげられていたけれども、そんなものは表面的なきっかけにすぎない。

自分たちが何かをしたいからではなく、何かから追われるようにして立ち上がっている闘争。その「何か」を明確に語る言葉もわからず、バリケード封鎖も日を追ってだんだんと盛り上がらなくなっていく。

そういう状況にいる自分たちを指して、津村たちは「ナンセンス・ドジカル」と自称していた。当時の流行語でもあった、セクトに属さず無党派で急進的な運動を展開しようという考え方「ノンセクトラジカル」をもじった言葉である。コンセプトは「無秩序、無思想、無セッソウ」の「三ム主義」などと語り、当時の流行歌『網走番外地』をスピーカーから流して「早稲田番外地」などと称していたけれども、しかしそれで何かに向かって進んでいるとはとうてい言えない状況だった。

津村は考えた。

自分たちは本当に「平和と民主主義」というような戦後の枠組みを乗り越えたんだろうか？

リアルの上《うわ》っ面《つら》だけで、「感性の解放」や「私の復権」などと抽象的な理念を語って、何かを乗り越えたつもりになっていただけじゃないのか？

これは言ってみれば、当時の学生運動の究極の自己矛盾だった。

小田実たちのベ平連が当初悩んだように、いったい何のために自分たちはベトナム戦争に反対し、アメリカの帝国主義に反旗を翻しているのか。そういう狼煙《のろし》をあげる一方で、日本は高度経済成長とベトナム特需で先進国の仲間入りをし、一般社会は「昭和元禄」と繁栄を謳歌している。

そういうなかで、自分たちにいったいどのような当事者性があるのだろう？

「大学運営の健全化」とか「学費値上げ反対」「学生会館の運営の自主独立」といった具体的な目標は出されているけれども、運動によってそういう目標が達成されたからといって、何かが変わるとはとうてい思えない。そもそも自分たちを変えなければいけないのでは？　でも自分たちが変わることって、いったいどういうことなんだ？　どう変わればいいんだ？　何をどうすれば？

津村のグループは六九年の春、早大キャンパスでこんなビラを撒《ま》いている。

「情況は、我々に闘うことを強いる。しかし我々は自らに問いを発した。〈なぜ〉！〈なにを〉！　問いを発することは、我々の闘争宣言である。

我々は個人から出発する。日常から出発する自ら唯一者として自己の存在を闘いに課すとき、出発はここにしかない。そこには、いかなる党派の論理も組織の論理もない。我々は自己の内部の〝言葉〟で語るところから出発する。それは自己存在を求めてくりかえす闘いが、組織や綱領を超える時点が、そこにこそあるだろうから」

詩では自己否定を乗り越えられない

しかしこのように詩的に、あるいはナンセンスでドジだと自嘲《じちょう》的に自分への闘争を目指したとしても、「自己否定」や「自分を変える」という場所へといたる道筋がつくられるわけではない。バリケードの内側で「主体性！」「実存！」「造反有理！」などと叫んでいるだけでは、決して実現するような性質のものではないことは明らかだった。

なぜだろうか。

それは、彼らの「立ち位置」の問題だった。

そもそも日本は豊かな社会であり、平和な国である。戦後二十五年を経て輝かしい高度経済成長を成し遂げ、途上国を脱却して経済大国へとのし上がった。そしてアメリカの安全保障の傘の下で、長く平和を謳歌している。

そうひとことで言えば、大半の日本人はその状況に満足していたのだ。「昭和元禄」などという言葉が流行語になったことからも、当時の日本人の多幸感がよくわかる。

そういう日本で、学生たちがどれほどまでに悩んだとしても、いったい何を変えうるというのか。学生たちはしょせんは当時の昭和元禄社会のなかでは少数派に過ぎず、そして豊かな社会をつくり上げた担い手でもなかった。

しょせんは第三者であり、その位置から踏み出していくことが物理的にできなかったのである。

そもそも当事者として社会とつながるしくみが用意されていなかったともいえるかもしれない。農村や企業が中間共同体としての役割を果たし、総中流社会の基盤として下支えしている構造のなかで、学生たちが社会とつながる回路は構造的にはまったく用意されていなかった。反戦・環境保護などを訴える市民団体が本格的に立ち上がるのは彼ら学生が社会に出て行った一九七〇年代以降、ボランティアやNGOなどの非政府的公的活動の勃興にいたっては一九九五年の阪神・淡路大震災を待たなければならない。

一九六〇年代終わりの学生たちは、デモに参加し、アジビラを撒くこと以外に、社会と接続する回路を構造的に持っていなかったのだ。

だから彼らは運動が衰退するとそのまま社会に戻っていった。

華僑青年・李智成自殺のニュースが飛び込んできたのは、津村喬がそういう構造からの突破を目指してもがき苦しんでいた時だった。

ニュースに接した津村は、事情もよくわからないまま、運動のメンバーから乞《こ》われてビラを書くことにした。

早稲田のキャンパスの近くにある下宿の四畳半は、日が暮れてだんだんと薄暗くなってくる。

続行しているバリケード封鎖のことを気にしつつ、次の一行をぼんやりと考えていると、李智成の短い遺書の向こう側に、なにか真っ暗な大きな空間がぽっかりと口を開けているように津村は感じた。

そして気がつくと、早稲田の闘争のことしか頭になかった自分には、李智成の自殺がまるで他人事のように感じられてしまっている。

いま自分は、李智成の死をどのように受けとめればいいのだろうか？

津村は立ち上がり、四畳半の部屋の裸電球をつけた。そしてビラの続きとなる文章を、書き始めたのだった。

「われわれは李智成の死を、われわれ自身への告発として受けとめなければなるまい。でなければ、李智成は『ほんとうに死んでしまったのだ』。金嬉老《きんきろう》のライフルと同じく、きびしくわれわれの内部に向けられた李智成のむしろものやわらかな笑顔に、『英雄的同志』などと言葉を投げて、『プロレタリア国際主義』をまるですんだことのように自明に叫ぶとすれば、〈異邦人〉は永遠に〈異邦人〉のままであるのだ。
李智成の自殺は、われわれ日本人への告発である」

「われらの内なる差別」

ここから始まる長い文章は、その翌年の春に書籍となって三一書房から刊行された。タイトルは『われらの内なる差別』。この時初めて使われた津村喬というペンネームは、一九七〇年代の新左翼の理論的支柱として、運動の内外で長く記憶されていくことになる。

津村はこの本で、激烈にアジテーションした。

「彼の死を政治的に利用しようとするどんな試みも許せない。彼の死を闇から闇へほうむろうとする権力の策動に反撃しなければならないとしても、『英雄』とまつりあげて計量化するのも、『安保粉砕』へ短絡させることも避けなければならない。結局コトバにそれを意識する以外ないにせよ、自らの、死に向き合う沈黙のなかに『おまえは何なのだ、どこから来てどこへ行くのか』と問いかけ、その響きあいのなかに、遅くとも一九一四年以来の中国人民の『日本』に対する怨念のいくらかを投げこむことができたとき、そうできたときにのみ初めて、われわれは李智成の死にいたる憎悪の深淵をかすかに垣間見ることができるのである」

このアジテーションは、閉塞して行き場を失っていた当時の学生運動にとって、ひとつの突破口として見いだされた。

それまで日本の学生運動は、在日や華僑など、少数派への差別をほとんど意識していなかった。

津村は次のような光景を記憶している。

一九六七年、日中友好協会にいた中国人学生をヘルメットとゲバ棒で襲った民青の活動家たち。文化大革命の日本への波及を恐れた日本共産党が仕掛けたとされているが、しかしそこにやってきた若い日本人の若者たちは中国人学生たちに向かって、こう叫んだのだった。

「ここは日本の領土だ、出て行け」

六九年。盧溝橋《ろこうきょう》事件を振り返る集会で、ハンストの経過を報告した中国人の青年が「日本人を告発し……」と言った。その瞬間に、毛沢東派のセクトに属する女性活動家が猛烈な野次を浴びせた。

「日本人じゃない、日本の反動派だよ、反動派」

そんなこともわからないのか、というような口調だった。壇上の中国人青年はしばし言葉を途切らせてあわれむような、しかしなにか火のような視線を、会場の日本人たちに向けたのだった。津村喬はあの視線を一生、忘れないと思った。


先にもヤクザ映画のケースで紹介したように、日本では戦後一九六〇年代ごろまでは、在日への差別の視点はほぼ欠落したままだった。そういう欠落感は、学生運動に参加していた若者たちにも無縁ではなかったということなのだった。

ベトナムの人民への支援は声高に叫んでも、日本に居住する外国人への眼差しは存在しないし、そこに差別があることさえ意識されていない。それどころか無意識に差別している。そういう視点の欠落が、日本の学生運動を退潮させてしまったのは明らかだった。

しょせん日本人がベトナム戦争反対を叫んでも、それは空虚で抽象的な反対にすぎないということなのだ。

おまけにそうやって反対を叫んでおきながら、日本は高度成長を成し遂げ、空前の好景気のなかで平和を謳歌している。そういう空気のなかに半分染まっている学生たち。ベトナム戦争反対と叫んだところで結局はお坊ちゃんお嬢さんたちのお遊びにすぎないのだし、そんな彼らが「自己否定」や「実存」を叫んだところで何も起きないのは当然だった。

小田実は一九六六年に、日本はアメリカの被害者だからこそ、ベトナムに対して加害者になるのだという論を宣言した。この論は三年を経て、まだ二十歳そこそこの若さだった津村喬の手によってさらに昇華されたのである。

遠い土地のベトナムに対しての〈被害者＝加害者〉論ではなく、日本人の身近な異邦人である在日や華僑への目を持つことが重要だと、津村は説いた。つまりはそうやって身近な異邦人への差別意識を認識することによって、われわれは初めてベトナムに対する加害への感覚を体得できるのだし、初めてベトナム人という遠い土地の人たちへの共鳴の回路をつくり出すことができるのだと指摘したのである。

これは学生運動への痛烈なメッセージだった。

一九七〇年七月七日の告発

そしてこの津村の論理を、リアルに押し出してしまうような事件が本の出版直後に起きた。それが「七・七告発」と後に呼ばれるようになった著名な事件である。

一九七〇年七月七日、盧溝橋事件の三十三周年を記念した集会が日比谷公園の野外音楽堂で開かれた。中核派や社学同など各セクトから数千人が参加した大規模な集会だった。

騒動の発端は、呼びかけた華僑青年闘争委員会（華青闘）と日本人のセクトが集会の主導権をめぐって争ったことだった。華青闘はこの前年、入管法に反対するため華僑の若者たちがつくった運動体である。

事前の実行委員会で、セクトが集会の主導権を握ろうとした。挙げ句に「この団体は主催者としては認めない」「自分たちが主導権を握っている団体を主催者に入れよ」と要求しはじめた。入管法反対という集会の目的などもはやどうでもよくて、自分たちのセクトの勢力を拡大しようという意図をあざといほどにストレートに打ち出してきたのだ。

実行委員会に参加していた津村喬や華青闘は「全共闘は入管闘争にきちんとした方針も持っていない。そんな団体に主催者はまかせられない」と主張したが、受け入れられず、結局中核派の意見が賛成多数で通ってしまう。

怒った華青闘の若者たちは、実行委員会から脱退することを宣言した。するとすると中核派のメンバーの一人は、「主体的に華青闘が退席したんだから、出て行ってもいいんじゃないか」などと発言したのだった。

津村たちは「差別発言だ」と糾弾し、事態は紛糾した。

この結果、集会の当日になって華青闘は、「本日の集会に参加された抑圧民族としての日本の諸君！」という刺激的な書き出しで始まるきつい調子のメッセージを投げかけたのだった。

日本の学生運動のメンバーは、自分たちが抑圧民族であったことを反省せず、その自覚を今も持っていない。そういう立場への根本的な自己批判もないくせに、「入管法反対」「アジアとの連帯」とか口先だけのスローガンを叫んでいるのはまったく意味がないじゃないか！そういうきつい批判である。

メッセージの最後はこう締めくくられている。

「われわれは戦前、戦後、日本人民が権力に屈服したあと、我々を残酷に抑圧してきたことを指摘したい。われわれは、言葉においては、もはや諸君らを信用できない。実践がされていないではないか。実践がないかぎり、連帯といってもたわごとでしかない。抑圧人民としての立場を徹底的に検討してほしい。
われわれはさらに自らの立場で闘いぬくだろう。
このことを宣言して、あるいは訣別宣言としたい」

このメッセージが七・七の集会で読み上げられると、日比谷野音に集まっていた各セクトの運動家たちは言葉を失い、ただひたすら狼狽《ろうばい》するだけだったと言われている。これこそが一九七〇年のパラダイムシフトの引き金となった事件だった。そしてこの事件は、学生運動のみならずその後の市民運動や社会活動、さらにはメディア空間のあり方さえをも規定する背景放射となっていったのだ。

これが「七・七告発」である。

この日、各セクトは、いっせいに自己批判した。予定していたデモは取りやめ、セクトの代表が次々に野音のステージに登壇してみずからのこれまでの姿勢を反省するという異例の光景が展開された。いつもなら自己主張も激しく他セクトを非難ばかりしている日本の新左翼が、これほどまでに頭《こうべ》を垂《た》れて自分の非を認めたというのは、この時を除けば後にも先にもなかったかもしれない。空前絶後だったのだ。

中核派の北小路《きたこうじ》敏《さとし》は、壇上で「華青闘の諸君に差別的な言葉を吐いたことは、われわれの入管闘争の立ち後れにも現れている弱さを露呈したものです」と自己批判した。

「われわれ日本の労働者階級は、その存在自体が在日朝鮮人や中国人をけじめとする在日アジア人民を抑圧する側に立っているのです」

日本人は中国や朝鮮の人たちに対して、「血の負債」を背負っている。だからその負債を不断に糾弾され、告発されつづけなければ、アジアとの連帯は始まらない――。多くのセクトは、おおむねそのような認識でおのおのが自己批判した。

これは小田実からはじまった〈被害者＝加害者〉論が、津村喬によって在日や華僑などの「内なる異邦人」との接続へと展開し、そしてその論が一気に学生運動全体へと広まった瞬間だった。

中核派の分派のひとつである革共同関西派は、二〇〇〇年代に入ってからの機関紙「展望」で七・七華青闘告発を振り返って、こう書いている。

「『7・7告発』を通して、われわれは、在日人民やアジア人民の歴史と生活、そのなかでの彼らの苦闘をまったく共有しえていない現実をつきつけられたのである。そのなかで、歴史と現実を知らないこと、知ろうとすらしなかったことを痛感したのである。したがって、『歴史と現実を知り』、『存在と闘いに学ぶ』ことをいっさいの出発点としたのである」

「以上のことを整理すればつぎのように言うことができる。在日人民をプロレタリア革命の主体的存在として措定したこと」

つまりは在日のような〈異邦人〉こそが、革命を目指す運動の主体になるということに思いが至ったということなのだった。

このような方向性は、六〇年代末の学生運動が行き詰まって道筋を見失っていたこの時代にあって、新たな光明のようなものでもあった。

六〇年代半ばから盛り上がった学生運動は、七〇年代に入ったばかりのこのころにはすでにかなり退潮しはじめていた。一部の先鋭的な運動家を除けば、先にも書いたように大学を卒業して企業社会へと入っていくことを選ぶ学生が多数を占めるようになっていた。

こうした事態を逆転させようと、前年の六九年には安保の自動延長に反対する「十一月決戦」に結集し、佐藤栄作首相の訪米を阻止しようとする。だが全国で二千人近い逮捕者を出し、運動を退潮させるだけに終わった。おまけにこのころからはセクト間の内ゲバが激化し、社会からの支持はまったくなくなっていた。「機動隊に立ち向かって頑張ってる若者たち」が「過激派」というレッテルを貼られてしまうようになったのはこのころだ。

七〇年六月には、日米安全保障条約も自動更新されてしまう。若者たちは一気に目標を見失い、「いったい次は何をすればいいのか」「いったいどのように運動を継続させていくのか」という無気力な状態に学生運動全体が陥ってしまっていた。

そういう時に、突如として「七・七告発」は行われたのだった。

学生運動が見いだした新たな突破口

この新たな認知は、当時の学生運動に吸い込まれるように浸透していった。

「われわれの立ち位置が間違っていたのか！」

「差別にこそわれわれの問題があったのか！」

日本の学生運動史では、行き詰まった運動は武装闘争という行き場のない隘路にはまりこみ、一九七二年の連合赤軍リンチ事件で決定的な終局を迎えたとされている。だがこの七・七告発のターニングポイントについては、一部の論者を除いて意外にもあまり多くは論じられていない。しかしその後、一九七〇年代から立ち上がってきた市民運動、そしてその市民運動を支えるようになったマスメディアがつくるメディア空間への影響を考えれば、この「七・七告発」こそがもっとも後世に強く影響を与えた引き金であり、そして重大な転換点だったのだ。

ではこの転換点で、日本社会に明るい未来は拓《ひら》けたのだろうか?

マイノリティの視点が取り戻され、われわれは世界との良き関係を再構築できたのだろうか?

答は半分イエスで、半分ノーだ。

マイノリティの目線が取り戻されたことは大いなる成果だった。フェミニズムが花開き、在日という存在への視点は確かに確立した。六〇年代のような露骨な差別、無意識の無視はなくなった。これは「一九六八年の革命」として総括されている日本の学生運動の華々しい成果だった。これは誰にも否定できないだろう。日本の差別反対運動や市民運動、反戦平和運動、さらには環境保護にいたるまで、非政府的な市民の活動の多くはこの一九六八年の革命の延長線上に展開されている。

しかしそうした成果が花開いていった一方で、実は隠されたもうひとつの大きな問題が惹起《じやっき》していた。そしてその問題は気がつかないうちに日本社会へと深く深く潜行し、浸透し、隠された基盤となって日本のメディア空間を蝕《むしば》んでいくことになる。

そんなことが起きるとは、一九七〇年の闘争の夏には誰も想像していなかっただろう。

第四章

異邦人に憑依する

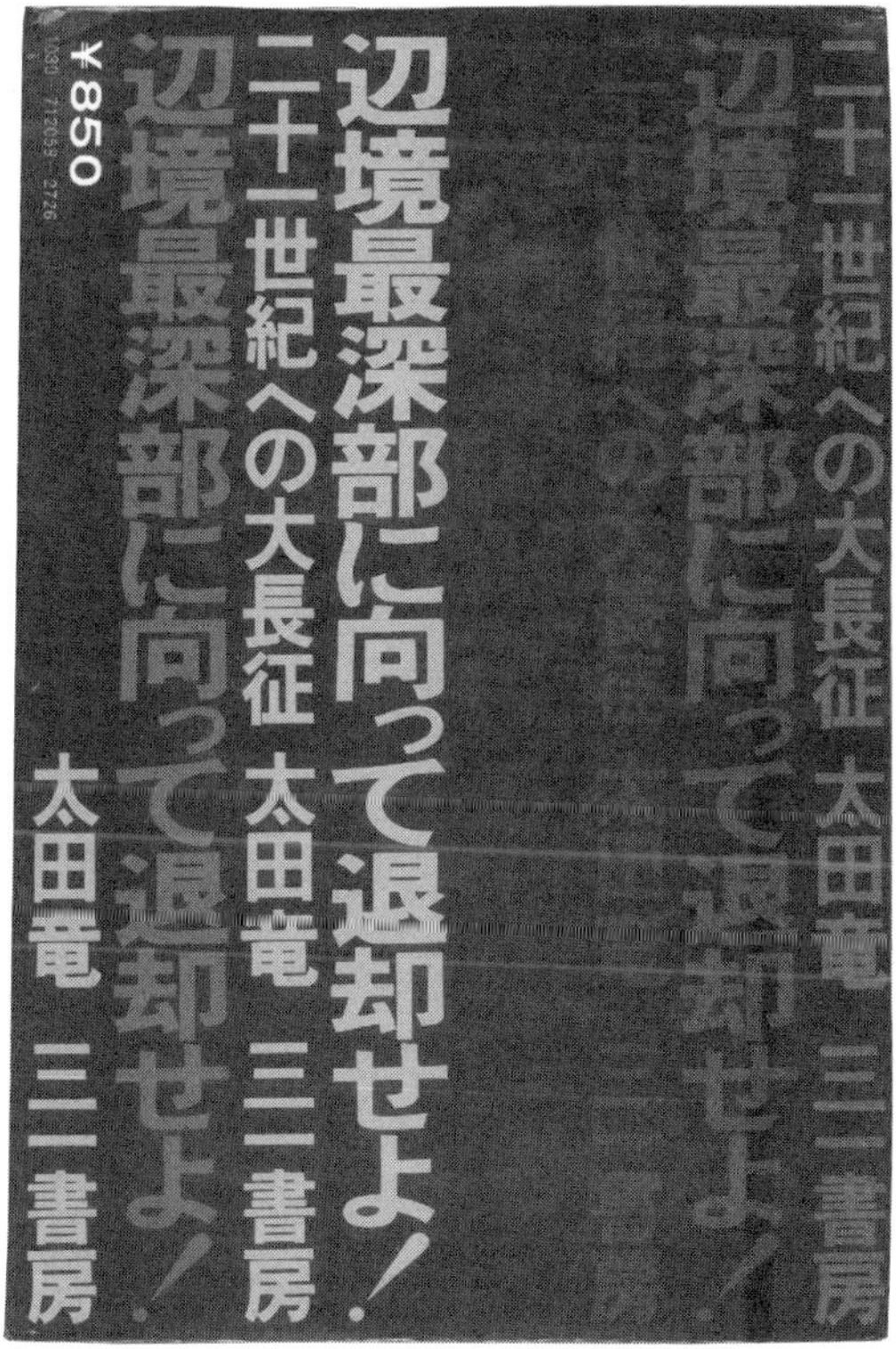

太田竜『辺境最深部に向って退却せよ!』

小田実の〈被害者＝加害者〉論。

津村喬の『われらの内なる差別』。

戦後初めて台頭《たいとう》してきた、新たなマイノリティへの視線。それは一九六〇年代までまったく放置されていたアジアの戦争被害や在日朝鮮人・アイヌ・ジェンダー差別など、さまざまに隠されていたマイノリティの社会問題を一気に表舞台へと押し出し、可視化させる役割を果たした。

しかし、このマイノリティ視線は思いも寄らない副作用をもたらした。しかもその副作用は強烈で、致死的な毒を含む副作用だったのである。

それは言ってみれば、薬物のオーバードース（過剰摂取）のようなものだ。つまり人々は〈被害者＝加害者〉論を過剰に受け入れ、踏みこえてしまったのである。

それはどのようなオーバードースだったのだろうか？

作家・小田実がこの時期に見た光景が、その象徴だ（『随論・日本人の精神』二〇〇四年）。

広島で開かれたある平和集会。この集会がいつのものだったのかを小田は記していないけれども、そこで発言した若者に「革命の志を持っているように見受けられた」と書いていることから、おそらくは革命気運が最高潮に達していた六九年からそう離れてはいない時期だったのだろう。

平和集会では、年老いた女性が重い口を開いて、とつとつと自分の被爆体験を語りはじめていた。

ところがその瞬間、ある若者が女性の言葉をさえぎり、居丈高にこう言ったのだ。

「あなたの体験のことはもうみんなが知っていることだ。そんなことより問題は、あなたが自分も加害者だったという事実をどれだけ認識しているかだ」

これこそがオーバードースである。

マイノリティ論のオーバードースとは何か

こういうことだ。

もともと小田が提唱した〈被害者＝加害者〉論は、前にも説明したように、「被害者であるからこそ加害者になる」という論理によって成り立っていた。つまり被害者であることと、加害者であることは不可分なのだ。ところが「あなたは加害者だろう」と批判したこの若者の頭の中からは、被爆体験を語った年老いた彼女が被害者でもあったという部分が完全に失われてしまっている。小田はこの若者のことを、「被害者体験を蹴飛ばすようにして加害者責任を追及するというせっかちで思い上がったことをやってのける若者が出てきたりするようになった」と書いている。つまりは〈被害者＝加害者〉論ではなく、〈被害者抜きの加害者〉論の誕生である。

これはものすごく危険な論理だ。

小田実がこの論でよく例に出していたような「ベトナム戦争に兵士として駆り出され、その結果としてベトナム人を殺害するアメリカの若者」「米軍によって土地を奪われ、その結果基地労働者になって爆撃機に爆弾を積み込む沖縄の農民」といった人たちのことを考えてみてほしい。

彼らは被害者であり、だからこそ加害者になっている。彼らには「ベトナム人を殺害した」「ベトナムへの爆撃機を準備した」という罪はあるかもしれない。でもその罪は、必ず「アメリカ政府に命じられた」「アメリカ軍に土地を奪われた」という被害とぴったりと接着されている。

不可分なのだ。

だからアメリカの若者や沖縄の農民を批判する人たちは、その前にいったん深呼吸をして、彼らが同時に被害者でもあることを考慮しなければならない。ただ単に「ベトナム人を殺すな！」「爆撃機に爆弾を積むな！」と非難するだけではすまない問題がそこに横たわっている。だから批判する側はとても慎重にならなければならないし、それに加えて、相手の「被害者だからこそ加害者になってしまった」というどうしようもない宿命を思いやり、ともにその境遇を悲しむような共鳴感覚を持たなければならない。

そしてそういう共鳴感覚は、加害者を批判する側にも大きな影響を与えるだろう。たいていの人は、一方的な加害者でもなければ一方的な被害者でもない。さまざまなものごとや事象において、私たちは加害者と被害者の間にいて、ときには知らず知らずのうちに加害者になり、ときには思いもよらない被害者になり、そうやって揺れ動きながら生きている。

アメリカの若者や沖縄の農民のような被害者であるから加害者になってしまう人々を知るということは、それはすなわち、自分たちもいつそのような境遇になるかもしれないという想像力を持つということでもある。

でも、この〈被害者＝加害者〉論から、〈被害者〉というパーツを取り去ってしまったらどうなるか。

行き着くところはひとつだ。

ただひたすら、人を〈加害者〉として断罪しつづけても構わないという無残な論理へと落ちていってしまうのである。これは実におぞましいオーバードースの罠《わな》だ。

そもそも小田実が、なぜ〈被害者＝加害者〉論を言い出したのかを、もう一度考えてみてほしい。

いったんここで前章をふりかえりながら整理してみよう。

一九六〇年代まで、日本人には自分たちが戦争の〈加害者〉でもあるという意識はきわめて薄かった。空襲や満州からの引き揚げ、南方・中支戦線などでの過酷な従軍――。そういう悲惨な体験を生きぬいて戦後を迎えた戦争体験者が、日本人の中の圧倒的多数を占めていたからだ。

だからこのころまでは、反戦運動は「あの悲惨な戦争をもう一度くり返さないようにしよう」「もうあんな酷い目にはあいたくない」というような、〈被害者〉体験からくる気持ちが軸になっていた。

これが〈被害者〉時代である。

つまりは先ほどの例で言えば、「アメリカに土地を奪われた」「アメリカ政府に戦争に行くよう命じられた」という〈被害者〉論を中心として、反戦運動は行われていたのである。つねに自分たちは被害者だという論が、戦争体験者の多かった一九五〇年代から六〇年代までは濃厚に充ち満ちていたのだ。

しかし太平洋戦争の敗戦から二十年も経ってくると、徐々に戦争体験者は高齢化するとともに、一方で、敗戦時にはまだ物心もつかないような子どもだったか、あるいは戦争をまったく知らない世代が台頭してくる。そういう若い世代のこころに、〈被害者〉論はあまり刺さってくれない。

そういう世代交代を背景にして、小田を中心としたべ平連の人たちが提唱したのが、

「いやでも、あなた方は被害者であると同時に、加害者でもあるんですよ」

という〈被害者＝加害者〉論だったわけだ。自分たちが戦争の〈被害者〉であるということが心の痛みにならないのだったら、では自分たちが〈加害者〉でもあることに目を向けようよ、というわけである。そうして小田は、先ほどのアメリカの若者や沖縄の農民の例を挙げながら、人々が被害者であるがゆえに加害者にもなってしまう状況について指摘したのだった。

〈被害者＝加害者〉論の光と影

それが一九六六年、夏の大手町の「ベトナムに平和を！日米市民会議」で、小田のこの宣言に結実したのだった。再掲しよう。

「ベトナム戦争の残虐行為の写真を見ると、そこに出てくるのは、まず、かわいそうな被害者の姿である。しかしそれだけではなくして、私の目に出てくるのはその残虐行為を加えている手です。その手の姿が私の目に現れてくる。その手はひょっとすると自分の手であるかもしれない。そのことをまず私は考えます。実際のところ、私たちは原理的に言ってベトナム戦争に加担している」

これは〈被害者〉論から、〈被害者＝加害者〉論への大きなパラダイム転換だった。

そしてこのパラダイム転換を、津村喬の『我らが内なる差別』が大きく補強し、「七・七告発」がリアルに押し出した。

それは大きなムーブメントとなっていた。そのムーブメントの光の部分では、無視されていた在日朝鮮人の視線の回復につながり、フェミニズム運動のきっかけをつくった。

だがその影の部分では、オーバードースによるあまりにも過剰な視線を生み出してしまったのだ。〈被害者論〉から〈被害者＝加害者〉論にシフトしたパラダイムは、さらにそれを一気に飛び越えて、〈被害者抜きの加害者論〉になってしまったのだった。大きな振り幅を飛び越そうとしたとたん、もんどり打って着地点を間違え、ラインの向こう側にある段差から転げ落ちてしまったのである。

この被害者抜きの加害者視線という「薬物」は、きわめて口に甘く、魅力的だった。とはいえ、この薬物が過剰摂取されるまでに受け入れられてしまった理由は、そういう情動的な「魅力」というようなことでは説明できない。そこには構造的な背景が実は横たわっている。

その構造とは何か。

それを「世界革命浪人」と名乗った太田竜という稀代《きだい》のアジテーターの哲学をもとに、解き明かしてみよう。

太田竜は一九三〇年生まれで、七〇年当時は四十歳である。後に革マル派の最高指導者となるクロカンこと黒田寛一とともに、最初の革共同（革命的共産主義者同盟）を一九五三年に設立した伝説的な革命家だ。革共同は後に分裂して、六〇年代には日本の代表的セクトである中核派、革マル派、第四インターなどに分派した。

太田竜は第四インターの創設者だったけれども、七一年にはその第四インターも脱退し、

「世界革命浪人」と自称して、従来の新左翼運動とはまったく違う方向へと向かっていくことになった。その時に書いた凄い本がある。『辺境最深部に向って退却せよ!』という勇ましいタイトルで、一九七一年暮れに三一書房から刊行された。

この本は強烈なメッセージに満ちあふれている。「地獄へ向っての旅」と題された序章には、こう書いてある。

「私は今日以降、日本人男女『市民』青年大衆に『媚びる』ことをやめる。私はこの人びとを、原則として敵であると宣言する」

「辺境最深部に向って退却せよ!」

じゃあいったい誰が味方なのか? 太田はこう宣言する。

「下へ、降りよう。支配の秩序の、より下へ。今いるところから、一段下へ、さらに一段下へ、降りてゆこう。これが、すなわち、革命的前衛のなすべき仕事である。

起て、大地の呪われたるものよ!

このように、『インターナショナル』のうたは人びとに呼びかけている。

起て、地獄におちた同胞たちよ!」

あまりにも詩情にあふれすぎていて理解しにくいが、太田が言おうとしているのはこういうことだ。

――日本の学生運動は、しょせんは日本の市民社会のなかに位置しているにすぎない。しょせんは市民運動、大衆運動でしかない。そういう運動に対して、奴隷化された底辺の人たちは本能的な不信と憎悪《ぞうお》を抱いている。

なぜかと言えば、本来は最下層の奴隷のものであるはずの革命思想が、学生や大学教授によって独占されているからだ。そしてそれによって、逆に革命思想が最下層の奴隷を圧迫する手段になってしまっているからである。そうであればスタート地点は最下層とするしかない。まず一番下に降りて、それから上に向って出発するのだ。

それが地獄に向っての旅、なのだ。

その旅をともにするのは、山谷《さんや》や釜ヶ崎《かまがさき》のドヤ街に住む底辺労働者たち、差別されてきた北海道のアイヌの人たち、被差別部落の人たち。そういう社会的マイノリティたちである。そういう抑圧され、しいたげられ、奴隷化されていて、地獄の底に生きている最後のひとりのところにまでたどり着かなければならない――。

太田竜は革命をともにする同胞として次のような人たちを挙げている。

1. 家族を破壊され、家庭が崩壊している同胞。
2. したがって、「恒常的」な「人並み」の妻、夫、恋人などという結構なものを有しない同胞。
3. 定住居を持たない同胞。
4. 質屋、クズ屋が値ぶみして、一万円以上のねうちの私有の家財、衣類を持たない同胞。
5. 病気に対して、熱心な看病の対象とされない同胞。

太田竜の論理は、きわめて単純明快だ。世の中を、「まともに働けばメシが食える人びと」と「まともに働いてもメシが食えない人びと」に二分する。後者は市民社会から排除されている人たちであり、かっぱらいや乞食や強盗やすりなどを働かないと生きていけない。そういう彼らの生命活動ひとつひとつが市民社会に反するもので、だからこそ彼らだけが市民社会を乗り越える職業革命家となりうる。

そういう論理である。

これは歴史的に見れば、十九世紀の帝政ロシア時代の革命家バクーニンがとなえたルンペンプロレタリアート論そのものだ。バクーニンは、革命思想を持っていない無教養な最下層民こそが、文明による汚染を受けていないことから革命を引き起こす存在になり得ると説いた。しかしバクーニンのこの思想が正当性を持つことができたのは、貧困層が大量に溢れていた十九世紀ロシアの現実があったからだ。

しかし二十世紀後半に差しかかり、高度成長を謳歌していた六〇年代の日本では、大半の国民は「失うものなど何もないプロレタリア」ではない。豊かな生活を楽しむ中産階級の市民になっているからだ。

そんな彼らが、革命の主導権を握れるわけがない。そこで革命をリードするのは、やはり失うものなど何もない「市民社会から排除されている人たち、底辺労働者や社会的弱者に決まっているだろう」とマイノリティや最下層への降下を太田竜は説いたのだった。

これは当時の学生運動の矛盾を、きわめて鋭く衝《つ》いていた。前にも書いたように、そもそも大学の若者たちが「革命だ」「自己否定だ」と叫んだところで、学外には高度成長で繁栄する日本社会が広がっていた。そのような平和な市民社会的状況のなかで、十九世紀にマルクスが提唱したような社会主義暴力革命がどれだけ現実味を帯びているというのか。「造反有理」とか「自己否定」とか言っても、しょせんは現実から乖離《かいり》したお坊ちゃんたちの遊びでしかないのではないか。

そういう矛盾を乗り越えるための戦略として、「失うもののなにもない弱者たちの世界へと退却せよ！　そこにこそ革命の狼煙はあるのだ！」と太田竜はアジテーションしたのだった。

しかし太田竜のこの扇動は単なるアジテーションにとどまらず、実はきわめて巧妙なしかけを隠し持っていた。

なぜならこの論理は、当時の学生運動が超えられなかった「繁栄する日本社会」という壁を一気に飛び越えることを可能にしたからである。

繁栄する日本社会は、その内側に企業社会に属するサラリーマンや専業主婦、そして叛乱《はんらん》する学生たちをも内包している。その「自分の立ち位置」を意識する限り、誰もそのインサイダーとしての場所からは逃れられない。インサイダーの内側から学生たちが社会を変えようとしても、「これほど繁栄している日本社会に対して何を求めるのか？」という圧倒的多数の他の日本人たちの無言の圧力にその叛乱はかき消されてしまう。

しかし太田竜の「辺境」論は、これまで社会のインサイダーとして閉塞感《へいそくかん》に悩んでいた若者たちを、一気に社会のアウトサイドへと（少なくとも精神的には）押し出すことに成功した。

彼らは外部化されることによって祝福される。

インサイダーの外側に出ることによって、インサイダーとしての立ち位置の悩みは一瞬にして解決してしまう。

それは第三者であり、傍観者である立ち位置を身につける技だったともいえるかもしれない。インサイドの当事者であることによって引きうけなければならない苦悩も、アウトサイドに出てしまうことによって、取り払われる。アウトサイドに出れば、社会のインサイダーとしての当事者としてではなく、空を飛ぶ鳥のような俯瞰《ふかん》的な視点で、外部から汚れた社会を見下ろすことができるのだ。

このアウトサイドとして太田竜が提示したのが、社会的弱者の棲息《せいそく》する「辺境最深部」だった。

この場所では、弱者が転じて神のようなものとなる。マイノリティの視点を身につけた者こそが、神の視点を持つ。これは実に見事な百八十度の転回だったと言わざるを得ない。

辺境最深部から日本社会を見下ろす

このきわめて巧妙な構造によって、苦悩する当事者たる活動家たちは一瞬にして第三者へと変身し、高みへと昇りつめ、日本社会を見下ろすことができるようになる。

これはつまりは「憑依《ひょうい》」である。

つまり乗り移り、乗っ取り、その場所に依拠すること。狐憑《きつねつ》きのようなものだ。マイノリティに憑依し、マイノリティに乗り移るのだ。そしてその乗り移った祝祭の舞台で、彼らは神の舞いを演じるのだ。

マイノリティへの憑依。

憑依することによって得られる神の視点。

神の舞いが演じられる辺境最深部。その神域から見下ろされる日本社会。

この〈マイノリティ憑依〉は一九七〇年代における、新たなパラダイムだった。それは新しい神話の創生だったと言ってもいいかもしれない。

そして太田竜という奇怪《きかい》な革命家は、図らずもそのパラダイムの最初の斬り込み隊長を務めていたのである。

神域である辺境最深部で、豊かな市民社会に生きている自分をいったん変えてしまい、原始共産制のような辺境の掟を身につけて、弱者たちを集めて革命を起こそう、というのが太田竜の思想だった。

そして太田竜はそういう辺境からの革命を行う者を「世界革命浪人」と呼んだのだった。なんて勇ましい言葉！

このコロンブスの卵的な辺境論は、行き場をなくして閉塞していた当時の学生運動の活動家たちの心に強く響いた。

影響を受けたひとりが、今も死刑囚として札幌拘置所に収監されたままの大森勝久だ。本人は無実を訴えているが、職員二人が亡くなった一九七六年の北海道庁爆破事件の犯人とされている人物である。

彼の軌跡を追ってみると、一九七〇年初頭の学生運動の閉塞感と、太田竜というアジテーターからどのような影響を受けて変貌していったのかが、きわめて明確に浮き彫りになってくる。

大森は一九四九年生まれの団塊の世代で、岐阜大学入学後に学生運動にのめり込むようになった。最初はただのノンセクトラジカルとして、黒ヘルメットをかぶってデモに参加するだけだった。だが七〇年に入って安保闘争が終わると、地方の国立大学での運動は目に見えて下火になっていく。大森のいた教育学部数学科では、デモ参加者はクラスにわずか数人程度にまでなっていた。一般の学生はほとんど参加せず、大森のように周囲から「活動家」と思われていた学生だけがデモに参加するような状況だったのである。

四年になれば、就職活動も始まる。教育学部では皆が教育実習に出かけるようになった。彼はそういう雰囲気に反発し、ひとりで名古屋や東京に出かけてデモに参加するようになる。しかし大都市のデモも、それはそれで悲惨だった。そのころになると実戦をかさねた機動隊の熟練度がかなり高まっていて、デモ隊が機動隊に投石しても、逆に催涙弾《さいるいだん》を雨あられのように打ち込まれ、さらにそこに大部隊で突入され、ただひたすら学生たちは逃げ回るしかないというような負け戦《いくさ》をくり返していたのだった。

大森は考えるようになる。

「角材とヘルメットしかなく、たいした武装もしないで国家権力とぶつかったって、そんな革命闘争なんて子どもの遊びじゃないか。もうここまで来たら、非公然のゲリラ部隊をつくるしかないんじゃないか」

しかしそういうゲリラ待望論と、現に目の前に存在する豊かな日本社会のありようは、大変矛盾している。その矛盾を大森も見過ごしているわけではなかった。

「日本革命というのは、しょせんは富を日本人だけで平等に分配しようとする先進国の特権的な運動にすぎないじゃないか。そうではなくて、世界規模で富を分配しなければならない。だから世界革命こそが正しい道だ」

そう考えたのである。豊かな日本社会と自分が追い求める革命のビジョンを両立させるためには、世界革命というビジョンに昇華させるしかないという論理である。

とはいっても、大森自身の心のなかには、日本社会に対する強い怒りの感情はそれほどなかった。日本の平和な社会に育って国立大学に入り、その豊かさを十分に享受《きょうじゅ》していたのだから当然だ。そもそも怒る理由など自然にわき起こるはずもなかったのだ。

「こんな状況では到底《とうてい》革命闘争を実践していくことはできない。自分を革命主体へと鍛え上げていくにはどうしたらいいのだろう」

そう何度となく自問したのだった。

そんな時だった——太田竜の『辺境最深部に向って退却せよ！』に偶然書店で出会ったの

は。

それまで世界革命の主体は学生や知識人だと考えられていたが、太田の本では「抑圧された弱者が革命主体になるのだ」と明確な言葉で語られていた。

そして豊かな社会で生きている学生としての特権を捨て、市民社会から脱出し、底辺社会で同胞に包囲されて暮らせ！　それによって自らを革命主体へと変革していくことができるのだ！

本はそうアジテーションしていた。大森はこれに激しく心を揺さぶられる。そうして彼は、太田のアジテーションをそのまま実行に移してしまうのである。

死刑囚・大森勝久が選んだ「地獄への旅」

大森はデモにのめり込みながら、一方でちゃんと授業にも出て小中高の教員免許も取得していた。岐阜県瑞浪《みずなみ》市の中学の教員採用試験にも合格し、採用も内定していた。しかし三月の卒業式が近づくにつれて、太田竜のアジテーションが頭のなかにこだましてくるようになる。

「辺境最深部へ！」

卒業式の数日後に行われた教員の辞令交付。しかし大森は「一身上の都合」を理由に辞退してしまう。驚く両親。「教師を続けながら信じることを生徒に教え、デモもやればいいじゃないか。なぜ辞退する必要があるのか」と強い口調で、しかし泣きながら息子をとがめた。

大森もただ泣きながら、お詫びの言葉をくり返すしかない。

「このようにするしかありませんでした。許して下さい」

最後に父は「お前を勘当《かんどう》する！　今日からは親でも子でもない」と口にして、アパートを去って行ったのだった。


そうして彼は、「辺境最深部」に向かう地獄への旅を始めたのである。

学生時代のアルバムも、青春の記念品も、すべて処分した。友人たちが写っている写真に「どうかみんな幸せになって。さようなら」と声をかけ、すべて捨てた。ゲリラ闘争を行い、逮捕されたときに迷惑をかけてはいけないという気持ちもあった。

「辺境」での最初の仕事は、工務店が自治体から受注した土木工事の手伝いだった。従業員わずか十人に満たない小さな工務店。同僚には在日朝鮮人もいた。

辺境に向かう心構えとして服装も大事だと考え、地下足袋《じかたび》姿に自転車でアパートから工務店に通った。

これまでエリートの国立岐阜大生だった彼に、岐阜の街はやさしかった。ところが地下足袋姿になったとたん、街は顔色を変えてしまう。通行人はあるときは冷ややかに、あるときは差別的に、また別のときには怯《おび》えの色を浮かべながら、あるいは無視するかのように、地下足袋姿の大森に無関心な目を向けた。それまで友人や恋人と散歩していた岐阜市中心部の繁華街・柳ヶ瀬《やながせ》。その歩道のタイル交換や公園の改修を黙々と行っている大森の目に、岐阜の街はまったく異なる姿で現れてきたのだった。

そしてその姿は、まさに太田竜が指摘した「市民社会と底辺社会の対立」そのもののように彼には思えたのだった。

彼はその後、東京の山谷や大阪の釜ヶ崎、名古屋の笹島《ささしま》など各地の寄せ場を漂流していく。肉体は日に日に逞《たくま》しくなり、髪型も坊主刈りにあらためた。

そして七二年の春には、北海道へと向かう。太田竜が「辺境」のひとつとして挙げたアイヌの独立闘争に身を投じるため、その生活や状況を知ろうとしたである。

北海道各地をわたり歩き、アイヌの人の家に住み込んで家事を手伝ったこともあった。国鉄の日高線に乗ったときには、こんな経験もした。ひとりのアイヌ人女性が乗り込んできた

のを見た小学生の男児が突然、

「列車に犬が入り込んでるぞ！」

と大声で叫んだのである。犬というのはアイヌの人を指す蔑称だった。そしてこの男児の叫びに友人たちは「本当だ」と返事し、大人たちもにやりと笑う。その姿を見た大森は、怒りで全身が震えた。

北海道の旅を終えた大森は、いったん岐阜に戻り、そして本格的な闘争の準備を行って再び北海道に戻る。そこから彼は本格的に爆弾テロの準備へとのめり込んでいくことになる。そして七六年、道庁爆破事件に関与したとして殺人容疑で逮捕され、死刑の判決を受けることになったのだった。

「反日亡国論」の狂気

この時期の大森は太田竜の辺境論をさらに先鋭化し、さらにあさっての方向へと進んでしまっている。この「反日亡国論」と呼ばれる思想は、もはや常識では推し量れないほどの極端な哲学だ。

それまでの新左翼運動は、日本に革命を起こして今の社会体制を打ち倒してしまえば、日本は新しい国になると考えていた。アジアを侵略してきた日本の「侵略性」は、革命によって消滅するというのが新左翼のあたりまえの考えだった。

ところがこの「反日亡国論」は、日本で革命が起きたとしても「侵略性」はなくならないのだと訴える。

なぜか。

なぜなら日本は、そもそも中国大陸からやってきた騎馬《きば》民族が先住民族である縄文人から列島を奪ってつくった国だからだ。アイヌも沖縄の人びとも被差別部落の人びとも、そのように征服されて抑圧されてきた人たちなのだ。日本という国そのものが、そうやって侵略と搾取《さくしゅ》によってつくられてきた国なのだ。

つまり日本の「侵略性」は、日本という国に内在する性質だったのだ。

だからこの「侵略性」を消滅させるためには、日本という国を消滅させて日本人を追放するしかない――。

実に奇怪な論理だ。しかしこの時期、小田実と津村喬が種を蒔いた〈被害者＝加害者論〉からオーバードースしていった〈マイノリティ憑依〉論は、太田竜や大森勝久などの極論をどんどん生みだし、先鋭化していた。この流れのなかで「反日」を目的とした東アジア反日武装戦線の爆弾テロを生みだしていったのだ。そして四百人近くが死傷した三菱重工爆破などの、幾多の凄惨な事件へと帰結することになったのである。

太田竜は晩年は陰謀論に走って、「ユダヤが世界を支配している」というような本を書くようになった。二〇〇九年に七十八歳で亡くなっている。大森勝久は一九九四年に死刑が確定した。

とはいえ太田竜にしろ大森勝久にしろ、かなり極端な社会の先鋭的な部分を象徴しているにすぎない。彼らの思想はきわめて興味深いけれども、しかし「辺境論」や「反日亡国論」は極左やオカルト業界に細い流れをちょろちょろとつくりだしただけだった。

しかしこの〈マイノリティ憑依〉という新たな神話は、実は一九七〇年代以降に市民運動やメディア論の世界へと広範囲に浸透し、拡散していく。

市民とは何だったのか

ここで、第二章での議論に再び立ち帰ろう。本書はあちこち遠回りをして、とうとうマスメディアにとって「市民とはなにか」を語る場所へと戻ってきた。

なぜマスメディアが、本当は好きではない市民運動をことさらに取り上げるのかについて、私は第二章で以下のように書いた。

それは権力に対するカウンターとして、弱者の声のシンボルとしてそこに存在していてくれるからであった。客観的中立報道の立ち位置から外れられない自分たちの代わりに、反権力的な意見を代弁してくれる。つまりは「自分たちは弱者の味方である」というわかりやすい立ち位置を打ち出してくれるからなのである。

マスメディアが代弁しているのは、この日本社会を構成しているマジョリティの日本人ではない。幻想の〈庶民〉である。地に足着けて文句も言わず、国家や正義を声高に議論せず、権力や資本主義に酷い目にあわされながらも、それでも地道に自分の生活を送っていくような、そういう無辜の庶民。

そしてその幻想の〈庶民〉を、マスメディアはマイノリティである市民運動の〈市民〉によって代弁させてきた。

市民運動を担う人たちは、戦後の総中流社会においては、社会の周縁部に存在する人たちだった。第二章でも書いたように、市民団体がＮＧＯ（非政府団体）として権力との協力関係を保つようになり、インサイダー化してくるのは九〇年代後半以降である。戦後の日本社会では、市民運動は圧倒的多数のマジョリティのなかで孤立したマイノリティでしかなかった。インサイダーでもなく、かといって完全なアウトサイダーでもなく、社会とその外側の周縁部にポジションを取り、その立ち位置から権力のあり方を鋭く批判する人たちだったのである。

そして、この周縁部にいる〈市民〉が〈庶民〉を代弁してきたのだとすれば、〈庶民〉は周縁部の外側、完全なる社会のアウトサイダーにいる者でなければならない。

それは〈異邦人としての庶民〉という新たな存在なのだろうか――第一章で私はそう疑問を書いた。

そう、ここで円環はつながったのだ。

この〈異邦人としての庶民〉。

この不可解な存在の登場は、一九七〇年の〈マイノリティ憑依〉へのパラダイムシフトと、見事なまでに重なり合っている。

太田竜は、インサイダーの活動家たちに、「辺境最深部」という社会の外側の立ち位置を提供することによって、アウトサイドから社会を逆照射させ、この社会を神の視点から批判する視線を与えた。

そしてマスメディアは、〈異邦人の庶民〉という社会の外側の幻想の存在を仮構《かこう》し、この存在から社会を逆照射することによって、絶対的な立ち位置を確保し、その高みから社会を見下ろすというアプローチを採っている。

この構造は完璧に合致している。

敗戦から一九六〇年代半ばにいたるまでの二十年、日本社会にはそもそもマイノリティへの視線というものが完全に欠如していた。われわれの社会で在日やアイヌなどのマイノリティ、あるいはアジアへの加害という問題が認知されるようになったのは、一九六五年以降である。日本読書新聞の『ドキュメント朝鮮人』を先駆けとして、小田実が種を蒔き、津村喬がそれを学生運動へと引き継いだ。その流れは前章で描いた通りだ。そしてこの流れをオーバードースするようにして一九七〇年、〈マイノリティ憑依〉というパラダイムが台頭してきた。つまりこのパラダイムはそれ以前の日本社会には皆無だったと断言できる。

そしてこの〈マイノリティ憑依〉の構造とまったく同じ構造を持つメディア空間は、一九七〇年代から八〇年代にかけて急速に浸透してきた。

つまり一九七〇年につくられた〈マイノリティ憑依〉のパラダイムは、七〇年代から八〇年代にかけてメディアの空間の中へと浸透し、そこで「辺境最深部」が〈異邦人の庶民〉へと転化していったと考えざるをえないということなのである。

〈マイノリティ憑依〉が進んでいった先に、この〈異邦人としての庶民〉という憑依される対象としての幻想の存在が生まれてきたのだ。

「みずからを語ることのできないマイノリティ」という存在は、人類学の用語で「サバルタン」と呼ばれる。サバルタンはもともとは社会の支配階級に服従する底辺層を指す言葉だった。つねに歴史は支配階級によって書かれ、社会に受け入れられていくのに対し、底辺層サバルタンの歴史はいつも断片的で挿話《そうわ》的なものにしかならず、つまりサバルタンはみずからの力でみずからの歴史を紡《つむ》ぐことを許されていない。つまりサバルタンの歴史は、つねに自分たちを抑圧する支配階級によってのみ語られ、書かれてしまうという矛盾した構造をはらんでいるのだ。

支配階級がもし勝手にサバルタンの歴史を紡いでいくのだとすると、サバルタンという存在は実在する底辺層からだんだんと遊離してしまうことになる。

サバルタンの側から見ても、他者に勝手に憑依され、勝手に語られることによって、自分たちと「語られるサバルタン」は乖離していってしまう。

一九七〇年に起きた〈マイノリティ憑依〉のパラダイムシフトは、メディア空間のなかで醸成されていくことによってこの乖離が徐々に生じ、そうして気がつけば幻想のサバルタンとしての〈庶民〉を生み出したということなのだった。

ここで円環は閉じ、マスメディアの描く幻想の〈庶民〉の源流と、一九七〇年の〈マイノリティ憑依〉は一体化した。

メディアと〈マイノリティ憑依〉をつなぐ本多勝一

この円環はどこでどうつながっているのだろうか?

そのリンクをみごとに埋めている人物が、ひとり存在する。

それは本多勝一だ。

朝日新聞が生んだ戦後最大のスター記者である。

彼は一九六〇年代半ばまでに『ニューギニア高地人』『カナダ=エスキモー』『アラビア遊牧民』という辺境三部作を朝日新聞紙面で連載し、それまで一般にはほとんど知られていなかった異民族を文化人類学なやり方でルポルタージュするという斬新な手法を展開し、一気に記者としての評価を高めた。

そして一九六六年暮れ、特派員として南ベトナムに派遣される。そしてこの取材記事の結晶である書籍『戦場の村』は最終的に複数の外国語に翻訳され、全世界では数百万部が読まれることになったという。

ちょうどこの本が出た一九六八年四月は、テト攻勢が始まった直後だった。この衝撃と『戦場の村』のインパクトが重なり、世界のベトナム戦争反対運動を大きく盛り上げるきっかけになる。戦争の帰趨《きすう》にさえ影響をもたらしたとも言われている。

なぜこの本がそれほどまでに強い衝撃を与えたのか。

それはこの『戦場の村』で、本多が南ベトナム民族解放戦線が支配する完全解放区の人びとを初めて取材することに成功したからだった。

当時のベトナムは、メコンデルタで南ベトナム民族解放戦線が支配する完全解放区と、政府側の支配地区、そして政府軍の陣地がありながら事実上は解放戦線の勢力下にある競合地区（中間地帯）に分かれていた。

本多は、それまで西側の報道陣がほとんど入ることができなかった完全解放区の村に入り、そこで寝食《しんしょく》をともにしながら村民たちにインタビューしたのだった。

本多とカメラマンは当初、解放戦線の戦闘の最前線となっている拠点ズウクハオ村に三日間滞在し、つづいて完全解放区としてごくふつうの生活が行われている「銃後」の集落、ロンハオ村に入る。取材チームはここに二十日間滞在した。

この村で本多は、解放戦線の三十九歳の政治幹部と出会う。「政府のスパイではないか」とも疑われ、たがいの緊張関係は完全には解けない。二十日間という長期の滞在になったのは、本多たちが怪しい者でないかどうかを確認するため、解放戦線の上部の指示を待っていたためだったことがわかる。そうしてようやくある夜、幹部が現れて「お二人がここに来られた目的がよくわかりました。明日はお帰りになられると思います。戦争中なのでいろいろいたらないこともありましたが、どうか誤解しないでください」と伝えるのである。

その日の夜は、幹部たちとの間で打ち解けた対話の夜となり、遅くまで話し合った。

日本には、すべてが不足して苦しい生活に耐えている解放戦線のためになにか役に立つものを送り届けたい、と考えている人たちもいる。そういう日本人の気持ちを本多は説明し、「なにがいちばんほしいですか」と聞いた。幹部の答はこうだった。

「ありがたいことです。しかし私たちは、大丈夫です。やりぬく自信があります。心配しないでください。それよりも、日本人が自分の問題で、自分のためにアメリカのひどいやり方と戦うこと、これこそ、結局は何よりもベトナムのためになるのです」

この返答について、本多はこう解説する。――過去に中国やフランス、日本、アメリカと幾多の国に侵略されてきたベトナム人は、他民族が信用できないことをよく知っている。ベトナム人のことを善意で本気に考えてくれる他民族などあり得ないことを、民族的体験として身につけているのだ。いっぽうで日本人はこのような苛烈な体験をしていないから、そういう認識はとても薄い民族だ。

だからベトナム人から見れば、アメリカの戦争を日本社会全体が支持しているなかで、「小さな親切」だけをするような人びとを全面的に信用できないと考えるのは当然だ。

彼らが信じるのは、そういう「小さな親切」の人ではない。自分自身の問題に対して、自分自身のために戦う民族なのだ――。

そして本多はこう書く。

「ベトナム人が日本の反戦運動を本当に信用するのは、日本人自身の問題――『沖縄』『安保』『北方領土』その他無数の『私たちの問題』に民族として取り組むときであろう。ベトナム反戦運動自体はむろん良いことだが、『自分自身の問題』としてとらえられていない限り、単なる免罪符に終わる」

つまり本書の文脈に沿って言えば、彼はここでベトナム人に〈マイノリティ憑依〉するのではなく、目の前の自分自身の仕事を片付けることの重要性を語っているのだ。

本多の『戦場の村』の取材は、一九六六年十二月から翌六七年十月までの間に行われた。朝日新聞に九十八回にわたって長期連載されたのは、このベトナム滞在時期の後半になってからである。これは小田実が〈被害者＝加害者〉論を初めて口にした翌年、津村喬が『われらの内なる差別』を刊行する三年前にあたる。

そして本多の論理は、みごとに小田や津村のマイノリティ論とシンクロナイズしていた。本多は、小田の〈被害者＝加害者〉論の延長線上の方向にある、素敵な論理を展開している。

ベトナム人を支援するというのは、勝手にベトナム人に成り代わって「ベトナム戦争反対」と叫ぶことではない。自分が今いる場所に立ち戻り、その場所でできることをするのがベトナムの支援につながっていく。それが当事者としてのベトナム反戦のあり方だということなのだ。

ベトナム戦争当時、当事者であるベトナム人は「自らの歴史を語ることを許されない民」、サバルタンだった。彼らは泥沼のなかでつらい戦争を戦い、解放戦線はジャングルのなかに隠れ、みずから声を上げて自身のことを語ることはほとんどなかった。そんななかで、解放戦線の村に入って取材した本多のインタビューは、彼ら自身の声を初めて世界に伝えた強いメッセージだったのだ。つまりは本多の取材によって、解放の村のベトナム人たちはついにサバルタンから脱することができたのである。

そこでは「自身が語ってこなかった解放の村のベトナム人」と「ベトナム戦争に反対し、ベトナム人を支援する世界中の人たち」、そしてその間に立って解放の村のベトナム人たちの声を伝える本多勝一というジャーナリスト。その三者がそれぞれの立ち位置で、連携していく方法を探っている。そういうありようが浮かび上がってきていたのだった。

しかし一九六〇年代後半の彼の当事者論は、七〇年代に入ると急速に転換していってしまう。

本多・山口論争が浮かび上がらせた問題

それを明確に証明しているのが、人類学者・山口昌男との間で行われた論争だ。まさに華青闘の「七・七告発」が行われていたのとほぼ同じ時期、一九七〇年夏にこの論争は勃発した。

口火を切ったのは、本多である。雑誌「思想の科学」の七〇年六月号に本多は「調査される者の眼」というタイトルで、人類学を徹底批判した。

この長いコラムで本多が書いたのは、かいつまんでまとめるとこういうことだ。

――アメリカの黒人やベトナム人、在日朝鮮人の問題など、いかに外部の人間が突っ込んでレポートしてもほんとうのところまでは理解することはできない。侵略者には、侵略された者の心理や論理は決して理解できないのだ。逆説的に言えば、日本人は外国人による手ひどい侵略を経験しなければ、ベトナム人や黒人を理解することは不可能ではないかとさえ思われるほどだ。

この原則をふまえると、アジアやアフリカの農村で人類学の調査を行うというのは、結局は帝国主義の尖兵《せんぺい》として利用されているだけではないのか。たとえばアメリカの文化人類学者たちはベトナムの山岳民族の調査をしているが、これはＣＩＡ（米中央情報局）からお金が出ていることが明るみに出て、反戦運動から睨《にら》まれている。こういう学術調査は本当に善意のものといえるだろうか。実はベトナムを侵略するための手段にしかなっていないのではないか。

そういう人類学の調査では、「調査される側」の論理が無視され、かわりに調査する欧米の大国の価値観が押しつけられている。

もしどこかの少数民族が滅亡しようとしているとする。そのときにやるべきことは、彼らが滅びないうちにと急いで「研究」することだろうか？　それとも彼らの側に立って、彼らを救おうとすることだろうか？

人類学者はそうやって「研究」だけをしていることによって、結果的に侵略に加担しているのではないだろうか――。

以上が本多の人類学批判だった。

これに対して山口昌男は、同じ年の雑誌「展望」十月号で反論した。

人類学は、そういう指摘を過去に何度も受けつづけてきた学問だった。山口は一九六三年から二年間、ナイジェリアの大学に在籍した際、そういう批判をされた経験を語っている。

たとえばカナダ人の歴史学者が山口に放ったこんな発言。

「だいたい、人類学というのは人種偏見の巣窟《そうくつ》のような学問だった。十九世紀の歴史を見ろ！　アフリカの植民地においても、初期の教会や行政府は、アフリカ人も平等に見立てて、教育もどんどん奨励《しょうれい》していたが、十九世紀末の人類学者がアフリカ人劣等説を立ててから、アフリカ人の取扱いがどんどん下がったね。人類学は植民地における諸悪の根源だ！」

あるいはナイジェリア人の学長が山口をディナーに招待してくれた際、二人の間で交わされたこんな会話。

「あなたは人類学者嫌いと聞いていますけど、どういった点で人類学に批判的なのでしょうか」

「それはですね。翅《はね》をむしりとられて、飛翔《ひしょう》できないようにして、ガラスの檻《おり》のなかに入れられた昆虫のように観察された経験のない、あなたのような人にはわからないと思いますよ」

かなり強烈な皮肉がたっぷり詰まった返答である。とにかくこんなふうにして、人類学は昔から多くの人に非難されてきた学問だったのだ。

でも——と山口は言う。人類学は、研究者の人間としてのあり方さえをも変えてしまう可能性のある学問だ、と。

本多は先ほど紹介したコラムのなかで、こういう事例を紹介している。——あるアメリカ人文化人類学者は、研究対象のアメリカ先住民に徹底的に同化した結果、ついに「調査される側」に入ってしまい、それまでの研究をいっさい発表しないことを決意した。本当の善意があればそうならざるを得ないという性質が文化人類学のなかには潜んでいるのではないか、と。

山口はこの話のソースを調べて、それがフランク・カッシングという人類学者のことではないかと思い当たる。そして、カッシングのことを書いた別の学者の文章を紹介している。かいつまんでみよう。

——共感しながら住んでいる人たちの価値体系に染まるのは、よくあることだ。カッシングは自分が研究したズニ族の宗教に没入して、ズニ族の人たちから彼らの宗教の司祭だと見られるまでになった。彼はそれで自分を俗化しようとは思わなくなってズニ族に関する人類学的な報告を書けなくなってしまった——。

ズニ族が持っている宗教観や世界観。そういう感覚を人類学者が共有するにいたったということ。山口はこのすばらしい話について、こう書くのだ。「本多氏の理解と意図に反して、人類学の魅惑のようなものをこのエピソードは語っています」

そう、すごく単純化されてしまった「加害者」と「被害者」の関係ではない。そこに生まれてきているのは、本来は〈加害者〉だったかもしれない人類学者が、〈被害者〉の側に歩み寄るということ。それは人類学を捨てたからそうなったのではなく、人類学という学問を志し、調査研究を行ったからこそ、被害者の側に歩み寄ることができたのだ。

加害者と被害者の間にいるということ

それは小田実の言った〈被害者＝加害者〉論と同じメロディを奏《かな》でている。

被害者だから加害者になる。それと同じように人類学者は、人類学という加害者になりかねない学問を志したことによって、被害者に近づき、自分自身を変えることもできるのだ。

山口はこんなふうに書いている。

――人類学の根底には、ヨーロッパ的な近代社会が持っていない人間や社会への新しい視線を学ぶことによって、近代社会の閉ざされた論理を克服し、調査対象だけじゃなく「自分自身」もより深い基盤のなかでとらえなおそうという志向がある。だから「すぐれた人類学」というのは、自分の価値で他者をはかるのじゃなく、他者を媒介《ばいかい》として自分をはかり直すところにあるのだ、と。

そういう楽しみがなければ、乏しい予算で二年も三年も異郷に暮らし、おのれの価値を絶えず破壊しつづけて、世界を再構築してとらえなおすというような緊張度の高い生活に耐えることができるわけないでしょう、と山口は訴えるのだ。

そして彼はこう痛烈に本多を批判したのだった。

「帰するところ、時折感ずる『他者』を媒介として己れが蘇ったという喜び、ただそれだけではないでしょうか。一日や二日潤沢な資金で原住民と同じメシを食ったというだけで、派手に正義の味方のアドバルーンを揚げることのできる職種に属している人には所詮《しょせん》わからないのではないか」

本多が過去に書いた『アラビア遊牧民』や『カナダ＝エスキモー』『ニューギニア高地人』などのルポルタージュを皮肉っているのである。こうしたルポは朝日新聞社の資金を使って取材されているし、人類学調査に比べればほんのわずかしか現地に滞在していない。そんなやつにおれたち人類学者の「自分を変える」という凄い喜びがわかってたまるか、という強烈な反論である。

加害者と被害者という二極の対立があったとしても、私たちは完全な加害者にはなれないし、完全な被害者にもなれない。小田実の言うように、なにかの被害者だからこそ加害者になっているような徴兵されたアメリカの若者や沖縄の基地労働者は、完全な加害者でも完全な被害者でもない。

そして同時に、私たちはけっして第三者の立場に立つこともできない。加害者と被害者を上から見下ろすような神の視点で、ものごとを見ることはできない。

なぜなら「見る」という行為は、ただそれだけで相手に影響を与えてしまうからだ。それは量子力学において、「観察する」という行為が光子《こうし》の相互作用を生んで、それだけで対象に影響を与えてしまうように。

あるいはインターネットのソーシャルメディアにおいて、何かについて言及した者はつねに自分自身も巻き込まれて、賛同や反発の対象になってしまうように。

だから本多の言うように、文化人類学が第三者の視点で他民族を見下ろそうとすることには、たしかに気がつけば加害者に加担してしまうという危険性がつねに潜んでいる。でも文化人類学という学問は、そんな単純な学問じゃないというのが山口の反論だ。

これまで「アメリカ対ベトナム」「白人対アメリカ先住民族」という対立軸を遠くから第三者的に見ていた人がいるとする。しかしその人が、人類学という視点を身につけ、ベトナム人やアメリカ先住民族に分け入っていく。その時に人類学という視点は、その研究者に自分と他民族との違いを明確に指し示し、その結果、自分と他民族との距離や立ち位置の違いについて研究者ははっきりと目覚めることになる。

それは、自分が他民族の眼を勝手に憑依するということではない。自分自身の立ち位置——加害者と被害者という対立軸があるのだとすれば、その対立軸のなかで自分の立ち位置がどこにあるのかを再確認する。その再確認こそが自分を「はかり直す」ということになるのだ。

それがすなわち、山口の言う「他者を媒介として己れが蘇ったという喜び」ということなのだ。

「私は殺される側に立つ」という論理

一九六六年の『戦場の村』の当事者論から、一九七〇年の人類学批判へ。この間に本多の思想は百八十度転回している。

先に紹介したコラムには、この転回をみごとに象徴するような、なんとも驚くべきフレーズがある。かれは「侵略者には侵略されたものの心理や論理が決して理解できない」と書いた後に、こう続けているのだ。

しかし考えてみますと、私自身はかつてはそのような日本人のひとりだったのです。(現在でも、はたしてどの程度まで「理解」しているかどうかには甚だ懐疑的ですが。)それが、いつから変化した（または変化したいと思った）のでしょうか。「ここから」

と一線を引くことは困難です。しかしベトナム戦争の取材が終わった時は変化していたと思います。更に黒人やアメリカ先住民の取材によって、これは決定的なものになったのだろうと思われます。私を洗脳（？）したのは、ベトナム人や黒人でした。しかし、彼らは決して私に説教したわけではありません。説教したとしても、そんなものは糞の役にも立たなかったでしょう。宣教師がほんとうに信者を獲得するのは、武力を背景にした説教ではなく、むしろ殉教による死という行為を通してであります。（不幸にして現実には前者の方が多く、従って真の信者は少ないものですが。）私にとって最も強力な〝洗脳〟となったのは、文字通りの弾丸だったと思います。解放区の農家にいた時、米軍のヘリコプターから乱射された機関銃やロケット弾。黒人と共にミシシッピ州を旅行していた時、白人から受けたピストルのテロ。それらは、ベトナム人や黒人にとって、完全に、一〇〇％不当な弾丸でした。この弾丸は、ベトナムに太平洋を越えて侵入してきた異国人による、ベトナム人の独立を拒否しようとする弾丸であり、また黒人を隷属状態のままに抑えつけようとする弾丸であること以外に、どんな意味を持つのでしょうか。そうした弾丸で現に虐殺されつつある者にとって、「いかなる戦争も両方悪い」といった論議がどういう意味を持つのでしょうか。彼らにとって、征服者の唱道する「自由」や「民主主義」や「国家」がどういう意味を持つのでしょうか。追放され、虐殺され、強姦され、檻のなかに閉じ込められたアメリカ先住民にとって、征服者側から来た宣教師の「慈愛に満ちた」説教や、文化人類学者の「友情あふるる」調査は、一体どういう意味を持つのでしょうか。

書かれていることは、本当にカッコいい。ベトナム人とともにアメリカ軍の銃弾を浴び、黒人と共に白人の人種差別主義者からピストルで付け狙われる。世界の紛争地帯を行くジャーナリスト。そういうイメージだ。

しかしそういうカッコいいイメージをいったん剥《は》ぎ取ってしまい、この文章をよく読んでみると、そこにあるのは身も蓋もない〈マイノリティ憑依〉そのものだ。

本多は自分がベトナム人や黒人やアメリカ先住民に、洗脳によって同一化してしまったと言っている。だからこの文章を書いたとき、本多の視点は日本人としてではなく、完全にベトナム人や黒人やアメリカ先住民の側の視点になってしまっている。彼はそういう意味で、この時点でもはや日本人の視点を捨て去ってしまっていたのだ。

〈マイノリティ憑依〉というのは、とても気楽な状態だ。気楽だからこそ、その落とし穴に人ははまりやすい。

一九六〇年代半ばに勃興してきた小田実の〈被害者＝加害者〉論や、続く津村喬の「内なる差別」論。そして本多自身が六七年に『戦場の村』で書いた当事者主義。だがその難しい境界領域に踏み込んでいった結果、本多勝一のような卓越したジャーナリストでも勢いをつけすぎてもんどりうって、〈マイノリティ憑依〉という壁の向こう側に転げ落ちてしまったのである。

七一年に書かれた「『中国の旅』と靖国神社」というコラムでは、本多のオーバードースはさらに加速している。

「対立すべきは、国民対国民、あるいは民族対民族、人種対人種ではないのだ。戦争によってトクをした奴と、犠牲になった側。これこそが対立するのでなければならない。日本の場合にしても、敗戦であれほどひどい目に一般日本人はあったにもかかわらず、結局トクをした人間が少数ありました。戦後の総理となった男に、もと戦犯がいることは象徴的です」

「苦しんだのは、日本に侵略された中国の民衆だけではなく、日本の民衆も苦しかった。それなら、同じ犠牲者として、両国の人民は手をにぎろう。共通の敵を倒すためにはこれが第一です」

日中戦争では、ごく普通にそれまで生活していた近所のお兄さんや親戚のおじさんが戦地に向かい、そこで中国人を殺し、村を焼いた。それは小田実が言った典型的な〈被害者＝加害者〉だ。兵士は被害者であるがゆえに加害者にもなったのだ。だが本多のこのコラムでは、加害者として一般日本人兵士がいたという事実はすべてすっ飛ばして、一般の日本人はすべて被害者だったということになってしまっている。

これはつまり、こういうロジックだ。――「被害者であると同時に加害者である」のであれば、最終的にいちばん悪いのは最初の被害者をつくった者ではないか？

アメリカの若者は政府から徴兵された被害者で、そうであるがゆえにベトナム戦争でベトナム人を殺した加害者になった。だとしたらいちばん悪いのは、もちろんアメリカ政府だ。

沖縄の農民はアメリカ軍から土地を奪われた被害者で、だから基地労働者となって爆撃機に爆弾を積み込んだ。だったらいちばん悪いのは、もちろんアメリカ軍だ。

もしここで自分自身を〈被害者＝加害者〉という中間地帯に置かずに、ベトナム人に憑依してしまったらどうなるだろう。

その時点で、自分はベトナム人という絶対的な被害者と同化してしまう。だから安心して加害者を「あなたは悪だ」と責めることができるようになる。

そこでは自分が本当は加害者の一部でもあるということが、いつの間にか追いやられてしまっている。

自分は被害者と同化している。つまりは自分は被害者と同化した人間として、被害者と連帯しなければならないのだ。つまりは戦後の被害者論が、小田や津村の労力によってようやく〈被害者＝加害者〉論にパラダイムシフトしたにもかかわらず、オーバードースの結果もんどりうって再び被害者論へと戻ってきてしまっているのだ。これは百八十度転回どころか、三百六十度転回である。

〈マイノリティ憑依〉から見える気持ちのよい景色

自分という視点を考えてみよう。津村が「内なる差別」論で指摘したのは、自分自身の立ち位置をまず加害者と被害者の間に設定し、その立ち位置から「動かないまま」で被害者の側へと歩み寄り、自分を拡張して被害者の領域にまで踏み込もうというものだった。

その位置から見える視界は、とても微妙だ。つねに眼をみひらき、自分の足もとの土台が揺らいでないか確認し、そして自分が加害者からどのぐらいの距離にいるのか。そして被害者からもどのぐらいの距離にいるのか。それを頭のなかで計算しつづけなければならない。しんどい作業である。

しかし〈マイノリティ憑依〉してしまったらどうなるだろう。ここから見える視界は、晴れ渡って気持ちいい。まるで山頂から見下ろす雲海《うんかい》のようだ。

加害者は絶対的な悪として、山脈のようにごつごつ屹立《きつりつ》している。

そしてもっと面白いことに、加害者と被害者の間で自分の立ち位置を求めてゆらゆらしている人たちも、この被害者という名前の透き通った青い山から見ると、すべては岩だらけの加害者山脈のふもとに広がっているすそ野にしか見えないではないか。

この場所から見れば、すそ野にいる人も加害者山脈にいる人も、どっらにしても自分の今いる被害者山の者ではない。彼らはよそ者であり、そしてみんなまとめて加害者の側なのだ。

——そう、そういうことなのだ。つまり〈マイノリティ憑依〉することによって得られる最も大きな果実。それは被害者ではない人たちを全員、加害者の側に押しやれてしまうこと。自分たち被害者以外はすべて加害者として断罪できてしまうこと。そういう気持ちよさなのである。

その気持ちよさは、広島の平和集会で小田実が目にした、被爆者の女性を「問題は、あなたが自分も加害者だったという事実をどれだけ認識しているかだ」と指弾した若者も持っていた。彼は自分自身が米軍と日本人被爆者とアジアの犠牲者の間に広がる空間のどこにいるのかを確認する手間をてっとり早く省き、自分をアジアの被害者に憑依させてしまった。アジアの戦争被害者から見れば、日本の被爆者もアメリカの兵士もみんな「向こう側」である。加害者の側なのだ。だから安心して、「あなたは加害者だ」と非難することができる。

太田竜の気持ちよさもそうだ。太田は『辺境最深部に向って退却せよ！』のなかで、「市民社会で生きている人々に寄生している社会主義者など、職業革命家ではない。彼らは単なる職業官僚だ」と吠《ほ》えた。辺境に住んでいる弱者に依拠すれば、加害者に近い側にいる市民社会やそこで活動をしている人たちもじっぱひとからげに「お前らなんか革命家じゃない」と断罪してしまうことができる。これはなんと気持ちの良い指弾なのだろう。つまりは「辺境最深部に退却」というのは身も蓋もなく言ってしまえば、こういうことなのだ。

「辺境最深部に退却し、そこから気持ち良く市民社会を見下ろせ！」

そして『戦場の村』から三年を経た本多勝一も、この気持ちよさにすっかり酔ってしまったのだった。

津村喬の苛立ちと反論

一九七〇年に『われらが内なる差別』を書いた津村喬は、この〈マイノリティ憑依〉へと転回して転げ落ちていくメディアの状況を、ずっと苛立って見守っていた。

そもそも彼自身の蒔いた種が、〈マイノリティ憑依〉を生み出してしまったという意識があったからだ。

彼は〈マイノリティ憑依〉というオーバードースを「代行主義」と呼び、『われらの内なる差別』を書いた前後から強く批判していた。みずからの「内なる差別」論が、つねにそういうもんどり打って転げ落ちる方向へと行ってしまう危険性があることを感じとっていたのだ。

彼は『われらの内なる差別』を出す前年に、レーニンが日韓併合について書いた文章を引用したおぼえがきのようなメモを書いている。

そのレーニンの文章というのは、次のような内容だ。

——アメリカがフィリピンを併合することに、ある日本人が反対運動を起こしたとする。その場合に問題となるのは、その反対運動は併合という植民地的な行為そのものに反対しているのであって、アメリカの代わりに日本がフィリピンを併合しようという野望があるのではないということを信じてもらわなければならないということだ。もしその反対運動を信じてもらいたければ、その日本人は日本政府の朝鮮併合に対してたちあがり、朝鮮の独立を要求しなければならない。それを実行した時にだけ、フィリピンの併合反対運動が誠実で公明正大だったと考えることができる。

この文章を引用して、津村は書いた。「これまでの連帯とか、国際主義とかが、今度の闘争を含めていつも想像上の外国人（とくに朝鮮人）を相手にしたものでしかなかったというチョッパリの会の指摘は、この意味できわめて深いものであった」

日本の学生運動は、そうやって想像上の外国人でしかない相手と「連帯しよう」と唱えてきた。それをリアルな在日の運動グループにある集会で指摘されたのだった。

つまりはここでも〈マイノリティ憑依〉である。

在日朝鮮人はサバルタンでしかなく、日本の学生運動の若者たちが勝手に彼らの言葉を代弁しているにすぎない。そうやって憑依して勝手に代弁し、幻想の在日の視点から何かを語ったって、そんなの語ってることにならないよ、と津村は何度も指摘しつづけたのだった。

そして彼は何度となく、

「もっと誠実にならなければいけない」

と言いつづけたのだった。

津村喬は二〇〇〇年代になってから、絓《すが》秀実との対談で、太田竜の思想をこう振り返っている。

「太田竜さんみたいな人は、とてもいい人なんだけど、沖縄行くとヤマトンチュ糾弾だし、北海道でアイヌのほうに行くと、自分たち数人を除くシャモ（和人）すべてがダメだってことになるし、玄米食べ始めると白米食べている人はダメだってことになるしね（笑）」

「アイヌの存在なり、沖縄の歴史的な経過なりが、その人のその時々の到達点に立って裁くために使われてしまうと、逆に非常に矮小《わいしょう》化《か》されてるっていう感じがして、これはついていけないいって思うと同時に、僕自身がそういう戯画になりたくないと、すごく思ったんですね」

これに対して絓はこう問い返している。

「だから、いわゆる成り代わり糾弾＝代行があのころはものすごく流行るわけですよね。もう津村さんの主観を超えて、津村さんの周囲の人間が皆やっていたわけですけど、それをご覧になっていてどんな感じがしました？」

「……そうですねえ……やっぱり忸怩《じくじ》たるものがありましたよ……そりゃ僕にも責任がありますからね」

私が二〇一一年夏に津村喬にインタビューした際も、彼は「残念」という言葉を何度もくり返していた。

彼は私にこう言ったのだった。

「ぼくが言っていたのは、自己拡張ということ。自己を拡張して、そのなかに異邦人を入れていくという論理だったんです。そうやって一歩一歩広げていけば、どこかで世界とつながっていくことが可能だと考えていました」

しかしそれは弱者を絶対化する原理主義的な方向へと進んでしまった。中心が自分ではなく弱者へとすり替わり、代理主義に走ってしまったのだった。

「ぼくはくりかえし、自己の枠を踏み越えて弱者の側に立つことはしない方がいいと書いたんです。でも社会の総体としては、贖罪意識の方が入りやすかったということなんでしょうね」

私は津村に聞いた。

「六〇年代末に差別される側への視点を持つという状況が徐々に整備されてきていた時に、『われらの内なる差別』が刊行されました。これが当時の左翼運動に強いインパクトを与えて、結果的に津村さんのあの本が代理主義へと走らせる引き金を引いてしまったということはありませんか？」

津村はわずかに苦渋の表情で浮かべたように思えた。

「党派的にはそうだったんでしょうね。ぼくはそれは全然意図していなかったんだけど」

そしてこう付け加えた。

「ぼくの反省としては、もっともっと議論したかった。でも当時はまだ青かったし、アジテーションばかりで議論するまでには至らなかった部分もあった」

とはいえ彼は七〇年代に入って、〈マイノリティ憑依〉に走った本多勝一に批判の刃を向けている。山口昌男との論争について、彼はこう書いたのだ。

「本多さんの文脈のなかでは、『殺す─殺される』という二項が、まったく無内容なメロドラマとして成立してしまう」

抑圧された民族の立場に、理念的に同化して「自分は批判の視座をつかんだんだ」と思い込んでしまうと、その瞬間にすべての言葉はメロドラマ的な情緒主義に陥ってしまう。そう津村は指摘したのだった。それはとほうもない気持ちの良さをもたらすことだけれども、でも一方で本来あるべき「自分の居場所を確認する」という作業を奪ってしまう。だからそれはある種のテロなのだ、と。

「殺される側」に立つことによる無限の優位性

そもそもわれわれはあらゆる局面で差別する側であると同時に差別される側で、侵略する側であると同時に侵略される側だ。

小田実の「被害者だから加害者になった」という〈被害者＝加害者〉論。

この論をさらに先へ進めれば、わたしたちは「被害者だから加害者になった」だけでなく、

「加害者であると同時に被害者である」

そして私たちはつねに、

「加害者と被害者の間のどこかの地点に立っている」

ということなのだ。決して被害者に「同化」はできないし、それは単に勝手に憑依しているにすぎない。本当は単なるひとりの人間なのに、狐憑《きつねつ》きによって自分は狐になったと思い込んでいるようなものだ。狐憑きは決して狐には同化できないのである。

だから津村は、本多が著書のタイトルにも使った「殺される側の論理」といういいまわしを強く批判し、こう書いた。「このような観念的な同化を前提とした報道のこちら側に可能なのは、『同情する側の論理』ではあっても『殺される側の論理』ではない」と。

ベトナム人や黒人とともに銃弾の下をかいくぐった本多は、「殺される側」を代表し、銃弾の下をかいくぐらないすべてのふつうの日本人に対して無限の優位に立って、説教することができた。

そのメロドラマの段階まで行ってしまえば、「自分がいかにしてマイノリティに近いか」を競争するようになるまではあと一歩だ。このレースに参加する者は、自分の優位性を競う。

「自分の方がマイノリティに近い」

「自分の方がマイノリティをよく知っている」

それはほとんど、「自分こそが神を代弁している」と競う宗教団体どうしのレースに近い。

そうして信者を多く獲得した方が、神に近い者として祝福されるのだ。

「つねに大衆の神話的領域にたずさわるジャーナリストは、コラコフスキー流にいえば、司祭かまたは道化かを演ずる。司祭が自分を道化と思い込むことも、時にはある。自分がエスタブリッシュメントからはじき出されていると思い、仮借なき批判者であると思い、実際部分的にはそうであったとしても、より大きな意味で同化作用に奉仕していることもある。この場合、司祭とは『同化する者』であり、道化とは『異化する者』である。

本多勝一は、仮借なく批判の身ぶりによって大衆のなかに入り込み、そして宣教師から司祭へとのぼりつめる」

津村はそう書いた。本多はそのようにして司祭へと上り詰め、当事者であるという俗世間の穢《けが》れから脱し、ひとり清らかな場所へと上り詰め、聖職者になってしまったのだった。

そもそもわれわれ人間は、つねに加害者と被害者の間の空間をうろうろと動いている。鳥でも獣でもないコウモリのような存在だ。シロでもクロでもない、グレーの存在だ。そういう中途半端な立ち位置を引きうけることは難しく、そしてそれは泥田《どろた》のなかでのたうち回るようなものでもある。

だがその中途半端な状態を「穢れ」と忌《い》まわしく感じ、そこから脱出しようと考えた時、われわれは社会のアウトサイドに出ることを選んでしまう。それこそが〈マイノリティ憑依〉の決定的な落とし穴だ。

人類学は本多の言うように、帝国主義的侵略の道具にされたこともあっただろう。だが人類学によって、西欧の価値観が本格的に破壊されはじめ、異民族どうしの歩み寄りがそこから始まったのも事実だ。当事者になるというのは、マイノリティに憑依することではない。マイノリティに触れることによって、人類学のフィールドワークのように、みずからの価値観を揺さぶられるような体験をするということなのである。本多にはその立ち位置の意味が、最後まで理解できなかったと思われる。

本多勝一は、この津村の重要な反論にはいっさいまともに答えなかった。津村は一九七一年秋から七三年秋にかけて「情況」「中央公論」「現代の眼」の雑誌で三回にわたって本多を批判した。しかし本多は翌七四年初頭、雑誌「潮」に連載していた（今も「週刊金曜日」で続いている）コラム「貧困なる精神」で、津村の名前をあえて書かずにこう非難しただけだった。

「なぜ氏名を出さないかというと、私がこうして数行にせよ『彼』氏の相手をすること自体が『彼』の目的なのだから、それに協力する必要はないであろう」「こうした『論客』用心棒に対しては『お相手をしているひまはない』と答える以外に、方法がないではないか」

この論争はもう歴史の彼方へと忘れ去られつつある。

津村喬も一九七〇年代の終わりごろからはジャーナリズムの世界から徐々に撤退していき、気功や食などをテーマにした文筆活動へとシフトしていった。これは彼が評価していた中国の文化大革命が実は大変無残なものであったことが明るみに出て、文革を率いた「四人組」が失脚していったことも引き金になっている。七六年の四人組失脚をもって、小田実の〈被害者＝加害者〉論で幕を開けた六〇年代の輝かしい思想は、いったん幕を下ろすことになったのだ。

だが津村の当事者性へのこだわりは、実はそうした気功や食へのコミットの中へと彼のなかでは昇華していた。身体性から政治を撃つこと。自分の身体存在のなかに、権力を発見するということ。そしてその権力性をほどいていくことによって、政治権力そのものの権力性を失わせていくこと。それは六〇年代の終わりごろから漠然と彼のなかに芽生えていた思想だったけれども、それが覚醒にいたるまでには十年近い年月を必要としたのだった。

たとえばリラクゼーションということについて、彼はこう語っている。

——気持ち良くなればいいというものではない。一生にわたる自分の緊張の鎧《よろい》を解けるかどうかが問題なのだ。たとえば会社に入ったら、社員教育のなかで強烈な演技指導を受けて、その会社に通用するような鎧を着せられる。そういう社会に適応するために身につける鎧。

津村は、そういう鎧にこそ権力の本質があると考えてきたのだった。だからその鎧をつかの間でも解いていくことができるかどうか。そういうベースを自分のなかに持てるかどうか。それこそが権力を掘り崩していくいちばん具体的なプロセスだと考えたのである。

　六八年に始まった革命は、警察に火炎ビンを投げたり、政権交代を求めたりということとは違う。生き方の革命。まさしく「命を革《あらた》める」ということなのだ。津村は「それは短い時間でできることではなく、何世代もかかる大きな転換のプロセスの第一歩だったと当初から考えていた。それがたまたま戦後高度成長の限界という歴史的時点で課題として浮上してきたというだけのことだ」という。

　その課題、そのテーゼは今もボロボロになりながら生き残りつづけている。

　さて本書は、ついに中核的な段階へと差し掛かってきた。このテーゼに、われわれは今こそ決着をつける時がきているのだ。

第五章

「穢れ」からの退避

沖縄・斎場御嶽。奥は三庫理

日本人はなぜ、〈マイノリティ憑依〉というパラダイムを引きうけてしまったのだろうか？　どうして小田実や津村喬が提示した〈被害者＝加害者〉論を継承できなかったのだろうか？

これには大きく分ければ、二つの背景がある。

日本人という民族的心象風景。

そして総中流社会が完成されつつあった一九七〇年代という時代状況。

この二つがからみ合って、〈マイノリティ憑依〉パラダイムを深く日本社会に浸透させていったのだ。

神は舞い降りてくる

私は前章の終わりで、〈マイノリティ憑依〉を神の視点と書いた。神の視点を得て、当事者という穢れを回避している、と。これは日本の伝統的な宗教心と呼応している。

それは本書のプロローグで書いた奈良・檜原神社の境内にみごとに象徴されている。

本殿が存在せず、鳥居の向こうの本来は本殿があるべき場所に、ただ空白だけが広がっている不思議な神社。この古代の宗教施設のあり方は、いったい何を物語っているのだろうか。

そもそも神社とはいったい何をするところなのか。日本の神道では、神々は空の上の高天原《たかまがはら》にいると考えられている。そして神々には姿もかたちもないから、いったい今どこにいるのかを人間の目でとらえることはできない。

神職は、神を呼び出して今この場所に来てもらうという「まつり」を行う。死や血のけがれを避けて身を清め、祝詞《のりと》で神に呼びかけ、柏手《かしわで》で神を招くのだ。

神々は、どんな場所に降りてくるのだろうか。

どこかの岩の上。あるいは、人の手で掃き清められた清浄な場所。

そういう場に、神々は降りてくると古代の人々は考えていた。だから神社のような永続的な建物はもともと日本の神道には存在せず、まつりのたびに人々はその場に神に降りてきてもらい、そこでさまざまな儀式を行っていたのだ。今のような立派な神社の建物は、後世のものだ。仏教が伝来し、仏像を納める巨大な寺院を建立《こんりゅう》するようになったことが神道に影響を与え、立派な社《やしろ》を生み出す結果になったのではないかとも言われている。

この神社の建物を表す社《やしろ》という言葉も、非常に興味深い。

民俗学者の折口信夫《しのぶ》は「古代では、神は、杜《もり》や山に祀《まつ》られた」「古代に遡ってゆけば、建て物のある神社はなかったと思う」と書き、こう続けている。
「やしろは、家代と言うことに違いない。しろは、材料ということであるから、家そのものではなく、家に当たるもの、家と見なすべきものということである。（中略）神の社というのは、今見る社ではなく、昔は所有地を示すのには、縄張りをして、野を標《し》めた。そこには、他人が這いいることも、作物をつくることもできなかった。神のやしろというのも、神殿が出来ているのではなく、空地になっていながら、祭りのときに、神の降りる所として、標の縄を張って、定めてあるところを言う。その縄張りのなかには、柱が立ててある」（「古代人の思考の基礎」一九二九年）

つまりヤシロは、建物を指すのではなく場所を指していたのだということを折口は言っているのだ。神々はいたるところに遍在する存在で、そこに意図的に空白の場所「しろ」をつくっておけば、そこに神がやってくるというのだ。つまりは、神社は神社の建物そのものが神々《こうごう》しいのではなく、その中心に神がやってくる空白の何もない空間がつくられていることが神々しいのだ。

神社の中心は、何もないからっぽの空間である。だからといって私たち日本人はその空っぽを勝手に神様だと勘違いしてお参りしているのではなく、その空っぽの空間に神が舞い降りてくるのを信じて、だからこそ神社の前で手を合わせてお祈りするのである。

こういう神様のまつりかたは、何も日本だけのオリジナルというわけではない。

たとえばイスラム教。仏教やキリスト教とは違って偶像崇拝を禁じていて、だから教会（モスク）の中心には神様や預言者の像などはいっさい置かれていない。ただメッカの方角を指し示すミフラーブというくぼみがあるだけだ。

メッカの中心にある神殿カアバも同じで、中には偶像などはいっさいいない。構造物と言えば、東の角に大きな黒曜石《こくようせき》がはめ込まれているだけだ。これは預言者イブフヒムが建立した際、天使が運んできたと伝わっている石なのだ。

イスラム教徒にとってのカアバは、祈る対象ではない。あくまでも神との間で会話するための、その会話の伝送路となっているのがカアバという建物である。そういう意味合いなのである。

これは日本の神道の発想ときわめて似通っている。でもイスラムでは神は唯一絶対であるのに対し、日本の神々は八百万《やおよろず》もいるという大きな違いがある。

そして日本の神々は、いろんな場所をふわふわと浮遊している。そして人間が身を清めて一心に祈ると、目の前に用意されている「空白」の場所へと舞い降りてきてくれるのだ。

そして三輪山のふもとにある檜原神社は、この原初の形態を今に伝えている数少ない社なのである。

それが日本の神社の原初の形態だった。

本殿も拝殿もない神社の隠された意味

檜原神社は、三輪山の山中奥深くにある巨石群をご神体にしていて、三輪鳥居の奥には神籬と呼ばれる神様がやってくる場も用意されている。だから本殿も拝殿もいらない。いっときはつくられていたこともあるが、江戸時代に台風でこれらの建物が壊れてしまった後はいっさい再建されず、古代の姿に戻ったままで現在に至っている。

このような社は、日本のあちこちに残っている。本州だけではない。

たとえば沖縄の御嶽《うたき》。東方にあるニライカナイという海の彼方の異世界から、神はやってくる。その神が来訪する場所としてまつられている。

御嶽のなかでも観光名所と知られているのは、斎場《せいふぁ》御嶽だ。沖縄本島の南東の突端、島がカギ上に東に曲がったその先の森の中。駐車場に車を置いて、観光案内所のようなところで入場料を払い、深くて濃い緑の森の中を歩いて行くと、やがて巨人な岩石を無造作に立てかけたような場所に突き当たる。

　十数メートルもありそうな巨大な鍾乳石《しょうにゅうせき》、そこに別の大きな板状の鍾乳石がもたれかかっていて、その間はV字の暗い洞門の空間になっている。これが三庫理《さんぐーい》と呼ばれる礼拝所だ。洞門をくぐると、光が射す不思議な場所にたどり着く。ぽっかりと開いたそこからは海が見え、その先には久高島《くだかじま》が見える。琉球のはじまりをつくったといわれる創世の女神アマミキヨが降臨した、聖地として名高い島だ。

　この三庫理の洞門のなかにたたずんでいると、とても不思議な気持ちになってくる。礼拝する「相手」のようなものはそこには存在しない。ただ静謐《せいひつ》な空間が広がっているだけなのだ。

　そしてしばらく後に、あることに気づく。何かを礼拝するのではなく、礼拝する「相手」そのものがこの空間であり、その「相手」のただ中に今自分が立っているのだということに。つねに神は空白の場所にやってきて、しかし姿は見えず存在も認識できない。私たちはそこにたぶん神がやってきてくれているのだろうと信じ、その「ただひたすら信じること」をたったひとつの頼りとして古代から宗教心を養ってきたのだ。

だから沖縄の御嶽にも、檜原神社と同じようにご神体も本殿も拝殿も、建物は何もない。鳥居さえももともとはつくられていなかった。

ただその「場」を用意する。それこそが私たち人間のできる唯一のこと、というのがもともとのこの日本列島の島々の信仰心だったのだということなのだ。

何もない空間の絶対性

そもそも日本では、神は八百万であり「つねにそこにいる存在」としてとらえられてきた。全知全能の一神教ではなく、無数の神があちこちに漂っているような、そういう存在形態。たったひとりの全能の神が、すべての場所に同時に存在しているわけではない。日本の神は蝶かなにかのようにふわふわとあちこちと飛び歩いていて、小さくなったり大きくなったり、自由自在にこの空間の中を遊び歩いているというようにイメージされている。「米粒のなかにも七人の神」という表現もある。これは米粒のなかに神がつねにいるということではなく、神は時には小さくなって米粒のなかに入り込んでいることさえある、という意味なのだ。

「山の神」や「海の神」という言葉も。

これは山や海そのものが神とされてきたと同時に、山や海のいたるところに目に見えない精霊としての神がいるという意味でもある。その神はウミヘビやサメ、オオカミといった動物のかたちをとることもあり、さらにはもっと大きな天上の太陽や月や風や雷や火もすべて神であると考えられていたのだ。

さらにはこういう自然界だけでなく、人の生活に関係のあるような場所。たとえば用水路が分岐する場所とか家の門戸、畑をつくる土地にも精霊がいる。さらには食物そのものにも神がいるし、人の血にも神がいるとさえ考えられてきた。

だから神をまつる神社は、つねにそこに座っている神をまつる固定化されたものではなく、そこに空白をつくって神を呼び寄せる場所として機能してきたのである。

この何もない空間、空白こそが、「絶対」にほかならない。

この「絶対」は、空白であるがゆえに傷つけられず、汚されることもない。

この空間がたとえば何かの偶像とか構造物であったりすると、それはいずれは盗まれたり、傷つけられたり、経年変化で汚れたりしてしまう。しかし空白は何もない空間であるがゆえに傷つかず、永遠に無垢のまま存在しつづけることができる。空白であるがゆえに、強い存在。そうやって「絶対」はますます、その絶対性を強固にしていくという構造になっているのだ。

神はつねに外から来て外へと帰っていく

そしてこの「絶対」は、アウトサイドである。外からやってくる「絶対」なのだ。

伊勢神宮の式年遷宮《しきねんせんぐう》をご存じだろうか。

この古い神宮では、二十年ごとに神社の建物を建て替えている。古い建物は解体され、新しい建物に神様は移動し、つねにピカピカの新しい神社に鎮座しつづける。

普通に考えれば、せっかく建てた伝統と由緒のある建物をなぜ消滅させていくのかと誰もが思う。しかしこれも先ほどの「何もない空間の絶対性」を考えればすぐに納得できる。つまり建物をつねにリフレッシュしていくことで、その中心にある空白の絶対性が浮かび上がってくるのだ。

もし建物をそのまま何百年、何千年も残してしまうと、その建物自体が神性を帯びてしまう。しかし建物は神ではない。神は空白そのものなのだ。だとすれば建物自体に神性が付着してしまうのは間違いだ。

だからその絶対性を剥ぎ取り、「空白」の絶対性をつねに確認していくための手段として、式年遷宮という手法がとられている。

神社で使われるものに、素っ気ないほどにミニマルで素朴な白木や素焼きの陶器が多いのも同じだ。新品であり、一回限りの使い捨てであることによって、それらのものを使う神様の絶対性が担保されている。

神は日常をともにすごす存在ではなく、晴れやかな日に決まってやってくるお客さん。

これを折口信夫は、「まれびと」と呼んだ。

稀にしかやってこない人――。

漢字で書けば「客人」。

死者の住む常世には、神様や祖先が住んでいる。毎年のお盆の時期になると、祖先の霊がそこからやってきて人々を祝福してくれる。年に一度しか祖霊はやってきてくれない。稀にしか来ない人たちなのだ。

さかのぼれば、それは古代の村において、外部から情報をもたらす旅人や漂流者が「まれびと」の原型だったのかもしれない。

日本人は、どこかからやってきた神様をお迎えし、丁重に応対し、そして最後はお帰りいただくということをつねに続けてきた。この三つの過程のどれが欠けても、神様の送り迎えを無事に終わらせることはできない。

神様がやってくる時には、人々に対して何らかの兆候のようなものが示される。これが「たたり」。今では悪いイメージに転化しているが、もともとは出現の際に神が見せる威力のようなものを指した。「たたり」は「立つ」と同じ語源で、現れるというような意味だったのである。そして特に顕著なたたりとして記録されているのは、地震や噴火、台風、疫病《えきびょう》といった災害だった。

このような災厄が起きると、それは神様がやってきたことの兆候であると人々は判断し、そして神は「まつられる」ことを期待しているのではないかと考えた。つまりそこで神様をもてなし、天上に戻っていただいて、それによって災害を鎮めて豊かで平和な暮らしをもう一度取り戻すことを得ようと考えたということなのだ。

すなわち神は、来ていただく大切なお客さんであると同時に、いつかは天上へと帰っていただかなければならない存在でもあったのである。

神様はあくまでも私たちの日常の外からやってきて、一時的に滞在していつかは帰っていく人たち。

つまり言ってしまえば、神は「異邦人」でもあったのだ。

ハレの日に客が来て、私たちの日常は賑やかで新鮮な空気に一変する。ふだんは食べられないようなご馳走《ちそう》が並べられる。そして旅人でもある来客は、珍しく面白い話をもたらしてくれる。

来客の話は、新鮮な活気を私たちの退屈な日常へと吹き込んでくれるのだ。

しかしこの新鮮な活気、新たな刺激は、実のところ彼ら来客が私たちとはまったく違う「異邦人」であるからこそ実現できるものなのだ。謎めいていて不透明で、なにか暗い異空間のようなものを背負った異物であるからこそ、私たちの退屈な日常は刺激を受けるのだ。

こういう「絶対」と「異邦人」の両面性。

絶対であると同時に、よそ者でもあるという矛盾。

そういう不思議な感覚が日本の神道には色濃くある。そしてこの「絶対」へのこのような信仰は、現代の私たち日本人のメディア感覚へ、見えない導線によって接続されている。

前章を思い出してほしい。

一九七〇年の〈マイノリティ憑依〉というパラダイムは、自分を絶対的な被害者と同化させ、加害者を「あなたは悪だ」と責めることができるようにした。

自分が本当は加害者の一部でもあるということが忘れ去られていくということ。それはすなわち、自分がこの社会のインサイダーであることを引きうけるのではなく、アウトサイドへと退避することにほかならない。アウトサイドに退避し、アウトサイドの異邦人に憑依する。それによって自分は、「アウトサイドからの視点」という第三者の立ち位置を手に入れるのだ。

アウトサイドの神としての視点——。

これはまさに、異邦人として外部からやってくる絶対的な神にほかならない。つまりアウトサイドの異邦人に憑依するという行為は、それは絶対的な神に憑依するという行為と一体化しているのである。

異邦人への憑依。

絶対的な神への憑依。

異邦人に憑依することによって、私たちは「絶対」を社会の外部に求めてしまったのだ。

汚れた人間社会、清浄な神の領域

神が舞い降りる空白は、穢れのない清浄な場所である。

しかしこのような穢れのない場所は神にしか許されない場所であり、ただの人間がいられるところではない。人間の社会はつねに汚れている。

日本の戦後社会もそうだ。戦後は、そのスタートから「清浄」ではなかった。思いきり汚れていた。しかし日本人はその穢れに耐えられず、自分たちを清浄で無辜な存在であると考えようとした。それは第二章で述べたとおりだ。

ボタンの掛け違いは、そこから始まっている。

太平洋戦争敗戦から高度経済成長の六〇年代にいたるまで二十年間、日本人は自分自身を「軍部に騙された無辜の庶民」ととらえていた。男たちは戦争に駆りだされて中国戦線や南方戦線で酷い目にあわされ、そして女や子供、高齢者は内地で空襲や原爆や、あるいは飢餓にもだえ苦しんだ。そういう徹底した被害者としての意識だけが、六〇年代までの日本で共有されていた空気感だったのである。

しかし、そこには自分たちとともに戦い、死んでいった膨大な日本兵への視線が欠落している。彼らは太平洋戦争を聖戦と信じて戦死した。あるいは負け戦だとわかっていても、それでもそれが母国の同胞を守るのだと信じ、時には自分たちの死が日本国民を目覚めさせるのだと信じ、死んでいったのだ。

この、戦死した日本兵の英霊という存在。

批評家・加藤典洋は、彼らに対して戦後の日本人が抱いた感情を「深い悲哀と後ろめたさ」と指摘した（『さようなら、ゴジラたち』二〇一〇年）。

クリント・イーストウッド監督の二〇〇六年のアメリカ映画『硫黄島《いおうじま》からの手紙』を思い出したい。全編日本語で日本人が主人公のこの映画では、太平洋戦争末期の硫黄島の戦いが描かれた。わずか二十二平方キロメートルしかない小さな島を守る二万人の日本軍守備隊。これに対してアメリカ軍は十五万の兵を動員して上陸作戦を敢行した。

しかし絶対的な制海権と制空権を持ち、物量や装備などすべてに圧倒的だったアメリカ軍に対して、硫黄島守備隊は一か月半も防衛を続け、最後に司令官ともども兵士の大半が玉砕して終わる。

なぜ絶対に勝てるはずのない戦いに、降伏という道を選ぶことなく日本兵たちは戦ったのか。それは本土への攻撃を少しでも遅らせて、同胞を救わなければならない、そして終戦交渉を有利に進めてほしいという強い思いを、栗林《くりばやし》忠道《ただみち》陸軍中将をはじめとする指揮官たちが抱いていたからにほかならない。

だから栗林中将は単純に自決することを厳禁し、苦しくても生きて戦いつづけることを部下たちに指示し、そして地下壕《ちかごう》を張り巡らせてゲリラ戦を延々と続けたのだった。

あるいは戦争末期、沖縄に向けてまったく何の希望もないまま出撃した戦艦大和。この最後の戦いで海軍少尉として乗り込んでいた吉田満が書いた記録『戦艦大和ノ最期』には、次のようなシーンが書かれている。

――大和が絶望的な航海へと出撃し、士官室には若い士官たちが集まっている。彼らは、この出撃はほとんど軍事的な意味はなく無意味な自殺行為だという意見で一致している。しかしこの時、兵学校出身で叩き上げの軍人である臼淵《うすぶち》磐《いわお》大尉がぽつりと口を開く。

「進歩のない者は決して勝たない。負けて目覚めることが最上の道だ。日本は進歩ということを軽んじ過ぎた。私的な潔癖や徳義にこだわって、本当の進歩を忘れていた。敗れて目覚める、それ以外にどうして日本が救われるか。いま目覚めずしていつ救われるか。俺たちはその先導になるのだ。日本の新生にさきがけて散る。まさに本望じゃないか」

この言葉に、あえて反駁《はんばく》する者は誰もいなかったという。

しかし残念ながら、日本人はそんなことでは目覚めなかった。目覚めるどころか、「私たちは悪いことは何もしていない。軍部に騙されたんだ」と言いつのり、彼ら戦死者を忘れ去った先に、戦後の繁栄を築き上げたのである。臼淵大尉は戦艦大和の沈没とともに戦死し、そして彼の死はただの犬死にとして終わったのだ。

そこには大きな「後ろめたさ」が遺されている。

この犬死にに対して、戦後の日本人は誰も返答できなかった。

われわれの戦後社会は、戦後日本のいしずえになるために亡くなった三百万人以上の戦死者への後ろめたさの上に成り立ったのだ。そしてこの後ろめたさは、日本の輝かしい戦後社会を薄く広く覆う「染み」のようなものになった。戦争経験を持っていたほとんどの日本人が、口にはしないけれどもどこかで気にしつづけているある種の違和感として、戦後の社会に引っかかりつづけたのである。

この染みは隠されていたけれども、薄汚れていた。われわれの繁栄が、実はそうした戦死者への追悼《ついとう》を置き去りにしてきた後ろめたさという「穢れ」として。

この穢れは、無意識下へと隠されていた。要因は二つある。ひとつは高度経済成長という物質的な繁栄。そしてもうひとつは、革新対保守という五五年体制下の二軸対立の図式。この二軸対立の下では、マルクス主義という穢れのない理想社会が革新の理念として提示され、その理念に向かってまっしぐらに突っ走っていけば、その先には清浄な未来が拓けていると信じることができたからだ。つまりはこのような革新の清浄な「大きな物語」によって、戦後社会の穢れた後ろめたさを覆い隠してしまうことができたのである。

革新の清浄な理念が信じられていた戦後社会では、後ろめたさは覆い隠され、そしてわれわれ自身がどのような立ち位置にいるのかという、本質的な質問を突きつけられることもなかった。五五年体制という構図のなかで「社会主義への道を拓こう」「革新勢力を結集して」と叫び、革新対保守という二軸対立の構図のなかに自分を位置づけておけば、それで済んでしまっていたからだ。

ところがこの後ろめたさの隠蔽《いんぺい》は、一九六〇年代半ばに突然綻《ほころ》びが見えるようになる。今まで隠されていた戦後社会の「染み」が、突如として薄汚いものとして可視化されたのだ。

戦死した兵士たちをどう扱えばいいのか？

なぜか？

あるひとつのスイッチが押され、ずっと眠っていた起爆装置が始動してしまったからだ。

「われわれは太平洋戦争の英霊たちへの後ろめたさを隠して戦後の繁栄をつくり上げてき

た」という原罪意識が立ちのぼってくるための起爆装置。

そしてこの起爆装置のスイッチを押したのは、小田実と津村喬だった。

小田実が〈被害者＝加害者〉論を語り、その先で津村喬が「われらの内なる差別」論を展開した時、日本人はアジアへの侵略と、そしてアジアの死者二千万人に対して加害者として向き合わなければならなくなってしまったのだ。

そしてアジアの二千万人の死者と向き合うことによって、もうひとつの大きな過去の幻影とも向き合わなければならなくなってしまったからだ。

「アジアの二千万人の死者に日本が加害者として謝罪するのであれば、ではわれわれは同胞の三百万人以上の日本兵戦死者とは向き合わなくてもいいのか？」

そういう刃《やいば》を突きつけられてしまったのである。

これは大いなるジレンマだった。日本人はアウトサイドに異邦人としての弱者を発見したとたんに、今度はインサイドの異邦人である日本兵戦死者とも向き合わなくてはならなくなってしまったのだ。

内なる日本兵戦死者はアジアへの侵略者でもある。彼らは中国や東南アジアに出征し、現地で多くの人を殺した。アジアの死者二千万人の多くは、戦死した日本兵たちの爆撃や戦車、小銃によって殺された人たちだ。しかし戦死した日本兵たちは同時に、母国にいる同胞日本人を守るために出征した人たちでもある。彼ら英霊を無視し、アジアの死者二千万人への加害者意識を口にすることは、あまりにも軽い。

そしてまさにこれは、一九六四年に高校生だった津村喬が中国大陸で直面したジレンマだ。実のところ、小田実の〈被害者＝加害者〉論には、無意識的な欠落があった。日本人は戦争被害者であり、同時にアジアや在日への戦争加害者だった。しかし小田は言わなかったけれども、日本人は同時に侵略者である兵士たちを鎮魂しなければならない彼らの同胞でもあったのだ。

被害者。

加害者。

侵略者の鎮魂者。

この三つの立ち位置を、みずからのなかで消化して吸収し、そして絶妙なバランスで立ち位置を定めていく。そんなことが本当に可能なのだろうか？

では、この大いなるジレンマをどう引きうければいいのか？　この穢れをどう回避すればいいのか？

そう、もうおわかりだろう――〈マイノリティ憑依〉こそが、このような二律背反の追い詰められた状況のなかで生み出された突破口だったのだ。

まれびとである神の視点へと移動することによって、「加害者でもあり被害者でもあり、そして同時に侵略者の鎮魂者でもある」というあり得ないねじれの立ち位置を、われわれは回避することができる。回避し、社会のアウトサイドにある絶対的なポジションに立つことができる。

異邦人に憑依することによって、われわれはインサイドではなく、円環の外のアウトサイドへと出てしまう。つまりは絶対的な神の視点を得ることができるのだ。まれびととなるのだ。

本来われわれは絶対者ではない。絶対的な悪でもなく、絶対的な善でもない。その悪と善の間の曖昧でグレーな領域に生息している。しかしそのグレーな領域で互いの立ち位置を手探りでたしかめている状態、その状態こそが当事者である。われわれはそういうグレーな領域のなかに生息することでつねに当事者としての立ち位置を確認する。

グレーな領域こそが、インサイダーの本質なのだ。そしてこのグレーを引きうけることこそが、社会をわれわれ自身で構築するということにほかならない。

しかし戦後社会のスタート地点は、被害者と加害者と侵略者の鎮魂者という三つの立ち位置を同時に共有することを強要し、それに耐えられなかった日本人はこのグレーの領域から退避せざるをえなかった。

これは実に、実に不幸な流れである。

戦争経験を持ち、戦後社会を生きた戦前・戦中派の日本人たちは結局のところこの呪縛からは最後まで逃れられなかった。彼らが中高年となった一九七〇年代から八〇年代にいたるまで、このような退避的精神が日本社会を覆っていたのだ。

異邦人への憑依によって日本人はインサイドから外へ出た。当事者であることを捨て去った。それは気持ちの良い神の視点の獲得だが、しかし何ももたらさない。

しかし戦後社会を戦死者への後ろめたさからスタートさせたわれわれにとっては、それは約束された宿命だったのである。

そして〈マイノリティ憑依〉は宿命であったと同時に、総中流社会を補強するための精神的支えにもなった。それが〈マイノリティ憑依〉が一九七〇年代以降のパラダイムとして定着した第二の要因である。次章ではそれを解き明かそう。

第六章

総中流社会を「憑依」が支えた

アル・ジョルソン主演『ジャズ・シンガー』
（ワーナー・ホーム・ビデオ）

世界で初めての記念碑的なトーキー映画『ジャズ・シンガー』。そのクライマックスシーンでなぜ主演俳優は顔を黒塗りにし、黒人の扮装をしてスクリーンに登場したのだろうか？

その謎をここで解明しよう。

ジャックを演じたアル・ジョルソンは日本では今は忘れられているが、アメリカのショービジネスの礎《いしずえ》をきずいた二十世紀初頭の偉大なエンターテイナーだった。

そして実は、彼はこの映画に出演するずっと前から、黒塗りの黒人風メークを売りにしていた。だから当時の映画の観客にとっては、アル・ジョルソンが出演するのであればそりゃ黒塗りだろう、という当たり前の受け止め方だったのである。つまりは不思議でもなんでもなかったということなのだ。

とはいえ、これで謎解きが終わるわけではない。

さらに疑問が湧いてこないだろうか。

ではなぜ、人気スターのアル・ジョルソンは黒塗りの顔で歌っていたのだろうか？　二十世紀初頭というまだ人種差別の激しかった時代のアメリカで？

アル・ジョルソンの人生

アル・ジョルソンはユダヤ移民だった。生まれたのは一八八六年である。帝政ロシアの支配下にあったリトアニアの出身。父親は教会の聖歌隊長を務めていたユダヤ人のラビで、五人兄弟の末っ子だった。

ジョルソンが八歳の時、一家はニューヨークに移住する。帝政ロシア末期のこの時代、東欧は経済も社会も酷い状態になっていて、ユダヤ人の多くは住み慣れた土地を離れてアメリカや西欧に移住していたのだ。

しかしアメリカでの生活も苦しかった。父はシナゴーグ（ユダヤ教会）で仕事を見つけたが、母は移住直後に亡くなり、これによって一家は大変な困窮《こんきゅう》に陥る。

アルと兄のハリーは毎日のように街角で歌っては、小銭を稼いだ。でも家庭に金を入れて、生活費の足しにしていたわけではない。稼いだ小銭の大半を国立劇場のチケットに費やしていたのだ。こっそり音楽を聴きに行っていたのである。

十六歳になって、アルはサーカス団に案内係として雇われた。団長はさんざん街頭で歌っていたアルの歌唱力にすぐに目を付け、彼を歌手として引き上げた。ここからアルのシンガー人生が始まる。

彼はサーカス団やキャバレーでのショーなどを転々としながら、歌手としての腕を磨いていった。しかしアルがスターダムにのし上がる直接のきっかけとなったのは、なんと言っても黒塗りだった。

アルが黒塗りを始めたのは、一九〇〇年代初頭にブルックリン劇場に出演していたころだ。まだ十代の終わりごろだった。

なぜ黒塗りを思いついたのかははっきりしていない。一九四六年につくられたアルの伝記映画『ジョルソン物語』には、こんな風にその時の話が描かれている。

——アルは思春期に入って声変わりを迎えた。声が出なくなって舞台で立ち往生しそうになった時、とっさに口笛を披露する。この口笛が人気を呼んで、十代のころは彼は口笛奏者として名を馳《は》せるようになっていた。

でも彼は本当は歌を歌いたい。でも劇団の座長は「お前は口笛が人気なんだ」と歌を許してくれない。

そんなある日、黒塗りで黒人風の歌唱を売りにしていた仲間のトム・バロンが競馬で大穴を当て、公演の直前だというのに楽屋で泥酔《でいすい》してしまう。彼を何とか起こそうと必死に顔を叩くアル。手に付いてしまった黒塗りの墨を見て、アルはふと「トムの身代わりに舞台に出てやろうか」と考える。自分も黒塗りにして、座長にばれないようにこそこそと舞台の袖へと忍び込む。

そうして彼はまんまとトムの身代わりとして舞台で歌を披露したのだった。

偶然にもその時、著名なブロードウェーの興行主ルー・ドッグステーダーが公演を聴きに客席にやってきていた。アルの歌を聴いて感激し、楽屋を訪ねてくる。トムの身代わりだったことを隠し通そうとするアル。しかしドッグステーダーは、アルの耳の後ろに墨が残っているのにめざとく気づき、歌っていたのはアルだったことを知る。

「来週から私の一座に加わりたまえ」

そうしてアルは、著名な劇団ドッグステーダー・ミンストレルズに晴れて入団したのだった――。


あまりにも話ができすぎているので、たぶんこれはフィクションだろう。しかしアルが一九〇九年にドッグステーダー・ミンストレルズと契約したのは史実である。

この劇団はどのようなものだったのだろうか。劇団の名称に「ミンストレルズ」とある。このミンストレルというのは、実は特定の芸能を表す一般名詞である。具体的にいえば、顔を黒塗りにした白人が、ステージの上で歌や踊りやコントを披露するというショーの総称だったのである。

発祥は一八三〇年代だ。

先駆者のひとりとして知られているT・D・ライスという演者がいる。身体に障害を持つ黒人の動きにインスパイアされ、くねくねと全身の動きを黒人風に誇張した歌とダンスで人気を博した。ライスの演じるキャラクターにはジム・クロウという名前まで付けられていたほどだ。もともとはニューヨークの劇場でエキストラを演じていただけの大部屋俳優だったライスはこれで注目を集め、東海岸の大きな街のステージを回るようになり、さらには大西洋をわたってロンドンやパリでも公演するまでになった。

このライスの演じたジム・クロウをきっかけに、ミンストレルショーは全米各地に広まった。芸人も増えて、北部の洒落《しゃれ》た黒人をキャラクター化したジップ・クーンや、無知で暴力的なオールド・ダン・タッカーなど、さまざまなキャラクターが生まれた。歌や踊りに加えてちょっとした劇が演じられることが多く、そうしたなかでは奴隷たちはみな純粋無垢で、白人の主人のもとで幸せに暮らす姿が描かれた。いっぽうで当時台頭していた奴隷廃止を訴える人々は、卑劣な偽善者や臆病者《おくびょうもの》として描かれた。あまりにもわかりやすい二項対立である。ちなみにアメリカで憲法が改正されて奴隷制度が廃止されるのは、ミンストレルショーが流行してしばらく後の一八六五年のことだ。

ミンストレルショーは今となっては、忘れ去られた前世紀の遺物でしかない。しかしアメリカのポップミュージックはここから始まったと言ってもいい。なぜなら「スワニー河」「おおスザンナ」「草競馬」などで知られ、アメリカ音楽の父と呼ばれているスティーブン・フォスターの代表曲のほとんどは、このミンストレルショーのために作曲されたものだからだ。

一方でこのおぞましい芸能は、当然のようにアフリカ系の黒人たちにとっては不愉快きわまりないものだった。当時はまだ奴隷制があったから、サバルタンである彼らの声は歴史にほとんど残っていない。ポピュラー音楽研究者の大和田俊之は、当時もっとも著名だった黒人指導者のひとりフレデリック・ダグラスのコメントを紹介している（『アメリカ音楽史』二〇一一年）。

「彼らは白人社会の汚れたクズのような存在であり、生まれつき与えられていない皮膚の色を金儲けのために我々から盗み、白人の仲間たちの堕落した趣味に媚びている」

黒人に扮して歌い踊る大衆文化の末裔として

この大衆文化の末裔《まつえい》として、二十世紀初頭の不世出の歌手アル・ジョルソンの存在があり、世界で初めてのトーキー映画『ジャズ・シンガー』のクライマックスシーンがあったのだった。

しかしアルは人種差別主義者ではなかった。それどころか、徹底して人種差別に反対しつづけたひとりだった。彼が活躍した一九二〇年代は、人種差別が猛威を振るった時代として記憶されている。たとえば白人優位をアピールする組織「K《クー・》K《クラックス・》K《クラン》」には当時、アメリカの有権者の一五パーセントにも上る四百〜五百万人の白人男性が加入していたと言われている。

映画の世界でもそうだ。『ジャズ・シンガー』に十余年さかのぼる無声映画の傑作、D・W・グリフィス監督の『国民の創生』には白人優位主義があからさまに描かれている。KKKを正義の味方として取り上げ、さらには選挙権を与えられた黒人が議会に進出したため、議事が混乱するというようなシーンが登場するのだ。

そういう時代状況のなかで、アルの「反差別」の精神はきわだっていた。みずからの本拠地ブロードウェーでは黒人が舞台に立つことがタブーとなっていたが、彼は黒人の脚本家の作品を起用し、登場人物がすべて黒人という異例のキャスティングの舞台を初めて実現してしまう。また黒人のダンスチームを買収し、ブロードウェーのショーに登場させたこともあった。あるときには、特段知り合いでもない黒人作曲家二人がコネチカット州のレストランで入店を拒否されたという話を新聞記事で読み、彼らを探し出して高級レストランのディナーに連れ出したこともある。そして「俺たちを追い出す店があったら鼻に一発お見舞いしてやるぜ」と息巻いた。

だからアルにはたくさんの黒人の友人がいて、黒人居住区ハーレムのナイトクラブに入店を許された唯一の白人と当時言われたほどだった。アルの葬式には、黒人の舞台俳優や歌手たちが参列し、彼の英雄的な行為に対する賛辞をつぎつぎと述べたという。

そしてアルは、ジャズやブルース、ラグタイムなどの黒人音楽を白人社会に広く紹介した最初のひとりでもあった。伝記映画『ジョルソン物語』でも、それは印象的なシーンとして描かれている。ドッグステーダー・ミンストレルズに入団してしばらく経ったころ、彼は巡業で訪れたニューオーリンズの街を散策していて、どこからか斬新な音楽が聞こえてくるのを耳にする。近寄ってみると、倉庫のような暗がりで演奏していたのは黒人たちだった。舞台の出番が迫っているのも忘れ、彼らのジャズの演奏に聴き惚《ほ》れてしまう。

出番をすっぽかしたアルは、劇場に戻ってドッグステーダーに熱っぽく訴える。「すごい音楽を見つけたんですよ。葬式や結婚式で作曲しながら弾くんです。歌詞も曲も即興でつくっていくんです。百倍素晴らしいですよ」

ドッグステーダーは「葬式？」と呆れた表情だ。出番をすっぽかしたアルに怒っているのだ。そうしてアルはとうとうドッグステーダーに首を言い渡されてしまう。

「探し求めてる音楽を見つけたまえ」

しかしこの解雇は、アルにとって大きな転機となった。彼はこのしばらく後、ニューヨークにオープンしたウィンターガーデン劇場に出演するチャンスを得て、これが契機となってまたたくまにスターダムに上りつめることになったからだ。彼は満員の観客席を前にスティーブン・フォスターの古い曲を黒塗りで歌い、そしてこのあとはもう破竹の勢いである。

のちに『ジャズ・シンガー』における世界で初めての映画での発声となる「お楽しみはこれからだ！（You ain't heard nothing yet!)」という決まり文句は、このウィンターガーデン劇場での公演の際、アンコールでもう一曲披露する前に彼が発したものだった。

アルはアメリカのショービジネスの創始者であり、現代的なミュージカルを初めてつくり上げたエンターテイナーだった。またそれまでの歌手が舞台に立ってただ歌うだけだったのに対し、彼はそれをまったく別の派手なショーへと仕立て上げた。たとえば舞台から直角に飛び出す細長い「張り出し舞台」を初めて使ったのは彼である。縦横無尽《じゅうおうむじん》に舞台を駆けめぐり、観客は張り出し舞台で観客席の中央までやってきた彼の顔を流れる汗まで見て取ることができた。

さらにアルは「平日に劇場に来られない人たち」のためにと日曜日の公演をブロードウェーで初めて実現し、さらには過去に例のない地方公演も行った。観客層を広げ、ファンを増やしていくことに誰よりも熱心に取り組んだのだ。映画に出演したのも、その延長だった。『ジョルソン物語』には、映画出演を依頼しに来たプロデューサーに対してアルがこう聞き返す場面が出てくる。

「観客はどのぐらいいるんだ」

「五千万人だ」

アルは嬉しそうに言う。

「地方でも映画なら観られる。しかも同時に何百万人もだ。凄いじゃないか」

そうして出演した初めての音声映画『ジャズ・シンガー』。黒塗りでのアルの熱唱シーンは黒人社会からも喝采《かっさい》とともに受け入れられた。「馬鹿にされた」「人種差別だ」と受けとめた人は少なく、逆にこの映画をきっかけにして黒人ミュージシャンの公演への道が拓かれるのではないかととらえられた。

ハーレムで刊行されていた新聞「アムステルダムニュース」は、『ジャズ・シンガー』公開に際してこう書いている。

「これまでにつくられた最も偉大な映画のひとつだ。有色人種のミュージシャンは誰もが彼を誇りに思うだろう」

アルの歌唱やボディランゲージはミンストレルショーの伝統にならって黒人を真似て、黒人の動きを戯画化したものだったけれども、彼のスタイルは逆に黒人ミュージシャンたちにも影響を与えた。たとえば「アル・ジョルソンは自分にとってのアイドルだった」と述懐しているジャッキー・ウィルソンはソウルの元祖ともいえる存在であり、そしてまたロックンロールに強い影響を与えた歌手のひとりである。

だから大きな流れのなかでとらえれば、アルは今にいたるアメリカのロックの源流をつくったとも言えるのだ。

なぜアル・ジョルソンは忘れられたのか

しかしアル・ジョルソンは国民的スターだったにもかかわらず、同じように偉大な歌手であるフランク・シナトラやエルヴィス・プレスリーなどとくらべれば、その名前はアメリカでも驚くほど語られていない。それは彼の業績が認められていないということではない。そうではなく、彼の「黒塗り」という芸風があまりにも現代アメリカの「政治的な正しさ（ポリティカル・コレクト）」とそぐわないからだ。つまりは扱いづらいのである。

それは同じ時期の偉大な映画監督グリフィスの『国民の創生』があまり大きく扱われていないのと同じだ。グリフィスの最高傑作は、変な色のない『イントレランス』とされている。「黒塗りの白人歌手」や「ＫＫＫを賛美する映画」は恥辱《ちじょく》にまみれた裏面史であり、政治的にきわめて微妙なタブーなのだ。

しかし十九世紀後半から二十世紀初頭のアメリカの白人たちにとっては、ミンストレルショーはまったく違う意味を持っていた。

どのような意味だろうか。

実はミンストレルショーは、差別する側の白人のアイデンティティを獲得する場になっていたのである。

当時も今もアメリカの民族は多様だ。「白人」といってもイギリス系のアングロサクソンだけではない。アイルランド系、イタリア系、ドイツ系、ロシア系。さまざまな民族が当時のアメリカには流れ込んできていた。そういう状況のなかで、白人が黒人を演じるショーを皆で楽しむ。

見ている白人の聴衆たちも、演じる芸人の白人たちも、顔を黒塗りにしているのは「黒人ではない」ということを知っている。その「黒人ではない」という否定によって、逆に「われわれは白人なんだ」という抽象的な概念が浮かび上がってくるのだ。

多様な民族がいるアメリカでは「白人である」という概念は抽出しにくい。「白人だけどアイルランド系じゃないか」「白人だけどお前はアングロサクソンではない」と言われてしまう可能性があるからだ。

でも、皆で「黒人ではない」と言えば、それは「黒人じゃない、みな白人なんだ」ということになる。黒人という圧倒的な「非白人」の前では、白人の中の小さな違い――アイルランド系かドイツ系かアングロサクソンか――はかき消されてしまうということなのだ。

だからミンストレルショーが流行しはじめた初期のころは、出演する芸人にはアイルランド系が多かった。彼らは新大陸にやってきた白人のなかでは新参者で、移住が盛んだったのはミンストレルショーの勃興期と同じ一八二〇〜四〇年代である。

彼らアイルランド系移民はプロテスタントのアングロサクソンとは異なりカトリック教徒であり、そして「粗暴な人たち」「迷信深く怠惰《たいだ》で無知」と侮蔑的に見られていた。そういう差別される白人だったアイルランド系移民たちが顔を黒く塗り、黒人に扮することによって、逆に「おれたちも白人の仲間なんだぜ」ということを確認してもらえるようになる。

被差別者が、もっと差別されているさらに外部の被差別者に扮することで、差別する側に一変する。これは私が本書で解き明かしてきたのと同じ構造だ。つまりは〈マイノリティ憑依〉である。

線上には、三つの民族が並んでいる。

アングロサクソンの白人↓アイルランド系白人↓黒人

アイルランド系がアングロサクソンを見れば、自分たちは「下位」にいると感じてしまう。黒人よりは上だけど、アングロサクソンよりは下。せっかく白人に生まれたのに、上位の白人と同じとは認めてもらえない。そういう感覚だ。

しかし彼らは顔を黒く塗り、黒人に憑依することによって、自分の視点を黒人の側に移動させる。

視点を外部化するのだ。

黒人という最下部から見る上流は、まるで違って見える。アングロサクソンもアイルランド系も、みな同じように上流にいる。少しぐらい立ち位置は異なっているのかもしれないが、黒人の視点から見ればその違いはたいしたことはない。上流にいる人たちは「みんな白人」なのだ。

自動車王フォードに排斥されたユダヤ人

ミンストレルショーは奴隷制度が廃止された後も文化としては延命し、二十世紀初頭まで生き延びた。そして二十世紀には、今度は多くのユダヤ人がミンストレルショーに出演するようになる。この時代になると、新移民の中心はアイルランド系やドイツ系から、ユダヤ系やイタリア系、ロシア系へと移ってきている。つねにミンストレルショーを演じるのは、新参者の移民の役割だった。

そして、アル・ジョルソンは東欧からのユダヤ系移民だった。

そもそもユダヤ人に対する差別の歴史はきわめて古く、キリスト教の源流にさかのぼることができる。ユダヤ人から見ればイエス・キリストはユダヤ人の母から生まれたユダヤ人だったが、一方でキリスト教会から見れば、そのイエスを磔《はりつけ》にしたのもまたユダヤ人だった。カトリック教会の地位が固まる中世にはこの考え方が過度に傾斜し、十世紀にはドイツやフランスに在住していたユダヤ人が大量に虐殺される事件も起きた。ユダヤ人口の三分の一から四分の一が殺されるほどだったという。十三世紀までには、ユダヤ人はイエスを殺した罪によって永久に隷属《れいぞく》的地位に置かれるべきだという教えが、カトリック教会によって確立された。シェイクスピアの『ヴェニスの商人』に出てくるような「ユダヤ人は冷酷な高利貸し」といった描かれ方が、そのイメージをさらに助長していった。

清教徒が建国し、きわめて宗教的な社会であるアメリカもそうした「ユダヤ人排斥《はいせき》」の例外ではない。アルが生まれた十九世紀後半には、上中下の階層の別なく、あるいはプロテスタントとカトリックの別なく、社会全体に反ユダヤ主義が強まったと言われている。

たとえば一八六六年に起きたニューヨーク市内の火災では、「ユダヤ人が保険金目当てに仕掛けた」という説が流れ、大手保険会社がユダヤ系企業と保険の契約を結ばないことを決めた。また一八七九年にはアメリカユダヤ抑圧協会という団体が結成され、ユダヤ人を公職に選出しないことや、ユダヤ人作曲の音楽を演奏したり、ユダヤ人俳優が出演する劇場をボイコットすることなどを決議した。

この反ユダヤ主義は二十世紀に入っても続いた。この時代の反ユダヤの急先鋒としてよく知られているのは、自動車王のヘンリー・フォードだ。

フォードは一九一八年に地元デトロイトの地方紙「ディアヴォーン・インディペンデント」を買収し、この新聞に激しいユダヤ攻撃を行わせた。今でも反ユダヤの象徴としてときどきオカルト本などで取り上げられている『シオンの長老たちの議定書』（ユダヤ人が世界を支配する計画を立てているという偽文書）を、「ディアヴォーン・インディペンデント」がさかんに引き合いに出した。あげくに「ジャズはユダヤ人の国際的陰謀である」「短いスカートもユダヤ人の陰謀」「ロシア革命もユダヤ金融資本の計画」と呆れるほど馬鹿げた言論を大展開したのだった。

この背景には、東欧からのユダヤ系移民が十九世紀末に大量にアメリカ社会に流入してきたことがあった。彼らが力を蓄え、アメリカの経済や文化に大きな影響を与え始めたことに対して、他民族の古くからの移民たちが危機感を覚えたのだ。

アル・ジョルソンがアメリカにやってきたのは、まさにそんな時代の真っ只中のことだったのである。

彼が黒塗りで舞台に立つようになったのは、伝記映画『ジョルソン物語』にあるような単なる偶然だったのかもしれない。しかし彼はユダヤの血統に生まれてきたことによって、すでにその民族的アイデンティティと差別の構図のなかに埋め込まれる宿命だったのだ。だから彼は世界初のトーキー映画で「それは僕の心の中の人種の叫びかもしれない」というセリフを叫んだのだ。

アルは黒人の扮装をすることで、アメリカ白人社会の外側にいる黒人に憑依し、それによってアメリカ人となった東欧出身のユダヤ人であるみずからの立ち位置を再確認した。

アルだけではない。この時期にミンストレルショーに出演していた多くのユダヤ人たちは、黒人を演じ黒人に憑依することで、自分の白人としての立ち位置を確認し、白人のつくるアメリカ社会の中へと自らを定着させていったのである。つねにそうやって黒人は利用されてきたということなのだ。最下層であり社会の外部にいるサバルタンとして、憑依されるためだけに黒人のイメージは何度も何度も再利用されてきたということなのだった。

黒人への〈マイノリティ憑依〉

黒人は外部である。外部の視点から内側を照射するという行為は、つねにその内側の外殻の強固さ、内側の結束力の強さを確認するために行われる。そういう逆転的な構造が、ミンストレルショーからは浮き彫りになってきている。

そしてこれこそが、「黒塗り」の最大の意味だった。自分たちがれっきとした白人であり、この白人社会のまぎれもない一員であることを確認するため、あえて彼らアイルランド系移民たち、ユダヤ系移民たちは自分の顔を黒く塗り、黒人に扮した。

黒人への〈マイノリティ憑依〉。

そのようにして白人社会に対する外部からの視点を獲得することによって、彼らは自分自身の白人社会への帰属感を確認するすべとしていたのだ。

そして——もうおわかりだろう。

この構造は、そのまま前章で述べたような在日や華僑という他者の視点への憑依にそのままスライドして重なり合っていく。

なぜマイノリティへの憑依という構造が、これほどまでに短期間のうちに日本社会に広がったのか。

もう一度振り返ってみよう。一九六〇年代初頭まで、日本社会には在日や華僑、アイヌ、そして侵略されたアジア諸国といった弱者への視点はほぼ完璧に欠落していた。この欠落していた視点がついに獲得されるのは、一九六六年夏に小田実が〈被害者＝加害者〉論をとなえた時のことである。

小田が敷いたこのレールを、一九七〇年にはまだ早大生だった津村喬が「われらの内なる差別」として学生運動の世界へと引き込み、それは華青闘の「七・七告発」として結実し、ここで一気に弱者の認識は大きなパラダイムと化した。

だが現れたとほぼ同時に、この弱者視点はオーバードースし、〈マイノリティ憑依〉へと転化していってしまう。そして〈マイノリティ憑依〉に陥ったこの地平は、以降四十年以上にもわたって日本のメディア空間を覆う巨大なパラダイムと化してしまっている。

なぜ〈マイノリティ憑依〉パラダイムはこれほどまでに増長し、社会を覆い尽くしたのだろうか。

私はそこには二つの要因があったと考えている。

ひとつは、総中流社会という「みんなが中流という意識」をわれわれ自身が認識していくためのツールとして、〈マイノリティ憑依〉が活用されたということだ。アイルランド系移民やユダヤ系移民が自分たちも白人社会の一員であることを確認したのと同じように、日本人も在日や華僑という「他者」からの視線によってみずからを逆照射することで、「日本人」としてのアイデンティティを再構築したのだ。

つまり総中流基盤というわれわれの社会の全体像を自己認識するためには、他者の存在が必要だったということなのである。

総中流社会を「憑依」が支えた

総中流社会――。

日本の中流は戦後の高度経済成長によって実現したと、何となくとらえている人は少なくないだろう。しかし実はこの言葉が出てきたのは、高度成長が終わってからだ。正確に言えば一九七七年、経済学者の村上泰亮《やすすけ》が『新中間大衆の時代』という本で、日本社会からは従来のクラシックな社会階層が溶解してなくなっており、「中」意識を持つ広範な社会階層が登場したと説明した。この「新中間大衆」論は多くの人々に受け入れられて、『新中間大衆の時代』は七〇年代後半を代表するベストセラーのひとつとなったのだった。

この時代、戦前から長く続いた都市と農村、一部のエリートとその他大勢の庶民といった社会対立が影を潜め、所得格差が平準化されることで自分を「中流」だと考える人々が著しく増えていた。これを支えていたのが、前出の中間文化である。

しかし村上の本が書かれたときはすでに高度成長は終焉《しゅうえん》を迎え、格差社会化が実はもう始まっていた。

桜美林大学教授の小沢雅子は、その点を分析している（『新・階層消費の時代――所得格差の拡大とその影響』一九八九年）。このなかで小沢は、高度経済成長時には縮小していたはずの所得格差が七〇年代以降、土地所有の有無によって拡大し、その格差が購買行動にも影響していることを指摘している。そしてこの「土地を持っているかどうか」という富の差が八〇年代に入り、バブル景気による地価高騰のなかで大きな意味を持つようになってくるわけだ。それは今のような貧困層と富裕層というような極端な二極化ではなく、「株や土地で儲けている人たち」と「そういうあぶく銭とは縁のない普通の人たち」というような分極だった。

七〇年代末から八〇年代初頭のこの当時、電通や博報堂などが「少衆」「分衆」といった言葉を発明し、個性的で洗練された消費者が登場してきたとも言われていた。「㊎《まるきん》」「Ⓑ《まるび》」という流行語もあった。すでに時代の気分は総中流から脱しつつあったということなのである。

つまり総中流という言葉は、一九七七年に生まれたとほとんど同時に衰退しはじめていたのだ。

そもそも「総中流」というのは、しょせんは意識の上の話でしかない。実態として日本人の所得が平準化していたのかどうかということではなく、多くの人が「自分は中流」と感じていただけだったのだ。なぜならこの「総中流論」のベースになっているのは、総理府(現・内閣府)が一九五八年からずっと行っている「国民生活に関する世論調査」という意識調査だからである。この調査項目に「お宅の生活の程度は、世間一般からみて、どうですか」という質問があり、「上」「中の上」「中の中」「中の下」「下」の選択肢が用意されている。

この「中の上」「中の中」「中の下」の三つを合計した数字が一九七〇年ごろから九〇パーセント前後に達するようになった。このことを指して「日本は一九七〇年ぐらいから総中流社会を実現した」と言われるようになった。ただそれだけのことなのだ。

しかし本当にこの意識調査が実態としての総中流を表しているのかというと、そんな単純な話ではない。

ひとつだけ端的な例を挙げてみよう。二〇〇〇年代以降、小泉改革によって貧困層が増え、派遣村が生まれ、生活保護世帯が激増し、中流階級が没落をはじめている。実態としての総中流は終わりを告げつつあるというのが実状だ。しかし今も続いている内閣府の先ほどの世論調査二〇一〇年版を見てみると、自分を「中」と答えた人は全体の九一パーセント。

これはどういうことだろう。このような時代状況になっても、いまだに一九七〇年代と同じ総中流意識が続いていると認識している人が、実は圧倒的に多いということなのである。

つまりここで言えるのは、こういうことだ――総中流意識と、実態としての中流社会はつねに「ずれ」を生じている。

なぜ「ずれ」が生じてしまうのか。たとえばクルマやテレビ、冷蔵庫は高度成長初期のころはひとにぎりのお金持ちにしか買えない高級品だった。しかし高度成長が大量生産大量消費のしくみをつくり出し、クルマやテレビや冷蔵庫を普通のサラリーマンなら誰でも買えるようになる。終身雇用制による所得の安定で、ローンが普及したことも後押しした。

サラリーマンはたとえ給与レベルが以前と比べてさほど変わっていなくても、「うちも前は貧しかったけど、とうとうクルマを買えるようになったのか。中流ってこういうことだよなあ」と感慨にふけり、総中流意識を持つようになる。

中間文化のなかでは、人々は同じメディア空間を共有する。たとえばテレビの前に座る人は、みな平等だ。所得が多少多くても、少なくても、お茶の間に座ってテレビを観れば、皆が同じ番組コンテンツを消費して楽しむことができる。そして翌日、「昨日の東芝日曜劇場は感動したね」「昨日のドリフは面白かったな」と会社や学校で盛り上がることができる。このメディア空間を共有している認識が、総中流意識のひとつの大きな基盤になっていたのだ。

しかしこの総中流意識の高まりは、一九七〇年代半ば以降マイナスへと転じていく。具体的にいえば、一九七三年までは「中の中」「中の上」の回答が増えつづけ、「中の下」「下」は減りつづけていた。ところが七三年以降は「中の中」は横ばいになり、「中の下」「下」が増えるようになったのだ。つまり下方へとウェイトがかかるようになったのである。

なぜか。高度経済成長が終わり、実はこの時期にすでに賃金格差が生まれてきていたからだ。

高度成長のころは慢性的な人手不足だった。経済成長に対して、労働者の供給が追いついていなかったのだ。だから必要な労働力を確保するために、中小企業も大企業なみの高い賃金を支払うようになった。高い給料を払ってくれない経営者には、従業員は「もっと条件のいいところに転職しちゃいますよ」と要求できたのだ。実際、転職市場も猛烈に回っていて、好条件の仕事がごろごろ転がっていたのだ。

そうして大企業と中小企業の給料はフラットになっていって、これが総中流意識を高める要因のひとつにもなっていた。

ところが一九七〇年代前半のニクソンショックと石油ショックをきっかけにして、高度成長は終わり、低成長時代に入る。これによって労働の需給バランスは「買い手市場」の方へと逆ぶれしてしまう。つまりは高い給料の仕事へと転職することが難しくなってしまったのだ。これによって一九七〇年代は、賃金格差が実質的に広がっていった。そしてこの状況を、八〇年代半ば以降の地価高騰《こうとう》が後押しし、「土地や株を持っている者」「大企業に勤めている者」が華やかな夢を見ることができるバブル時代に突入していく。

本当はバブルの時期に、すでに格差は始まっていた。

実態としては格差が生まれ、しかし意識としてはまだ総中流――。

一九七〇年代末から八〇年代にかけては、このような移行期だった。そしてそこに意識と実態のずれがあったからこそ、外部に憑依することによってわれわれインサイダーの総中流を意識として再確認するという作業が明示的に必要だったということなのだ。

だからこそ、まさにこの時代に、社会から外れた「弱者」報道はもの凄い勢いで増えていったのである。

バブルを象徴する「飽食窮民」という記事

自分たち日本人そのものではなく、その日本社会から外れた異邦人たちを描くという手法。ひとつのケースを挙げてみよう。斎藤茂男という共同通信のスター記者だ。一九二八年生まれの彼は五二年から八八年まで共同通信に所属し、新聞業界最高の賞である日本新聞協会賞をはじめ、日本ジャーナリスト会議賞や日本記者クラブ賞などを総なめにしている。『妻たちの思秋期』『父よ母よ！』などの著作で知られている。一九九九年に七十一歳で亡くなった。

斎藤と彼の取材チームが八〇年代後半から九〇年代初めのバブルの真っ只中に共同通信で配信していた一連の連載がある。これらの連載はのちに『飽食窮民』というタイトルで書籍にまとめられ、共同通信社から刊行されている。この『飽食窮民』は、当時のバブル社会の流れに付いていけなくなって脱落してしまった人たちからの視点で貫かれている。描かれているのは次のような物語、次のような人たちだ。

ノルマに追われた証券会社の営業マンがサラ金に手を出し、ついに失踪してしまう話。

買い物中毒に陥った妻が貯金を全部使い果たし、借金もつくった挙げ句にマイホームを手放したというコピー機営業マンの話。

コンピュータを使いすぎて思考が機械のようになってしまい、感情に揺さぶられることがなくなったというシステムエンジニア。

コンピュータの職場で頻発する強姦事件。「男の人が感情がなくなってしまった」と打ち明ける女性プログラマー。

深夜に食べては吐きをくり返した挙げ句、食料が足らなくなって万引で捕まってしまう過食症の専業主婦。

もちろん、こういう人たちはいつの時代にもいるだろう。しかし総中流社会という意識が維持され、多くの人々が社会から逸脱しない「普通のサラリーマン」「普通の専業主婦」「普通のOL」という意識を持っていた時代にあっては、ここに描かれている人は「普通ではない」異邦人だった。

では、このような異邦人たちを描いた記事を読んで、読者はどう受けとめたのだろうか？

斎藤は『飽食窮民』のあとがきに、こう書いている。

「人間が生きていくうえで、どうしても必要というものでない、不要のものを、人間と自然を犠牲にして大量生産し大量消費している——そのやがてすぐ廃棄物になっていく不要な『モノ』の意味であり、そういう『モノ』を生産し消費しているメカニズムにはめ込まれて、身動きできなくなっているわれわれの社会の全体像」

たしかに社会正義を追求する新聞として、こういうテーマは十分に成立しうる。皆が狂ったようにマネーゲームに走るバブルの時代。失われていく人間性。大量消費の時代に捨てられていく人たち。その棄民《きみん》となった人たちを描くことによって、今の社会のゆがみを描く。

この考え方は実のところ、一九八〇年代から九〇年代、そして二〇一〇年代の現在にいたるまで、日本のメディアの社会記事の根幹となっている。マスメディアの時代精神そのものだ。

「弱者に光を当て、われらの社会を逆照射せよ」

一九八八年に新聞記者になった私も、この時代精神の洗礼を受けた。

入社当時私は二十六歳だった。新卒の年齢から四年も遅れているのは、ロッククライミングなどにかまけてほとんど大学に行かず、六年も授業料を払った挙げ句に除籍されてしまったからである。バブル真っ盛りで就職活動は思いきり学生に有利な売り手市場だったから、六年目の「卒業見込み」時にはいくつかの有名企業から内定ももらった。しかし結局除籍中退ですべてはご破算《はさん》になり、「年齢は三十歳まで、しかも学歴はいっさい不問」というおおらかに門戸《もんこ》をひらいていた毎日新聞にすべりこみ入社したのだった。

入社し岐阜支局に配属された直後から、上司や先輩から「弱者」という言葉を何度となく聞かされるようになった。

「弱者に光を当てろ」

「弱者を描け。それによって今の日本の社会の問題が逆照射されるんだ」

私が入社した一九八八年は、まさにバブルの真っ只中である。世間は高騰する株価に酔い、深夜の路上でタクシーチケットや一万円札を振り回して数少ないタクシーを奪い合い、成田空港ではタキシードに身を包んだお調子者たちが「世界一早い」という触れ込みのボジョレーヌーボーパーティーを、貨物置き場で開いたりしていた。誰もがまだ「総中流社会」という幻想を維持していて、いったん大企業に入れば一生安泰だと信じられていた。

そういう時代に、「自分たち」を記事で描くことには何の価値も見いだされなかった。なぜなら標準的な日本のサラリーマンやＯＬや専業主婦である「自分たち」のワークスタイルやライフスタイルは、標準的であるがゆえにあまりにも自明であって、そんな自明のことを書いても驚きや感動や衝撃をもたらすとはとうてい思えなかったからだ。

だからマスメディアの記者も、フリーのジャーナリストも、皆「今の社会のゆがみを伝えてくれる弱者」を探し回った。その偉大なる成果のひとつが、先に挙げた斎藤茂男のルポルタージュだったわけだ。

斎藤自身も、この「弱者スキーム」を自分で認めている。彼は『飽食窮民』を取材したころの一九九一年、ルポライターの鎌田慧《さとし》との対談でこう語っているのだ（『鎌田慧の記録（3）少数派の声』）。

「支配する側と支配される側というような従来の対置の仕方、あるいは多数派と少数派という分類の仕方、そこで起こるドラマにわれわれは引かれて、そこで少数派の側に立って状況をとらえ、ただ描き出すだけでなく、自分も少数派でありつづけようとして書くという姿勢がずっとあったと思うんです」

明確に、自分を少数派に憑依させるのだということがある種のジャーナリズムの「誇り」として語られているのだ。

しかしこのあとで、彼は実はこう続けている。

「しかし、その対置の仕方では状況の正確な姿がなかなかとらえきれないのじゃないかというのも、たぶんある時期から生まれてきたのじゃないか」

これに鎌田がこう返している。

「八〇年代に入ってからですね、完成したのは。それは労働者でいうと、本工労働者は完全に下請の管理工となってしまって、本人自身、それについてぜんぜん疑問をもっていないという問題なんです」

たしかに環境管理型の権力構造へと変化し、権力の支配が見えにくくなってきたという問題は起きているだろう。それが「本人自身、疑問も持っていない」という、自覚されない支配の問題へと移ってきているというのが鎌田の指摘だ。しかし問題の本質は本当にここにあるのかどうか。

斎藤はこんなことも言っている。

「たとえばＳＥ（システムエンジニア）の労働と私生活の生態実録といったものを通して、

ME（引用者注：マイクロエレクトロニクス）化のもとでの疎外を描こうと四苦八苦していると、おまえが書いているのは状況の一部分の、そのまた一部分を肥大化して誇大宣伝をやっているだけじゃないか、われわれは結構楽しくやってるぜ、という多数派の声がガンガン聞こえてくるんです。そうすると、めげちゃうんですよ。やっているご当人が楽しいって言っているのだから、こっちが遅れているのかなと思うんです。だけど、どうもその楽しくやってます、という側にこそほんとに問題がないか。今はみんな、躁的なほどの楽しさで自己防衛していないと生きる意味がわからなくなる、そういう辛いところにきているんじゃないか、と思うわけで」

幻想のマイノリティに落とし込まれるシステムエンジニアたち

無理矢理に新聞記者から「あなたは本当はつらいんだ」と言われてしまうシステムエンジニアには、同情するしかない。結局のところ、斎藤が描いているような「コンピュータを使いすぎて思考が機械のようになってしまったシステムエンジニア」などという人は存在していたとしても、ごく少数にすぎない。そもそもコンピュータを使って思考が機械になってしまうのであれば、インターネット普及率が九〇パーセント以上に達している現在では日本人の大半が機械になってしまっていることになってしまう（そう主張する人も少数ながらいるが）。

しかし斎藤は、どうしても「コンピュータが人間性を失わせる」という論理を展開したい。だからこそ、「躁的なほどの楽しさで自己防衛していないと生きる意味がわからなくな」っていると、勝手にシステムエンジニアたちの思いを代弁してしまっているのである。

これはまさに〈マイノリティ憑依〉だ。

この対談では、鎌田がもっと身も蓋もないことを言ってしまっている。

「以前は断面が見えたんですね、つまり倒産があったり失業があって、そこからぱっと資本主義の矛盾というのが見えて、そこをどんどん突っ込んでいくと、表面に浮かばない工場内部とか、グロテスクな労務管理とか、地域のうめきとか、そういうのが見えましたね。今は倒産もそんなに大きな問題としてないし、失業率といったら一パーセント程度、それはほんのささやかな問題みたいになってしまって、そこからも切り込めない」

そして彼はこう続けているのだ。

「やはり物書きとしては、どこでそのような矛盾を拡大して見せるかというふうになるんですね」

矛盾を指摘するためには、矛盾を拡大して見せなければならない。だからこそ〈マイノリティ憑依〉し、それによって矛盾を大幅にフレームアップしてしまうことによって、記事の正当性を高めてしまおうとしているのだ。

「頭脳が機械化されたシステムエンジニア」という幻想の存在を社会の外部に勝手に配置して、その幻想の存在によってシステムエンジニアという職業全体を語らせてしまう。斎藤が描いているのは生身の標準的なシステムエンジニアではない。

出てくるケースはかなり強烈だ。たとえばコンピュータ企業を退職して仲間たちとソフト開発会社をつくり、大手複写機メーカーの生産管理システムを担当するＳＥとして働いているという三十六歳の男性。川崎市の洒落た一戸建て住宅に住んでいる。彼の妻は取材にこう話す。

「(夜遅く帰ってきて) お帰りなさいを言わなかったとか、部屋の中が散らかっているとか、たちまちあれこれ言いつのって、ババーンと」

「何をするんです?」

「食卓の上に並べてあるお料理を片っぱしから流しへ持って行って、バシャッ、バシャッと全部捨てちゃうんです……。それこそ全部ですよ。能面みたいな顔というか、無表情に、黙りこくって……」

別のときには夫のためにと妻が買っておいたワイシャツをびりびり引き裂いたり、彼女のタンスをフェルトペンで黒く塗りたくったこともあったという。

あるいは二十五歳のSEのケース。大手ソフトウェア会社で働き、恋人もいる。以前は障害児童の話題になると「そういう命をもっと大切にしなくちゃいけないね」と二人で話していたが、最近はこんな会話をしてしまうという。

「智恵遅れの子なんか、そう生まれついてしまったんだからしかたないよね。生きていてもしょうがないね。あんな子生まれたら、いらないわ」

そして彼氏もこう同意したという。

「そうだな、捨てちゃおうぜ」

この『飽食窮民』には、こんなケースがてんこもりになって登場しているのだ。SEの読者たちから「おまえが書いているのは状況の一部分の、そのまた一部分を肥大化して誇大宣伝をやっているだけじゃないか」という抗議が送られてくるのも当然だろう。

しかしこうした手法は、斎藤のみならず日本のマスメディアの中心的な手法だった。新聞

でもテレビでも、こういう極端な例を探し出してきてはことさらに取り上げ、そこから日本社会を逆照射し、

「これこそが日本の病弊《びょうへい》だ」

と説く。

これこそが日本の戦後メディアの基本パラダイムなのである。

この記事は誰に送り届けられているのか

しかし今になって冷静に考えれば、これはあまりにも暴力的なロジックだ。

「精神を病んだシステムエンジニア」という特異な異邦人を取材によって探し出して、その存在にシステムエンジニアの職業の病弊を語らせる。精神を病んだシステムエンジニアはたしかに存在するのは間違いないが、それらが多数のシステムエンジニアとイコールであるという保証は何もない。かりにあるシステムエンジニアが精神を病んだとしても、その原因がシステムエンジニアという仕事に内包される本質であるかどうかは、もっと冷静かつ統計的な分析によって証明されなければならない。

しかしこのような暴力的なロジックは、日本のメディア空間ではごく普遍的だった。

しかもたちの悪いことに、読者にとってもこれらの記事は読むと面白い。なぜなら強烈で毒気のある事例が書かれているからだ。

しかしシステムエンジニアという当事者である人たちにとってはそうではない。だってそうだろう。自分が好きでやっている仕事に対して「おまえは本当は仕事がつらくて生きるのもつらい。その仕事を楽しいと思ってるのは、つらさから逃げている防衛意識のためだ」と頭ごなしに言われて、怒らない人はいない。

だからそんな取材手法が、読者という当事者に対してきちんと届けられるはずがない。そう考えると、ここには明らかになんらかの誤配が起きている。

このシステムエンジニアの記事が、いったいどんな読者に届いているのか。区分けして考えてみよう。

第一に、頭脳が機械になって精神を病んでしまったきわめて少数のシステムエンジニア。

第二に、けっこう楽しくやっている多くのシステムエンジニア。

第三に、システムエンジニアではないその他おおぜいの人たち。

第一の病んだシステムエンジニアたちには、この記事はダイレクトに刺さり、斎藤の論理もきちんと相手に伝わるだろう。ここでは誤配は起きない。しかしそのような当事者はきわめて少数で、誤配されずに届けられるのはごくわずかでしかない。

第二の楽しくやってるシステムエンジニアたちは、この記事は受け取らない。受信拒否されて、共同通信に送り返されてくるだろう。

第三のその他おおぜいの人たちには、この記事は届く。しかしそれらの読者に「精神を病んだシステムエンジニア」の記事はどのように受け入れられるのか。

斎藤は「SEの労働と私生活の生態実録といったものを通して、ME化のもとでの疎外を描く」と言っている。このような意図はきちんとその他おおぜいの人たちに届くのだろうか?

記事に登場する「病んだSE」は、異邦人である。日本人の多くが所属するインナーサークルの外部にいる存在ということだ。

斎藤は「病んだSE」に〈マイノリティ憑依〉している。自分が「病んだSE」の思いを勝手に代弁し、そこから日本社会のゆがみを逆照射していると考えている。そのような憑依のスキームに乗ってくれる読者もいるだろう。それらの読者は憑依という乗り物に同乗し、アウトサイドからの視点で社会を見ることになる。

一方で憑依に乗らない読者もいる。つまり視点をアウトサイドに持ち出すことに同意せず、インサイドから外部にいる異邦人としての「病んだSE」を見る人たちだ。

そして――このどちらの視点も、真《ま》っ当《とう》ではない。

その記事を読む読者たちの立ち位置がどこにあるのか、という観点で考えてみよう。

アウトサイドからインサイドを見る視点は、〈マイノリティ憑依〉だ。しかしマイノリティに憑依したとたんに、立ち位置は不明瞭《ふめいりよう》でおぼろげになる。なぜなら本来は読者はインサイドにいたはずなのに、意識のうえではアウトサイドに行ってしまっている。でも実体はもちろんインサイドにいる。まるで幽体離脱《ゆうたいりだつ》するように、実体はインサイドにいたままで、意識だけがアウトサイドに出ている。そしてベッドに寝ている自分を幽体離脱した意識が天井から見下ろすように、意識はインサイドの自分たちを逆照射して見ている。

「日本はこんなに病んでいる。SEという仕事の酷さをもっと理解してあげなくては！」

そういう風に憑依し、勝手にSEの思いを代弁してしまう感覚。しかしこの憑依は、決して「病んだSE」との間に共鳴も共感も生み出さない。それは前章において私がさんざん述べてきた通りだ。

圏域が同じでなければ共有されない

一方、インサイドから外部の異邦人としての「病んだＳＥ」を見ている読者たちはどうか。彼らは、「病んだＳＥ」を同胞とは見ていない。なぜなら自分たちはインサイドにいて、「病んだＳＥ」はアウトサイドにいるからだ。同じ圏域を共有していないのだ。

だからそこには共感や共鳴というような感覚は、決して生じない。サファリパークを走る乗用車の車内から、車窓を通して園内の動物を見るように、つねにアウトサイドの存在は見世物的にとらえられてしまう。つまり端的に言ってしまえば、このような視点は「病んだＳＥ」の記事をエンターテインメントにしてしまうのだ。

「自分がこんな目に遭わないで良かった。自分はまだ総中流社会の内側にいるんだ」

そういう安心感。

「うわーこんな気持ち悪い人がいるのか。この奥さんは大変だなあ」

そういう興味本位の怖いもの見たさ。

つまるところそういう読後感しか、〈マイノリティ憑依〉の記事からは生み出されない。

これはユダヤ系やアイルランド系の移民が、顔を黒塗りにして黒人に扮し、ミンストレルショーに出演したのとまったく同じ構図だ。イギリス人やドイツ人のあとからアメリカに渡ってきた「遅れてきた移民」である彼らは、黒人に扮することによって白人社会を逆照射し、それは自分たちが白人社会に帰属していることを確認するためのツールにもなった。そして同時に白人が黒人に扮するという憑依は、奇妙なエンターテインメントとして、人々の目を楽しませた。

それと同じように、「病んだSE」に憑依した記事は、それを読む普通の読者たちに「私たちはこんな酷い目に遭っていない」と確認させ、それこそが自分たちがまだ中流のインサイドにいることを認知するためのツールになった。

自分がインサイドにいることをきちんと明示的に確認するためには、「病んだSE」のような異邦人は奇妙奇天烈《きてれつ》で異邦人らしければらしいほどよい。明らかに「自分たちとは違う」とわかればわかるほど、「自分たちはインサイドにいるんだ」ということを明確に納得することができる。そしてこの奇妙奇天烈さを追い求めるという行為は、エンターテインメントとして成立してしまう。記事に登場する異邦人が変であればあるほど、読者は自分たちのインサイド感覚を確認できるし、そしてそれは変であるがゆえに、「変な人の話を読んだ」というエンターテインメント性を同時に高めてしまう。

つまり〈マイノリティ憑依〉は進めば進むほど、エンターテインメント性をさらに高めてしまうという逆説的なことがそこでは起きてしまうのだ。

これはある意味で、メディアの悲劇である。

なぜなら社会の多数派の人々にとって、〈マイノリティ憑依〉は二つの視点しかもたらさないからである。第三者的な偽の神の視点と、エンターテインメントにしかならない見世物《みせもの》的な視点。そしてこの二つの視点は、いずれも歪んでいる。

このような〈マイノリティ憑依〉の記事は、一九八〇年代から九〇年代にかけてさかんに量産されるようになった。その結果、記者の側でもこうした〈マイノリティ憑依〉に対して徐々に嫌気を感じる人が増えていくようになる。当然のことだ。

私が駆け出し記者時代には、「弱者に光を当てよ。その光によってわれわれの総中流社会のゆがみを逆照射するのだ」と胸を張って言っていたベテランたち。しかし彼らも、九〇年代後半になるころから徐々にそういうことを大声で言わなくなってくる。「弱者に光を」に誇りを持つことはあまりなくなり、逆にそのような〈マイノリティ憑依〉の記事に対しては、こんな自嘲的な言葉を投げるようになってきたのだ。

「なんだ、また奇人変人大集合かよ」

エンターテインメントに傾斜する

〈マイノリティ憑依〉が進めば進むほど、さらに奇妙でさらに奇天烈でさらに変わった題材ばかりを追い求めるようになってしまう。その方が描かれている題材が弱者であることを強烈に主張できるし、そしてまた読者を驚かせることもできる。そしてもちろん、社内の上司や同僚に対しても「よくこんなケース探してきたな！」と褒められることも期待できるからだ。

しかしそのようにして〈マイノリティ憑依〉を追い求めれば追い求めるほどに、題材はどんどん社会のインサイドからは乖離していく。インサイドとアウトサイドの距離が遠ざかってしまう。

その結果、何が起きるのか。

憑依した弱者から逆照射しても、あまりに遠いために光はインサイドに届かなくなってしまうのだ。

〈マイノリティ憑依〉した記事からは、総中流社会のゆがみはまったく見えなくなってしまう。

一方でインサイドの読者からは、弱者は奇妙奇天烈な見世物でしかなくなってしまう。強烈なエンターテインメントではあるが、しかしそれは単なるエンターテインメントでしかない。

社会のゆがみをえぐるわけでもなく、自分たちと同じ人間の悩みとして共有できるわけでもなく、ただ遠くから見る見世物。そういう馬鹿げたエンタメとしてしか存在できなくなってしまったのだ。

九〇年代後半ぐらいになってやってきたそういう状況を、記者たちは敏感にとらえ、だからこそ自虐的に「また奇人変人大集合かよ」と苦笑いし、心のなかで「チッ」と舌打ちするようになったのである。

一九九〇年代後半の転換点

ではなぜ、この転換点が一九九〇年代後半に生じたのだろうか。

そもそも振り返ってみれば、〈マイノリティ憑依〉というスキームが九〇年代前半のある時期まで、かろうじて正当性があるように見えたのは、社会が右肩上がりで成長していたからである。先ほど紹介した斎藤茂男の『飽食窮民』が書かれたのは八〇年代半ばから九〇年代初頭のバブル期。このころは日本は豊かであり、社会の等質性も高く、日本の未来も盤《ばん》石《じゃく》であると多くの日本人たちがばくぜんと信じていた。

そういう時代においては、総中流社会は「自明のもの」としてそこに存在していた。自明のものにひそむ陥穽《かんせい》を、異邦人によって逆照射し、語らせること。総中流という外殻が盤石であり堅固であればあるほど、その外側から光を当てるという行為には価値が生まれる。

そして同時に、この右肩上がりの成長という社会の様相は、エンターテインメントとしてのジャーナリズムも成り立たせてしまう。

そもそも戦後社会の時代、敗戦の焼け跡から出発して工業化に成功したこの日本では、ジャーナリズムのみならず政治も行政もかなりちゃらんぽらんだった。それでも高度成長が成し遂げられたのは、企業の経営努力によって莫大《ばくだい》な富が日本に流れ込んできたからである。

政治家が掲げる政策目標は、ただ「成長を維持して頑張ろう」という程度のものでしかなかった。元厚労官僚で、現在は兵庫県立大学の教員になっている中野雅至は、政策形成過程には①政策の目標を設定する、②目標の実現に向けてさまざまな利害調整を行い、具体的な政策案を提示する、③実際に政策を実行する、という三つの段階があって、九〇年代まではいちばん大変なのは②の調整だったと指摘している（『政治主導はなぜ失敗するのか？』二〇一〇年)。政策目標を考えるよりも、さまざまな業界や団体、政治家など多くの利害関係者の間に入ってそれらの調整を行うことの方がずっと大変だったというのだ。つまりは富を生むことよりも、富を分配することの方が難しかったということである。そしてこの分配をつかさどっていたからこそ、官僚にはパワーがあった。

中野はこうも書いている。

「(自民党の政治家は)主体的に利害調整をやろうと思えばできるにもかかわらず、面倒くさくなって官僚に仕事を丸投げしていたということになります。もちろん、官僚機構を心底信頼して丸投げしているという理屈も通用します。いずれにしても、官僚機構に丸投げして仕事が上手く回っているならば、『さすがは政権政党の自民党だ。現実的な対応で社会や経済は安定している』という評判を得ることができるわけです」

政治がこのような構造になっているのであれば、ジャーナリズムもそれに合わせて最適化される。当然のことだ。

右肩上がりの成長が続き、テーマは富の分配だけ——。しかも総中流意識が高まってきた六〇年代から七〇年代にかけての時期は、インサイドの外殻はどんどん堅固になっていっている。増えつづける富と、それを受け取るのが自明の中流社会。そのような構造のもとでは、

「どう戦っていけばいいのか」

「この酷い世界をどう生き延びられるのか」

といった切実な問いかけは発生しない。

サラリーマンがどうすれば社内で出世できるのか。部下の操縦法は。夫婦円満の秘訣《ひけつ》は。大学受験を突破する方法。当時の問いかけなんて、せいぜいがその程度のものだった。

総中流社会は「いつかは誰でも豊かになれる」という幻想に支えられて、生活設計もきわめて立てやすかった。ごくふつうの男は大学か高校を卒業して企業に入り、そこで一般職の事務員として入社した二十歳そこそこの女の子と二十代後半に結婚する。社宅に住んで貯金をこつこつと作り、同時に子供二人を育て、三十代半ばには郊外に家を建てる。そういう人生が待ち受けていることが、どの若者にとっても自明だったのだ。

だからこの自明さに飽き飽きして、逃走を企てようと考える若者も多かった。決まりきった人生から脱出し、ドロップアウトを願うというのは当時の若者の基本的なマインドだった。だから「遠くへ行きたい」「この支配からの卒業」といった文言が、流行歌にはあふれていたのである。

しかしそのような逃走が可能な者は日本人全体から見ればごくわずかだったし、同心円的な総中流コミュニティは、円のなかにとどまることを選んだ人には安心感があり、包摂されていた。この包摂性が社会を覆い尽くし、「同じ釜の飯」「言葉を口にしなくてもわかりあえる」というような暗黙の関係性が社会の基本的な言語となっていた。

そしてこの「暗黙」の理解を支えていたのが、新聞やテレビなどのマスメディアによってつくられた共同幻想だった。皆が同じ新聞を取り、同じテレビ番組を見て、同じテレビCMを見て同じ商品を購入することで、たったひとつのメディア空間のなかに国民全員がくるまれ、そしてそれが暗黙の相互理解の支えになっていたということなのだ。

このような社会の等質性を支えるためのメディア空間。そして富の分配以外には、さほど深刻な問いかけが発生しない時代状況。そこではジャーナリズムがエンターテインメント化していくのは、当然の流れだった。

そしてこの当然の流れに、〈マイノリティ憑依〉というエンタメに流れやすい「見世物小屋」的視点はみごとにはまり込んでしまったのだ。

それはエンターテインメントが安定した中流社会に求められていたということと、インサイドからアウトサイドを見るという視点が生み出すエンターテインメント性の需給の合致だった。つまりはエンターテインメントが〈マイノリティ憑依〉によって供給され、その供給を総中流社会という需要が引きうける。そういう需給バランスがみごとにうまくカチリ、とはまったということなのである。

言い換えれば、これはエンターテインメント性という罠が、〈マイノリティ憑依〉と総中流社会をきっちりと接合させてしまったということでもあった。

だから総中流社会という意識が定着していくなかで、〈マイノリティ憑依〉は総中流メディア空間におけるジャーナリズムの基本パラダイムとして浸透していったのだ。

エンターテインメントとメディア空間の結節点

これは悲劇としか言いようがなかった。

なぜか。

なぜなら、〈マイノリティ憑依〉とエンターテインメントが織りなすメディア空間は、決して読者に「あなたはどうするんですか」という刃を突きつけないからだ。

先ほどから説明してきた二つの読み方――偽の神の視点と、エンターテインメントとしての視点は、両極端であるけれども、共通性がひとつある。それは、どちらの読み方も「自分の問題として受けとめていない」ということである。

誰もが何かの問題を自分の問題として受けとめるためには、その問題が自分と同じ圏域で起きていなければならない。

第四章で紹介した本多勝一のルポルタージュ『戦場の村』を思い出してほしい。民族解放戦線の拠点の村を訪れた本多は、自分たち日本人は何をすればいいのか？　と村の幹部に聞いた。返ってきた答はこうだった。

「日本人が自分の問題で、自分のためにアメリカのひどいやり方と戦うこと、これこそ、結局は何よりもベトナムのためになるのです」

ベトナム人に勝手に憑依して米軍を批判するのではなく、自分自身の国のなかで起きている問題に立ち向かうこと。それこそが結果的にはベトナムへの最大の支援になる。そういうことを解放戦線の幹部は言ったのだ。

そして本多はこう書いている。

「ベトナム反戦運動自体はむろん良いことだが、『自分自身の問題』としてとらえられていない限り、単なる免罪符に終わる」

そう。〈マイノリティ憑依〉はしょせんはガス抜きの免罪符にしかならない。

エンターテインメント化された免罪符——それこそが〈マイノリティ憑依〉の本質である。

そしてこれは、太平洋戦争の戦死者に対する日本社会の後ろめたさからの回避という問題にも、重なり合ってくる。

斎藤茂男の「病んだＳＥ」の記事もまったく同じだ。この記事はエンターテインメント化された免罪符として消費されるけれども、しかし読者に「自分自身の問題」として刃を突きつけることは絶対にない。実に、実に残念ながら。

自分自身の問題――つまりは、当事者としての意識。その当事者の意識を決して生み出さない〈マイノリティ憑依〉というパラダイム。ただひたすら、エンターテインメント化された免罪符として機能してきただけの〈マイノリティ憑依〉ジャーナリズム。

これこそが、日本の一九七〇年代以降のマスメディアとジャーナリズムの最大の病弊である。とはいえ幸運なことに、この病弊は右肩上がりの経済成長という対症療法によってうまく包み隠され、その病変が露《あら》わにならないですんでいたのだ。

しかし時代は変わった。先ほど私は、転換点が一九九〇年代後半に生じたと書いた。この時期以降、〈マイノリティ憑依〉はだんだんと有効性をもたなくなり、書いている記者みずからが「奇人変人大集合かよ」と自嘲するようになっていった、と。

この九〇年代後半という時期に何があったのだろうか。

答は明確だ。五五年体制の崩壊である。つまりは日本の時代精神が、九四〜九六年ごろを境にしてひっくり返ってしまったということなのだ。

五五年体制の崩壊は、日本の権力のインナーサークルの衰退の序章でもあった。

五五年体制と〈マイノリティ憑依〉をつなぐもの

そもそも五五年体制とは、堅固なインナーサークルの基盤と、そこで成立する幻想のエンターテインメントとしてのジャーナリズムである。

五五年体制下で自民党がつくり上げたのは、高度経済成長のもとでの富と利権の分配システムだった。そのシステムがきちんと作動している限り、自民党も野党の社会党も支持基盤は強固だった。自民党は地方にカネをばらまき、公共工事を誘致することによって、土建業を中心とした巨大な支持基盤ネットワークを全国津々浦々《つつうらうら》に構築していたからだ。公共事業をえさに土建屋を集票マシーンとし、そして当選すればさらなる公共事業を誘致するというしくみができあがっていた。

自民党がそういう利益誘導システムをつくる一方で、野党の社会党は労働組合のネットワークをバックにして、労使対立と重ね合わせるかたちで自民党への対立軸をつくり上げていた。

しかしこれは実は幻想の対立軸だった。五五年体制崩壊後になってから、実は国会での対決は演出で、事前に自社の国対委員長で談合して「落としどころ」をいつも決めていたことが暴露されるようになる。

しかし自民党も社会党もその「演出」については当時はいっさい明らかにせず、本当のことを知っていたマスメディアの政治部記者も紙面では「与野党激突！」などという記事を書いてきた。これがすなわち幻想の二軸対立であり、幻想のジャーナリズムである。

労使の対決も同様だ。本当に労使が対決していたのは、一九五〇年代の三井三池炭鉱争議までで、その後はずっと労使協調路線が続いた。それでも労働組合がパワーを持ちつづけたのは、自民―土建屋公共工事とは別のオルタナティブな利益誘導システムをつくっていたからにほかならない。

結局、高度経済成長とその後のバブル経済のなかで、みんな右肩上がりに増えていく富をただひたすら分配していればよかったというわけだ。表向きは「対立」とかいいながら、裏側ではみんな手を握っていたというのが日本の戦後社会の構図だったのだ。

政界と官界、財界、そしてマスメディア。これらはインナーサークルである。といっても、どこかで全員が一堂に会して会議を開き、皆で意見を交わしてものごとを決めていたのではない。また「官僚政治打破」と呼ばれるような官僚の独裁が行われていたわけでもなければ、五五年体制時によく新聞で見かけたような「自民党一党独裁」があったわけでもない。

先に紹介した元厚労官僚の中野雅至は、自分が官僚だったころの実感をこう書いている。

「14年の在職中に『自分たちが主導して政策をつくっている』『思い通りに国家を動かしている』という実感などほとんど持てませんでした。どんな分野の仕事をやるにしても、自民党を中心に与党政治家の了解を得なければいけなかったからです。そんなこともあって、局長のような幹部でさえ自民党の政治家には平身低頭していました」

リーダーシップがないという意味では、政治家も同様だった。

「自民党の政治が政策を決めているという感覚も、ほとんどありませんでした。首相や大臣がリーダーシップをもって、『厚労省は何が何でも年金制度改革をやるんだ。俺が責任を持って進めるからがんばれ！』などと宣言するのを聞いたこともなかったからです」

政治家や官僚が明確に方針を決めてものごとを進めていくようなケースは皆無に近かったのだという。

ではどうやって政策は決まっていたのか。「誰かが明確に責任を負うこともなく、ダンゴレースのように物事が決まっていくのが大半だったような気がします」と中野は解説している。

政治の舞台裏ではそのようにして政策が決まっていき、そして舞台の上ではマスメディアが「与野党激突！」とわかりやすい二軸対立で政治をエンターテインメントとして描いていたのだ。

構造はついに明らかになった

ここで本書の最初のテーマへと、再び立ち返るときがやってきた。

マスメディアと権力の間に構築されてきた〈夜回り共同体〉の問題である。

私は警察や検察などの権力と新聞記者の間には、オモテの〈記者会見共同体〉のウラ側に、二重レイヤーの奥底に隠された〈夜回り共同体〉が存在していると書いた。濃密なコンテキストによって包まれ、フィードの関係性によって偏在していく共同体である。このようなフィード型の隠された共同体は、かつての日本政治の政策決定プロセスにも浸透していた。すなわちこのような二重構造こそが、日本社会全体に浸透拡散した、関係性の構図そのものだったということだ。

私は第一章の最後で、マスメディアは〈夜回り共同体〉によって権力と密接につながりながら、しかし一方で「市民感覚」という目線を異常なまでに大切にしてきたことについて、なぜ「市民感覚」と「当局依存」が矛盾なく両立しているのだろうか？　という疑問を提示した。

今やこの謎は、明白に解き明かされた。

日本のメディア空間を規定する二重構造。

ウラの〈夜回り共同体〉と、オモテの〈記者会見共同体〉。

関係者のあいだの調整によってつくられていく政策決定プロセスのウラの実態と、オモテでマスメディアによって演出されてきた「与野党激突！」という二軸対立のエンターテインメント。

ではこのオモテの「与野党激突！」的な演出は、どのようなパラダイムによって支えられていたのだろうか？

そこで描かれてきたのは、安易な二軸対立であり、わかりやすい勧善懲悪《かんぜんちょうあく》モデルである。

そしてそこでクリシェ（決まり文句）として語られてきたのは、「市民感覚」「市民目線」だった。

「市民感覚からかけ離れた行政姿勢のままでは、痛みを伴う地方財政改革に理解が得られるはずがない」

「政党は当たり前の市民感覚をもっと大切にしなければなるまい。目覚めないままでいれば、有権者の『反乱』はさらに広がるだろう」

第二章で説明したように、マスメディアは本来は存在しない幻想の「市民」、純朴で穢れがなくピュアな「市民」を、リアルでプロフェッショナルな市民運動に仮託して描いてきた。すなわちこれこそが、第四章で説明した〈マイノリティ憑依〉である。

一九七〇年に登場してきた〈マイノリティ憑依〉は、その後、二十年をかけてマスメディアのみならず日本社会の根底を規定するメディア空間の基調となった。それを後押ししたのが朝日新聞を代表するスター記者・本多勝一であり、彼のフォロワーとなった無数の新聞記者たちである。しかしこのパラダイムは、単一の枠組みとして日本のメディア空間を覆い尽くしたわけではない。

これまで書いてきたように、マスメディアの形成する共同体には、ウラの〈夜回り共同体〉と、オモテの〈記者会見共同体〉の二つの層がある。そしてそれぞれの層を、フィード型の濃密なコンテキストという《ぅ》パラダイムと、〈マイノリティ憑依〉というパラダイムがそれぞれ支配している。

つまりは、このような構図だ。

幻想としての弱者の視点に立ち、「今の政治はダメだ」「自民党の一党独裁を打破すべし」と総中流社会のアウトサイドから、自民党や官僚という権力のインナーサークルを撃つ。その〈マイノリティ憑依〉ジャーナリズムは、アウトサイドの視点を持っているがゆえに、総中流社会の内側にいる読者にとっては恰好《かっこう》のエンターテインメントにもなる。

しかしウラの実態では、マスメディアはフィード型の隠れた関係性によって、自民党や官僚や警察当局と濃密な共同体を構築している。

このような二重構造。そしてこの砂上の楼閣のような二重構造は、高度経済成長という右肩上がりに伸びていく社会で富がふんだんに増えつづけていたからこそ、持続を許されていた。誰もが「明日は良くなる」という夢に酔い、増えつづけていると信じられていた富を分配した社会だからこそ、ジャーナリズムはエンターテインメントであることを許され、そしてこのエンターテインメント性という緩みの上で、二重構造であることの欺瞞《ぎまん》は許されてきたのだ。

言い換えれば、こういうことだ。

社会のインサイドからの目線は、つねにフィードド的な濃密なコンテキストというパラダイムに支配され、そこにはオープンで開かれた社会という視点は欠如している。

社会のアウトサイドからの目線は、つねに幻想の市民という〈マイノリティ憑依〉に支配され、決して当事者としての意識を持ち得ない。

そしてマスメディアは、この濃密なコンテキストの共同体と、〈マイノリティ憑依〉という二つの層の間を行ったり来たりしているだけだった。

そういう宙ぶらりんな構図のなかで、マスメディアはつねに権力のインサイダーとなるか、そうでなければ幻想の市民に憑依しているだけである。いつまで経っても、日本社会に生きているリアルな人々に寄り添うことはない。ただリアルな人々に対して、経済大国で暮らすなかでのつかの間のエンターテインメントを提供する道化でしかなかったということなのだ。

これこそが、日本の戦後社会のメディアの構図の全体像である。

しかしこの構図は、構築された時から崩壊が始まっていた。

しかし道は途絶えている

日本社会のアウトサイダーとしての「まれびと」。

その神の目線は幻想の市民という〈マイノリティ憑依〉に支配され、決して当事者としての意識を持ち得ない。そしてマスメディアは、この濃密なコンテキストの共同体と、〈マイノリティ憑依〉という二つの層の間を繰り返し往復しつづけた。

一九六〇年代末の学生運動に端を発した〈マイノリティ憑依〉のパラダイムは、朝日新聞のスター記者・本多勝一や、あるいは学生運動を担った若者たちが新聞社やテレビ局へと入社し、そこで中堅記者として活躍するようになった七〇年代半ばから八〇年代にかけてマスメディアのパラダイムとして確立していく。

しかしこのパラダイムを支える基盤となっていた社会体制は、わずか二十年後の一九九〇年代には早くも大きく変質し始める。

冷戦の終結とそれに伴う五五年体制の崩壊。そしてグローバリゼーションの波がやってきて日本社会を呑み込み始めた。これが大きな社会の構造変化をもたらしたのだ。

高度成長とそれに続くバブルの終焉、そしてグローバリゼーションによって、二重構造を支える富はゼロサムに転じた。カネの切れ目が、縁の切れ目だ。裏側で手を握っても富が分配されなくなったから、「じゃあ表に出ろや」とガチンコの決着を付けようと考える人がたくさん現れてくる。

政治の五五年体制も終焉を迎え、この構図はもはや成り立たなくなってしまう。そもそもフィード共同体の背景要因にあった「富の分配」ができなくなってしまったのだから、当然のことだ。いま政治に求められているのは増えつづける富の分配ではなく、ゼロサムになってしまった富をどう維持し、増やし、「これからも富はありますよ」ということを国民に向かって提示できるかどうかということだ。

そして同時に、五五年体制の崩壊、終身雇用制の消滅とグローバリゼーションの波のなかで、〈マイノリティ憑依〉によるエンターテインメントはまったく意味を持たなくなった。冷戦の終結によって、もはや革新勢力やマルクス主義への清らかな幻想さえ維持できなくなってしまったのだ。

マルクス主義に取って代わるような「皆が幸せになれるかもしれない」という幻想を支える政治思想など、もはや存在しない。いま語られているさまざまな政治思想――リバタリアニズムやコミュニタリアニズム、リベラリズムなど――はずっとリアルで身も蓋もなく、すべての人が幸せになれるというような幻想は提供していないのだ。

マルクス主義という穢れのない理念。そこに依拠していれば、われわれは善への道を歩むことができるのだという、幻想としての安定が冷戦終結の以前には確固としてあった。そこでは保守対革新という構図そのものが、言葉としては対立軸であるのと裏腹に、精神的な安定をもたらす構図としても作用していたのである。

しかし冷戦は終わり、われわれは自分自身で穢れに直面せざるを得なくなったのだ。

そして、ここから先の道は途絶えている。

終章

当事者の時代に

新宿西口バス放火事件で炎上した京王バス
（1980年8月、写真提供・共同通信社）

これまで長い時間をかけて説明してきたように、メディアの空間は〈マイノリティ憑依〉という アウトサイドからの視点と、〈夜回り共同体〉という徹底的なインサイドからの視点の両極端に断絶してしまっている。この極端に乖離した二つの視点からの応酬のみで、日本の言論は成り立ってしまっている。

このメディアの〈マイノリティ憑依〉に日本社会は引きずり込まれ、政治や経済や社会やさまざまな部分が浸食されてきた。「少数派の意見を汲み取っていない」「少数派が取り残される」という言説のもとに、多くの改革や変化は叩きつぶされてきた。

そういう構造はもう終わらせなければならない。

それは「少数派を無視せよ」ということでは断じてない。

なぜなら、これまで何度となく書いてきたように、メディアで語られる「少数派」「弱者」は本物の少数派や弱者ではなく、〈マイノリティ憑依〉されて乗っ取られた幻想の「少数派」「弱者」にすぎないからだ。

この乗っ取りから、リアルの存在である少数派や弱者を救い出さなければならないのだ。

彼らが物言わぬサバルタンの位置から救い出されるとき、彼らが「勝手に代弁する人たち」から救い出されるとき、その時にまた私たちのメディア空間も私たち自身へと取り戻されるのだ。

今こそ、当事者としての立ち位置を取り戻さなければならない。

メディアの空間に足を踏み入れる者が、インサイダーの共同体にからめとられるのではなく、そして幻想の弱者に憑依するのでもなく、つねに自分の立ち位置を確認しつづけること。完全な〈加害者〉でもなく、完全な〈被害者〉でもなく、その間の宙ぶらりんのグレーな状態を保ちつづけること。

そのように言葉で説明するのは容易だが、しかしそれを実行するのは容易ではない。しかもマスメディアの支配が終焉を迎え、インターネットによって誰でも情報を発信できるようになったこの世界で。

そして誰ひとりとしてそこに、明確な道筋を示すことはできていない。

ある報道カメラマンの物語を、書いてみようと思う。

新宿西口バス放火事件の夜

一九八〇年八月十九日夜。

その日、報道写真家の石井義治は新宿駅西口の地下広場を歩いていた。ほろ酔い気分で、顔は少し上気している。神田の居酒屋で、翌年のカレンダー撮影の打ち合わせをデザイナーと終えたばかりだった。まだ飲み足りず、しばらく前に新宿で見つけた店に寄っていこうと思ったのだ。西口の裏手にあるその隠れ家《が》のような店は、ホッケが旨い。前に函館港の近くで食べた美味しいホッケに近い味がした。

そんなことを考えながら地下広場から階段を上がろうとした時、ひとりの男が転げ落ちるようにして階段を駆け下りてきた。焦げ臭い。髪が縮れて焦げている。男は公衆電話にかじりつくようにして受話器を取った。しかし小銭がない。石井がポケットから十円玉を取り出して渡すと、男はどこかに電話をかけ、こう叫んだ。

「ガス爆発かも」

ほろ酔いだった石井に、ぴくりとプロ感覚が戻ってくる。ほんの三日前、静岡駅の地下街でガス爆発があったばかりだ。地下の湧水処理槽《ゆうすいしょりそう》に溜まっていたメタンガスが爆発し、十五人が死亡して二百人以上が負傷する大惨事となった。新宿でも？

慌てて階段を駆け上った。バッグには、つねにメモ代わりに持ち歩いているフジカのコンパクトカメラが入っている。装填《そうてん》されているフィルムは十二枚撮り。まだ七枚ぐらい残っていたはず。

バスターミナルで、路線バスが炎を上げていた。

歩道でまず一枚。さらに近づいてもう一枚。フィルムの残り枚数を確認しながら、撮影しつづけた。冷静だった。二十年近く前に報道写真の道に入り、たくさんの場数を踏んできた。二十代だった一九六〇年代には、荒れ狂う学生運動のデモの現場を歩いた。航空機事故の凄惨な現場に入ったこともある。

「飛行機に比べりゃたいしたことないよなあ。たかがバスだ」

そんなことを考えながら、シャッターを切る。ひととおり撮影を終えてまわりを見渡してみると、自分以外にカメラを構えている人間は誰もいなかった。集まってきていた野次馬たちは歩道から遠巻きに炎上バスを見守っているだけだ。「これは特ダネかもな」。そう考えた。新聞の社会面の片隅にでも載っけてくれるかも……。

現場から立ち去りながらそう考えて、公衆電話から大手町の読売新聞東京本社に電話した。知人の記者がいるのを思い出したのだ。

知人は運良く電話でつかまった。「現場に新宿の支局の記者を向かわせる」という。しばらく待っていると、ハンディートーキーをぶら下げた若い記者がやってきた。フィルムを丸ごと渡した。

ちょっとした仕事を終えたようで、気分も良かった。

ところが埼玉の自宅に戻って、石井は気を失いそうになった。

石井の帰りを待ち受けていた父が、真っ青《まさお》な表情でこう伝えたのだ。

「美津子が新宿でバスに乗っていて大やけどを負った。いま新宿の東京医大病院に搬送されている」

実は石井が新宿で遭遇した現場は、単なる事故ではなく凄惨な大事件だった。「新宿西口バス放火事件」として戦後犯罪史に汚名を残している。三十八歳の男が火のついた新聞紙とガソリンを停車中の路線バスに投げ込み、乗客六人が焼死し、十四人が重軽傷を負ったのである。そしてこの十四人の重軽傷者のなかには、石井の実妹の美津子が含まれていた。美津子は全身の八割を焼かれ、何度も死線をさまよい、一年以上も「全身が痛覚」という苦痛に満ちた闘病生活を送ることになる。

茫然《ぼうぜん》としたままの石井と父は、再び自家用車で東京医大病院に向かった。母はすでにタクシーで先発している。

病院に着いたが、応急処置が続き、妹に面会はできない。待合室のベンチで石井はただひたすら煙草を吸いまくった。ひどく落ち着かない。どうしたらいいのかわからない。

なぜあの時助け出そうとしなかったんだろう。

呑気に写真なんか撮っていてよかったのか。

いろんな疑問が頭に浮かぶが、答えは出ない。誰かと話をしてみたかった。読売の記者に電話をかけてみた。報道とは何かという根源的なことを誰かに聞いてみたかったのだ。

電話口に出た記者に「石井だけど」と名乗ると、興奮した口調で言う。

「あの写真、凄かったよ！　1面に載せた。さすがプロだな」

どう伝えればいいのか、と逡巡《しゅんじゅん》しながらも「実は妹がバスに乗ってたんだ……」と告げると、電話の向こうは蜂の巣をつついたようになった。「今の気持ちは」「妹さんの容態は」と矢継ぎ早に聞かれる。どう聞かれても、ショックで自失している石井にはとうでもいい質問に思えた。ただ誘導されるがままに、質問に答えた。そして読売の翌日夕刊にはこの話がさらに大きなスクープとして掲載されたのだった。

彼はなぜ報道カメラマンになったのか

石井は一九四一年、愛知県豊橋市に生まれた。父は大手紡績会社の転勤族サラリーマンで、一家は各地を転々とした。戦争の末期には大分市内にいて、空襲から逃げて防空壕へと避難した記憶も残っている。

写真家を目指すきっかけになったのは、進学した日大三高で地理部に入り、そこで写真撮影に興味を持ったからだった。自宅にあった父のリコーフレックスを借り、毎日のように撮影に歩くようになる。「将来は写真家になろう」。そう考え、父母の反対を押し切って日大芸術学部写真学科に進んだ。

戦後間もないころに発売されたリコーフレックスは、安価な二眼レフとして爆発的な人気を呼んでいた。戦後社会の大衆的な写真ブームを巻き起こした立役者としてカメラ史にその名を残している。しかし縦にファインダーとレンズが並んだ二眼レフは、故障が少なく安定しているけれども、機動力に乏しい。スナップ写真も撮れず、これでは大学の授業で出る宿題も撮影できなかった。そこで父親に頼み込んで買ってもらったのが、名機として名高いライカⅢfだった。中古カメラ店で四万五千円。一九六〇年代はじめの当時としては、かなりの高価な機器である。

しかしこのカメラを手にしたことが、石井を報道カメラマンへと進ませる強い原動力となった。三十五ミリカメラの元祖として知られるこのレンジファインダーカメラは、アンリ・ブレッソンやロバート・キャパ、木村伊兵衛など名だたる報道写真家に愛用されていたことでも有名だ。

故障が少なく、堅牢《けんろう》でシンプル。すっぽりと掌《てのひら》に収まるコンパクトなサイズ。朝鮮戦争でも戦場カメラマンたちに酷使され、その機動性を発揮したこのカメラは、しかしレンジファインダー式であるため近接撮影向きではない。だから石井の興味は自然と報道写真へと傾いていく。


一九六二年。まだ大学在学中だったが、石井は写真家・大竹省二の事務所に入った。女優などの人物写真で知られ、プレイボーイとしても有名だった写真家だ。しかし一九五三年の「血のメーデー」事件では、修羅場の現場のただ中で生々しい写真を撮りまくった生粋《きっすい》の報道カメラマンでもあった。

当時大竹は赤坂檜町《ひのきちょう》のアパートを借り、事務所兼住居としていた。檜町という地名はすでに残っていないが、現在の東京ミッドタウンの北側にあたる。このアパートにはドクトル・チエコや女優の若水ヤエ子、三木鮎郎《あゆろう》、草笛光子など当時の芸能界の有名人がたくさん住んでいて、遊び人の溜まり場にもなっていた。永六輔はこのアパートを「テキサスハウス」と呼んでいたという。石井はテキサスハウス時代の大竹の最初の助手だった。助手といっても、洗濯や料理など家事全般までまかされてほとんど使用人のようなものである。しかし大竹のアパートには有名女優がいつも出入りしていた。助手になった初日、石井がテキサスハウスに行くと、女優の浜美枝が大竹の横に当たり前のように座っていて驚かされる。彼女が来るといつも台所でカレーライスを三日分もつくってくれるのだった。

三年間をテキサスハウスで過ごした石井は東京オリンピックの年、PANA通信社に入社する。中国系アメリカ人の宋徳和が「アジアの、アジア人による、アジアのための通信社」として第二次世界大戦後に設立したPANAは、東南アジア全域に展開していた。ベトナム戦争では多くの記者を戦地に送り込み、岡村昭彦や嶋元啓三郎といった戦場カメラマンもPANAの出身だ。PANAは今も健在で、時事通信の百パーセント子会社となっている。

石井は一九六八年から四年間、PANAのシンガポール支局に勤務した。本多勝一がベトナムの解放地区を取材した直後の時期だ。

ラッフルズホテルの近く、中華街にそびえ立つアジアインシュアランスビルのなかに支局はあった。二十階建てで当時はシンガポール随一の高層ビルである。オフィスからは、まだ混沌としていたシンガポールの雑踏がよく見えた。窓もドアも壊れたまま走っている住民満載のバス。白人観光客を乗せたリキシャ。人種のるつぼである。

石井はカンボジア内戦のようなハードな戦場取材から、東南アジアの華僑の日常の撮影、さらには日系企業の依頼によるイベント撮影やPR写真まで、ありとあらゆる仕事を手がけた。

帰国したのは一九七一年だ。理由はなんてことはない。バンコクに出張して日本料理店で酒を飲んでいると、「知床旅情」が流れてきた。「知床の岬に　ハマナスの咲くころ」という加藤登紀子の歌声を聴いているうちに、なんだか日本の雪景色が懐かしくなってきた。それで一か月の休暇をもらって帰国した。日本に滞在しているうちに、気がつけばもうシンガポールに戻る気は失《う》せていたのだった。

帰国した石井は、フリーの報道写真家として活動を開始する。
人生は順風満帆《じゅんぷうまんぱん》に思えた。

講談社の総合誌「月刊現代」でほぼ毎月のようにグラビアページを担当し、若者の風俗などを取り上げた。今ほど注目されていなかったアラブ・イスラム世界を熱心に取材し、石油ショックの時期には経済誌のアラブ特集号を丸ごと一冊分担当して写真を撮りまくったこともある。

モロッコの国王を撮影したこともある。一九七九年には、パレスチナ解放機構（ＰＬＯ）のアラファト議長の取材にも成功した。

石井が新宿西口で炎上するバスを撮影したのは、そのようにして報道写真家として脂の乗りきっていたまさにその時期だったのである。

なぜ彼女はバスから逃げ遅れたのか

事件の翌朝、東京医大病院。

廊下のソファで父母と夜を明かした石井は、集中治療室で事件後初めて妹の美津子と対面した。彼はいつもポケットに入れているメモ帳に、こう書き残している。

「東京医大病院南病棟二階眼科病室一二〇二号。顔はきれいだ。不幸中の幸い。大丈夫、絶対に大丈夫だ。生きろ！」

しかしこの日から、妹は気が遠くなるような苦しい治療と闘うことになった。家族と対面した彼女は処置室へと運ばれ、焼けて死んだ皮膚からの感染を防ぐために、ピンセットを使って全身の表皮を剥ぎ取られていく。衰弱しきった体に麻酔はかけられず、この処置の間意識はずっと覚醒している。後に書籍として刊行された手記（『生きてみたい、もう一度』一九八三年）に彼女はこう書いている。

「彼等は私の意識を眠らせぬまま、指でピンセットではさみで、皮膚を剥ぎ、切りとっていく。

脳天が痺れる。またもや私は痛覚となって游ぐ。肉体一個の個体が分裂する。頭と腕と脚と胴体が分離し、私という痛覚が、分断されたそれぞれの肉体の地獄の痛みを海綿のように吸いつくす。

脱水がさらに激しい。口をこじあけ、水分が補給される」

底知れない苦痛の毎日。

「ガーゼが傷口から剥がれる。剥がれるたびに鮮血が丸い玉になってとびだし、肉体の輪郭を伝い緑色のゴムシーツを汚していく。彼等は声をのむ。Q大学病院の報告よりも傷は深かった。

パレットに油絵の具を混色させたような、焙られた肉のきたなさ。化膿をはじめていた黄緑色の膿、その腐った異様な匂い。炭の色して固くちぢんだ皮膚の燃えかす」

「全身にスプレーで水をかけられ、ゴムシーツに包まれて寒さに震えて眠った夜の記憶。水が乾いてくると震えがおさまり、眠りにおちていく。が、そのときにはまた冷たい水がふきかけられる。

わなわなと震える私に、看護婦はためらう。寒い……。震えて懇願した。水をかけないでほしい、眠らせてほしいと、言葉をのんだ。スプレーのボタンを押しかねている看護婦の指から医師がスプレーをもぎとり、容赦なく水をかける。ゴムシーツの中は水が溜り、さながら水たまりのなかで転がっているといった具合だ。水たまりごとがたがたとベッドを振動させて震えつづける。その医師にかすかな憎悪を抱き〝寒い〟と口が裂けても訴えはすまいと、瞼を閉じて無言で震えていた」


当時三十六歳だった美津子は、編集プロダクションに勤務するライターだった。そして彼女は、妻のいるこの編プロの社長・杉原荘六と不倫の関係にあった。多額の借金を背負い、潰れそうな会社。不倫相手とともに金策に走る毎日。二人の収入を合わせても返済額にはとうてい追いつかず、解決の道は何もなかった。そんな切羽詰まった状況の時に、中野区内のひとり暮らしのアパートに帰る途中で彼女は事件に巻き込まれてしまったのである。

新宿西口のバスターミナルで中野車庫行きのバスに乗り込み、ぼんやりとしていた時、足もとでシューッと線香花火が燃えるような音がした。思わず振り返ると、炎がかかとから足へと伝ってきた。炎は一気にバスの天井を突いて噴き上がる。この瞬間に逃げ出せば、美津子は重傷を負わずにすんだかもしれない。

しかしその瞬間、彼女は「終われる」と思ってしまったのだった。不倫相手の彼との将来のない関係に疲れ切っていた毎日。もうなにもかもが終わってほしい――そういう一瞬の思いが、彼女を逃げ遅れさせたのだ。

しかし直後に炎の熱さにわれに返り、転げ落ちるようにバスの外へと飛び出した。炎は両足から両腕、背中を焼いていった。見知らぬ女性が彼女の背中を叩いて炎を消し、そしてタクシーに押し込めて病院へと運び込んでくれた。小田急ハルクの前を通り過ぎた時、振り返った彼女の視界のなかで、炎に包まれて燃え上がるバスの黒い輪郭《りんかく》が歪んで見えていた。

周囲の目は冷たかった

なすすべもなく妹の闘病を見守る石井。そして彼を待っていたのは、世間からの冷たい目だった。

被害者の家族、そして現場写真を偶然にも撮影した写真家としてテレビや新聞の取材を何度となく受けた石井に、同業者の多くは冷ややかだった。「ざまあ見ろ」と言われたのは一度や二度ではない。バス炎上の写真がその年の読売写真大賞報道部門グランプリを受賞すると、「妹を踏み台にしやがって」とまで言われた。

電車に乗ると、テレビで石井の顔を覚えている人たちからはとげとげしい目つきで見られる。挙げ句の果てに新宿警察署から聴取を求められて出向くと、取調室で刑事に「あんたが犯人にガソリンをかけるよう命じたんじゃないのか?」とあらぬ疑いまでかけられた。

宗教団体も勧誘にやってきた。「あなたは心の闇を抱えている」と。

そんなことばかりを経験し、このころから石井は人間が嫌いになった。

事件から一年後の一九八一年夏。編集者から「新潮社が特ダネ写真中心のFOCUSという新雑誌を出すんだ。参加してくれないか」と誘われた。芸能人のゴシップや事件の現場を狙うのだという。事件後に仕事が減っていた石井は「ゴシップでもやるしかないか」と一度は心が揺らいだ。

しかし――。

そんな写真はやっぱり撮りたくない。人の悲劇を撮り歩くような仕事はしたくない。

二十代から三十代にかけて、石井は報道カメラマンとして悲劇的な現場を歩きつづけた。

「被害者の写真を撮ってきてくれ」「急ぎ現場に！」

そうして職人気質に徹し、そこで生まれた悲劇の当事者の気持ちを考えることもなく、ただひたすら現場に突っ込んだ。いや、いま振り返ればそうやって人の生死の境目となるような現場に突入すること、誰もが逃げ出すような戦場に突入すること、そこにヒロイックな生きがいを感じていたのかもしれない。

大きい事件や事故が起き、そしてそこで人が死ぬことを自分はどこかで期待していたのだ。

しかし新宿西口バス放火事件という無残な事件で初めて自分が当事者になり、石井はつくづくと思い知らされた。どんな凄惨な事件であろうが、当事者でない人はみな忘却していく。十年も経てば、誰もそんな事件のことは覚えていない。しかし当事者である本人とその家族は、決して忘れない。苦しみは永遠に続くのだ。

その当たり前のことが、初めて当事者になった石井にはわかりすぎるぐらいにわかってしまったのだった。

事件の翌年夏、美津子は退院する。不倫相手だった荘六と秋に結婚した。しかしそこから彼女の地獄は再び始まる。その年の暮れにはとうとう多額の負債を抱えて編プロは倒産し、絶望した二人は心中しようと福井県東尋坊《とうじんぼう》に死出《しで》の旅に出る。だが身を投げる寸前で思いとどまり、再び東京に戻った。荘六は自己破産し、再び編プロを再開させ、一度は仕事が軌道に乗った。

ところが四年後の一九八五年、六十歳を目前にしていた荘六が突如として別人のようになってしまう。仕事のことも人との約束も、入金も支払いも何もかもが「わからない」「覚えていない」「知らない」と言いだし、そしてともに仕事をしていた人はみな憤慨してあきれ果て、彼のもとを去って行った。会社は破綻し、借金だけが膨れあがった。

荘六は認知症だった。十年後には幻覚症状が始まり、暴言と暴力が始まる。「お前は出て行け!」「死ね!」と美津子を罵倒する。そしてついには寝たきりになり、ベッド上で全介護状態となる。長い長い闘病生活の末に二〇〇八年、夫は八十歳の人生に終止符を打った。

しかし苦痛はそれだけでは終わらない。認知症を看取った美津子を肝臓がんが襲う。どこまで苦痛が続くのか――。彼女は二〇一二年の今も闘病生活を送っている。

事件は家族の生活を破壊しつくした

新宿西口バス放火事件は、美津子のみならず石井家のすべてを破壊した。以前からそりの合わなかった両親は事件をきっかけに離婚し、母は心を病んだ。九十五歳になった今は全介護状態だ。卓越した報道カメラマンは、湘南の海岸に近い平塚市のマンションの一室で、ひとり孤独に母親の介護を二十四時間続けている。

石井は七十歳になった。

精悍な表情の報道カメラマンだったころの面影は、遠い過去に失われた。糖尿病とヘルニアを患い、結局一度も結婚することなく年老いた。放浪が好きだった屈強の写真家は、母の介護のために自宅に縛り付けられている。一時間以上は出かけられない。今では地元の商店街を撮影することだけが小さな楽しみだ。撮影した平和な風景をファイルに収め、いつかどこかでひっそりと出版することを夢見ている。

妹が巻き込まれたバス放火の現場を撮影したことは、後悔していない。

しかしその写真を撮影し、「新聞に掲載されるかな」と有頂天《うちようてん》になった自分には今も嫌悪《けんお》感《かん》を覚える。そしてその後の家庭の崩壊と、苦痛に満ちた人生――。

私は二〇一一年の夏、湘南海岸の近くの公園で石井にインタビューした。気持ちの良い潮風が吹いてくる公園で、今も愛用しているライカⅢfを手にしながら彼は静かにこう言った。

「人生がめでたしめでたしで終わったら、本当は良かったんだけどね……」

当事者であることを引きうけるというのは、途方もなく重い人生を背負うということと裏腹だ。報道する側から当事者の側へと移行することを余儀なくされた石井義治の後半生は、それを象徴している。


「映画のセットみたいですよね」


もうひとつの物語を紡ごう。

二〇一一年三月十一日の東日本大震災。

震災から一か月が経過した四月中旬、私は東北に向かった。仙台平野から北上し、気仙沼へと宮城県内の津波被災地を取材したのである。

津波に襲われ、ほとんどすべてが瓦礫《がれき》となった街をいくつも見た。しかしそれらの恐ろしい光景を見ても、「凄い……」「怖い……」という脊髄《せきずい》反射的な感想しか浮かんでこない。語る言葉が何も見つからないのだ。

ステレオタイプに「幸せな生活を津波は洗い流し……」といった形容詞で記事を書いても、そこには何も生まれないように思えた。かといってステレオタイプではない自分の言葉で何かを語ろうとしても、何も言葉が出てこない。ただひたすら、目の前の瓦礫の山に圧倒されるしかない。

気仙沼市では、三日三晩燃えつづけた瓦礫の山の上に、押し波で乗り上げてきた巨大な漁船が鎮座していた。

同行してくれていた地元の若者がぽつりと言った。

「映画のセットみたいですよね」

本当にパニック映画か何かのセットにしか見えない。震災の当日、帰宅する途中の大渋滞のなか、車載テレビで見たニュース映像を思い出した。仙台平野を押し流す黒い波の映像。それは恐怖に満ちていたけれども、実のところパニック映画を見た時の映画館の暗闇の恐怖と実はたいして変わりがないようにも思えた。

この違和感はいったい何なのだろうか。

映画監督・是枝《これえだ》裕和は、私とほぼ同じ時期に被災地を訪れた時のことをこう語っている

（月刊誌「熱風」二〇一一年）。

「その場所に立った瞬間に『これは撮れない』と感じたんです。それほど、すべての壊れ方が圧倒的で尋常ではなかった。例えば家が丸ごとなくなっている場所に、コンクリートの基礎部分だけが残っている。その枠組みを見ると、玄関や台所だった場所がわかるんです。辺りには壊れたお皿や衣服が散乱しているんだけど、被災された方が一度戻ってきたんでしょうね。台所だった場所に、泥だらけのお皿が積み重ねられているんですよ。震災によって何が失われたのかと思うと、あの時見聞きしたものは強烈でした。戦争を経験していない現代の日本人にとって、あそこまで根こそぎの破壊は初めての経験だと思うんです。その状況を見た時、僕にはドキュメンタリーにするのは無理だと感じました。勿論、知り合いのドキュメンタリストは震災の翌日から被災地に入って作品をつくったりしているけれども、僕には出来ない。打ちのめされて帰るしかないと思ったんです」

被災地の瓦礫は二重の層でできている

なぜ何も語れないと思ってしまったのか。その答は被災地で見つかった。

私は気仙沼市で、元市職員の山内繁と合流した。市内を案内してくれた彼は、瓦礫の山を歩きながら幾度となくこう繰り返した。

「ここにはねえ、おいしいラーメン屋があったんだよね」

「このあたりは飲み屋が並んでたんだ」

「男山《おとこやま》の店が倒れてる。ここは国の有形文化財でね、観光客に人気があった」

男山というのは、気仙沼の誇る日本酒「伏見男山」のことだ。昭和初期に建てられたモダンな店舗が気仙沼の中心地にあったが、津波で斜めに傾いてしまった。

気仙沼にゆかりのない外部の人間には、「瓦礫の山がそこにある」というひとつの層しか目に入ってこない。しかし地元の人には、「瓦礫の山」と「瓦礫になる前の街の記憶」という二つの層が重なって見えている。単なる物理空間が、実は見えない二つの層から成り立っているのである。

その二層の感覚が、瓦礫の山を目の前にした時にまったく異なる視座を生じさせている。これはきわめて重要な違いだ。

現場を取材して報じるというのは、物語を描くことである。

目にしたことをそのまま書いても、記事になるわけではない。そこにひとつの物語を仮定し、その物語を通じて読者に考えなり思いなりを伝える。もしその仮定した物語が妥当性を持ち、説得力があれば、記事は読者に理解される。でも物語に妥当性がなく独りよがりだったりすると、読者に思いは伝わらない。だから物語をどれだけ説得力のあるものとして紡ぎ出すかが、書き手の側の取材力や文章力、構成力といった力量になるわけだ。

だが東日本大震災の被災地では、そうした物語を紡ぎ出すのはほとんど困難なように私には思えた。なぜなら被災者と取材者との間に、共感の空間をうまくつくりだすことができないからだ。結局のところ第三者の記者なんて傍観者にすぎないし、そういう第三者の記者が被災者の内面に入り込むなんてできっこないのだ。

被災者という当事者が紡ぐ物語。傍観者である記者が紡ぐ物語。それらの物語は圧倒的な津波の被災地を前にして、決して重ならないのだ。

メディアの記者は〈マイノリティ憑依〉し、自分の側へと物語を引き寄せようとする。それは当事者のつくる物語とは位相が異なっている。だがその位相の食い違いは、エンターテインメントとして記事を受け取る読者にはほとんど気づかれない。その差異に気づくのは、本当の当事者だけだ。

しかしこの圧倒的な津波の現場は、その位相の差異をくっきりと際立たせてしまったように思えた。

被災地に立つ私の眼前では、一九七〇年代から日本のメディアがつくり上げてきた〈マイノリティ憑依〉というパラダイムが音を立てて崩壊しようとしていた。

なぜ河北新報の記事は人の心を打ったのか

震災後、マスメディアが報じた被災者の記事の多くが人々の心に刺さらなかった一方で、被災者本人や支援に入った看護師、自衛隊員といった当事者たちが書いたブログやツイッターは、被災地の人たちの心に強く響いた。

しかしそういう震災後の状況のなかで、つねに心に響く記事を書きつづけているプロのメディアが実は存在していた。

それは被災地の地元紙だ。仙台の大手地方紙・河北《かほく》新報、さらにもっと小さな市町村のコミュニティのなかに根ざした大船渡《おおふなと》の東海新報、輪転機が破損して手書きの新聞を避難所に貼りつづけた石巻の石巻日日新聞。

私がその思いを最も強くしたのは、河北新報編集委員の寺島英弥が震災後ずっと自身のブログで書きつづけている「余震のなかで新聞をつくる」というシリーズだ。津波被害にあった人々のさまざまな体験談が、ていねいで静かな筆致によって描かれている。

私は寺島がどのようにしてそれらの記事を書いているのかを知りたいと思った。そして被災地取材の最終日、雨がそぼ降る午後に仙台市内で彼に会った。

寺島は私の質問に、こう答えた。

「河北新報の記者はほとんどが地元の出身。今回津波で押し流された宮古や釜石出身の者もたくさんいる。彼らは震災取材で家にも帰れず会社に泊まり込むような状況が続きながらも、つねに『実家はどうなっているんだろう』ということが頭の中から離れない」

たとえば——。宮古出身の女性記者。何度も電話をかけるが、実家に連絡がとれない。そのうち編集局には、宮古の街を襲う巨大な壁のような津波の写真が配信されてくる。その時の彼女の思いはどうだったか。

石巻出身の整理部長は、仕事がら朝刊の降版時間まで残らないといけない。午前一時前後だ。実家は一階が泥だらけになり、親戚も何人か行方不明になった。避難所を回って親戚の安否を確認したいが、その時間がとれない。それでも仕事は続く。

寺島自身も同じだった。福島第一原発に比較的近い相馬市の出身。しかし震災後、実家の両親には連絡がしばらくとれなかった。被災した仙台空港を取材しながら、実家のことが心配でたまらない。ようやく連絡をとることができて、しかし両親の「仕事頑張れよ」「私らは年寄りだから放射能なんか怖くないから」という言葉に心が痛んだ。実家に戻ることができたのは、震災から三週間が経ってからだった。

「記者は多かれ少なかれ、取材に行ったり地域を担当したりして街のことを知っている。いきなり瓦礫の山を目にしたのとは違って、街への愛着があり、その愛着のつながりで被災地を見ている」

そう寺島は語った。

「前に取材したあの人はどうしてるんだろう」「一緒に呑んだあの人は大丈夫だろうか」。そういう視座がつねに河北新報の記者にはあったのだ。その視座があるからこそ、瓦礫の山という光景にもうひとつ別の当事者性としての層を追加し、取材相手と共感によってつながることのできる物語を紡ぎだすことができたのだ。

「記者は当事者ではなく、絶対的な他者。当事者の気持ちを無理矢理こじ開けようとしてしまって、間違った記事を書いてしまうこともある。その壁はなかなか越えられないとも思っていた。しかし今回の震災で、その壁は突き抜けられてしまった」

河北新報の記者たちは、被災地のごく普通の人たちが震災をどう体験し、どう感じ、そして今どう日々を過ごしているのかを淡々と取材しつづけた。彼ら記者たちは、被災者と会話を交わす。

「ひどいですね。うちの実家もね、大変だったんですよ」「そういえばうちの実家のあたりにも米軍のヘリが物資持ってきましたよ」「津波は来なかったんだけど、放射線がね」

そこで紡がれている共鳴は、第三者の記者と当事者の被災者という関係ではない。絶対的な傍観者がつくる物語とは大きく異なっているのだ。

傍観者が〈マイノリティ憑依〉のもとに自分の狙った物語を描こうとキャッチーな場面を撮影し、その物語に画面をはめ込もうと取りつくろう。そこには傍観者の想像が盛り込まれている。

だが当事者である記者たちの取材には、そうした「想像」が入り込む余地は少ない。想像でつくり上げようとする以前に、すでに巨大な現実が記者たちのなかには突き刺さっていて、想像が入り込むことさえできないのだ。寺島は言った。

「取材に行く。話を聞く。インタビューして話を聞いていると、そこから何かの物語を考えようとする以前に『僕もそうなんですよ』という言葉が先に口を突いて出てしまう」

記者たちは〈マイノリティ憑依〉するのではなく、被災者と同じ視点、同じ立ち位置から無数の物語を背負い、その物語をおたがいに共有している。そうやって記事を生み出しているのだ。

河北新報の記者たちは、被災者たちの希望を描くだけでなく、実は自分自身の希望も求めている。彼らの書く記事には、だから被災者の語る希望の言葉がよく登場する。

「被災者が語る希望を、自分のものにしていきたい。そう記者たちは求めている。自分も希望がほしい、だから取材して記事を書くんだってこと」

寺島は「余震のなかで新聞をつくる」のシリーズで、故郷の相馬市を訪れる記事を書いた。そのなかで彼はこう記した。

「私は相馬生まれで親を郷里に残す者ですが、あくまで現実を見つめ、記録するひとりの記者でもあります。

それは、被災地として訪ねた石巻や三陸を、それぞれの郷里とする同僚たちの思いと何ら違いはありません」

われわれは望んで当事者にはなれない

河北新報の記者たちがつかみとった立ち位置は、非常に素晴らしい。しかしそれは、東日本大震災という未曾有《みぞう》の災害のなかで起きた奇跡でしかない。そしてそれは彼ら記者たちが、あるいは彼らの家族や親族や友人たちが災害のなかで引きうけた苦痛とトレードオフだ。その苦痛こそが、当事者としての立ち位置を引き寄せ、記者たちの言葉に強い説得力をもたらしている。

メディアの記者たちが〈マイノリティ憑依〉から脱し、当事者としての立ち位置を取り戻すということ。しかしそれはきわめて困難な道だ。

河北新報は震災のなかでその道すじを発見した。

一方で報道カメラマンの石井義治は、実妹が事件に巻き込まれたことによって当事者としての立ち位置を知った。

前者は希望に満ちた奇跡であり、後者は苦痛に満ちた物語である。

しかしこの二つは表裏一体だ。なぜなら河北新報にしろ石井義治にしろ、否応なく当事者としての立ち位置に巻き込まれたにすぎないからだ。

われわれは望んで事件や事故の当事者になることはできない。また望んだとしても、そこには明るい希望が拓けているわけではない。当事者であるということはつねに苦痛を伴う。軽々しく引きうけるようなレベルの話ではない。それは石井とその家族が事件後にたどった人生を見ても明らかだ。

私は事件記者時代、多くの殺人事件を取材した。八王子のスーパー三人射殺事件や、富士フイルム専務刺殺事件、東電ＯＬ殺人事件、そしてオウム真理教事件。海外ではエジプト・ルクソールの観光客大量殺害テロを取材し、新婚旅行に来ていて妻が殺された日本人の夫にカイロの軍病院でインタビューしたこともある。

それらの事件取材を思い出すたびに、目撃者や当事者、家族らの証言が今も生々しく頭によみがえってくる。

だが私は新聞社の記者としてこれらの事件を取材し、しかし最後まで「当事者であること」を生み出せなかった。それはもちろん、当然のことだ——当事者ではなく、単なる取材者にすぎなかったのだから。

しかしその当事者ではなく第三者として殺人事件を取材していたという行為は、今でも悔恨のようにして心の片隅に残骸《ざんがい》として残っている。何をどうあがいて、どんなに取材しても、どうしても事件の本質につながったような感覚を持ち得なかった。それは当事者の心のなかにまでは踏み込めなかったからだ。

あまりに不謹慎な話だが、私は事件記者の同僚たちとこんなことを言い合ったことさえあった。

「本気で殺しを取材しようとしたら、被害者の奥さんと結婚して、そこから事件をたどり直すぐらいのことをやらないといけないかもな」

このようなことを真顔で語らなければ、当事者としての意識は発見されないのだろうか？

だからこれは茨《いばら》の道である。

〈マイノリティ憑依〉の気持ちよさに抗して、宙ぶらりんの立ち位置を持続し、そして当事者としての痛みを引きうけていくようなことは可能なのだろうか？

他者に当事者であることを求めることはできない

その国のメディア空間は、その国の社会の写し絵でもある。マスメディアが衰退し、インターネットのソーシャルメディアが勃興してくるなかで、その「写し絵」であることはますます強度を増している。多くの人々が情報を自由に発信できるソーシャルメディアは、人々の集合的無意識の発露でもあるからだ。

東日本大震災とそれに続く福島第一原発の事故が明らかにしたのは、この〈マイノリティ憑依〉が実は日本社会の集合的無意識を侵食しているということだった。決してマスメディアだけの問題ではない。

「被災者の前でそれが言えますか」という発言。

あるいは、福島の母子の気持ちを勝手に代弁する多くの人たち。


しかしこのような人たちを、「当事者であれ」と批判することはできない。なぜならそのようにして他者に当事者であることを求めるという行為自体が、すでに当事者性を帯びていないからだ。本多勝一に南ベトナムの解放区の村の幹部が語ったように、「日本人が自分の問題で、自分のためにアメリカのひどいやり方と戦うこと、これこそ、結局は何よりもベトナムのためになる」のだ。他者に「当事者であれ」と求める前に、まず自分が当事者であることを追い求めるしかない。

これはマスメディアと視聴者・読者の関係においても同じである。マスメディアに対して、視聴者・読者である私が「当事者であれ」と求めることはできない。なぜならそれは傍観者としての要求であるからだ。

そしてさらに、これは本書の書き手である私と、読者であるあなたとの関係においても同じである。

私があなたに「当事者であれ」と求めることはできない。なぜならそれは傍観者としての要求であるからだ。

だから私にできることは、私自身が本書で論考してきたことを実践し、私自身が当事者であることを求めていくということしかない。

そしてそれはおそらく、マスメディアの記者たちにも同じ課題が用意されている。

そしてさらに、それはソーシャルメディアに参加する人たちにもやはり同じ課題が用意されている。

そう、あなたはあなたでやるしかないのだ。

これは堂々めぐりのパラドックスにも聞こえる。しかしこの壁を乗り越えていかない限り、その先の道は用意されない。しかしその壁を乗り越える人は限られているし、乗り越えない人や乗り越えられない人に対して、誰も手を差し伸べることはできない。

なぜなら、誰にも他者に対して道筋を用意することはできないからだ。自分自身で当事者としての道を切り開ける者にのみ、道は拓かれる。

だからこれは、あらたな格差の世界の幕開けを示唆している。当事者であることを維持しつづけようとする人たちと、当事者であることを放棄して〈マイノリティ憑依〉を延々とくり返しつづける人たちと。

　この分断がいったい何を生み出すのかは、まだわからない。

　しかし一方で、インターネットのソーシャルメディアは人々を否応なく当事者化していく。参加する者を第三者の立場に居座らせることを許さず、すべての人々を言及の対象にしてしまい、あらゆる存在をメディア空間の中へと巻き込んでいってしまうからだ。

　そのようなソーシャルメディアの当事者性は、〈マイノリティ憑依〉のパラダイムをどこかで突破する可能性も秘めている。なぜなら〈マイノリティ憑依〉をしている人たちは第三者の視点を獲得しているように見えても、しかし決して第三者にはなれないという事実をソーシャルメディアは可視化するからだ。

　前にも書いたように、インターネットの言論は同心円的な構造を持っている。誰かが何かについて、世界の中心で語る。その語りに対して、誰かが賛同し、また別の誰かが批判する。誹謗《ひぼう》中傷もある。的外れな意見も出る。そうしたさまざまな反応に対し、また別の誰かが反応する。水面に投げた小石の波紋が次々と同心円を形成し、外側に向けて広がっていくように、言論も同心円をつくり出していく。

その同心円の外側には、言葉を発しない多くのサイレントマジョリティが液晶モニタの前で見守っている。怒れる者や同意する者たちの意見を、時には面白がりながら静かに見つめている。

そしてさらにその外側には、その問題に興味など持っていない人々が無限に広がっている。

このような新たな透明な世界が、今や〈マイノリティ憑依〉のパラダイムと衝突しつつある。そこではさまざまな亀裂も生まれ、そして個人のさまざまな〈マイノリティ憑依〉も可視化されてしまっている。このメディア空間はマスメディアをも呑み込んで巨大化している。そこではすべてのメディア、すべての個人が包含されている。私も呑み込まれている。そしてあなたも呑み込まれているのだ。

だれもアウトサイドに逃げることはできない。〈マイノリティ憑依〉して外部に出ているように自分には思えても、そこは気がつけば内側だ。お釈迦《しやか》様の掌から逃れるすべはない。

そう、この新たなメディア空間では、全員がインサイダーなのだ。

インサイドとアウトサイドの境界は今まさに、消滅へと向かおうとしている。

そこで私には何ができるのか

その先の新世界に、〈マイノリティ憑依〉のパラダイムが根強く生き延びているかどうかは、現時点ではまだわからない。

ではどうすればいいのか？

そこに答はない。

いずれにせよ、一人ひとりが自分自身でやれることをやっていくしかないのだ。

では、それはどのような方法で？

それは一人ひとりが、別々の方法で。ここで私が「こうすれば当事者意識を持てる」と書いても、それに人が追随すればもう当事者性は失われてしまう。

だから私が今ここで言えるのは、ごくシンプルなことだけである。

——それでも闘いつづけるしかない。そこに当事者としての立ち位置を取り戻した者がきっと、つぎの時代をつくるのだ。これは負け戦必至だが、負け戦であっても闘うことにのみ意味がある。

これは誰にも勧めない。しかし、私はそう信じているし、そう信じるしかないと考えている。

あとがき

私は二〇〇九年夏、『2011年新聞・テレビ消滅』（文春新書）という本を上梓《じょうし》し、そのなかでマスメディアがなぜ立ち行かなくなっているのかをビジネス構造の観点から論じた。なぜビジネス的に描いたかと言えば、それまで出回っていたマスメディア論の多くが、「日本の新聞は言論が劣化している」「新聞記者の質が落ちている」といった情緒論ばかりだったことに辟易《へきえき》していたからである。そうした情緒論ではなく、純粋にビジネス構造の変化からマスメディアの衰退を論じようとしたのが同書だった。

本書はその続編に当たる。今回はビジネス論ではなく、ただひたすらその言論の問題を取り上げた。しかし私は巷間《こうかん》言われているような「新聞記者の質が落ちた」「メディアが劣化した」というような論には与《くみ》しない。そんな論はしょせんは「今どきの若い者は」論の延長でしかないからだ。

そのような情緒論ではなく、今この国のメディア言論がなぜ岐路に立たされているのかを、よりロジカルに分析できないだろうか——そういう問題意識がスタート地点にあった。つまりは「劣化論」ではなく、マスメディア言論が二〇〇〇年代以降の時代状況に追いつけなくなってしまっていることを、構造的に解き明かそうと考えたのである。

本書の中心的概念は二〇〇九年ごろから考えはじめ、そして全体の構想は二〇一一年春ごろにほぼ定まった。しかしその年の春に東日本大震災が起き、問題意識は「なぜマスメディア言論が時代に追いつけないのか」ということから大きくシフトし、「なぜ日本人社会の言論がこのような状況になってしまっているのか」という方向へと展開した。だから本書で描かれていることはマスメディア論ではなく、マスメディアもネットメディアも、さらには共同体における世間話メディアなども含めて日本人全体がつくり出しているメディア空間についての論考である。

なお本書を書くに当たっては、小熊英二慶應義塾大学教授の『1968』(二〇〇九年)、批評家・加藤典洋氏の『敗戦後論』(一九九七年)、グラフィックデザイナー原研哉氏の『白』(二〇〇八年)の三冊から強い影響を受けた。ここに感謝のことばを記しておきたい。

二〇一二年一月二十一日

佐々木俊尚

大原総一郎『大原総一郎随想全集』福武書店、1981年
蔵田計成『新左翼運動全史』流動出版、1978年
ベ平連編『資料・「ベ平連」運動』河出書房新社、1974年
井上寛司『「神道」の虚像と実像』講談社現代新書、2011年
内田雅敏『敗戦の年に生まれて　ヴェトナム反戦世代の現在』太田出版、2001年
安本末子『にあんちゃん』角川文庫、2010年
宮崎学『突破者』南風社、1996年
松下竜一『豆腐屋の四季　ある青春の記録』講談社文芸文庫、2009年
松下竜一『狼煙を見よ　東アジア反日武装戦線“狼”部隊』河出書房新社、1987年
文藝春秋編『「文藝春秋」にみる昭和史』文藝春秋、1988年
鈴木道彦『越境の時　一九六〇年代と在日』集英社新書、2007年
鹿島茂『吉本隆明1968』平凡社新書、2009年
杉田敦『権力』岩波書店、2000年
山口昌男『人類学的思考』筑摩叢書、1990年
森正蔵『解禁昭和裏面史　旋風二十年』ちくま学芸文庫、2009年
大澤真幸他編『一九七〇年転換期における『展望』を読む』筑摩書房、2010年
絓秀実他『LEFT ALONE　持続するニューレフトの「68年革命」』明石書店、2005年
大和田俊之『アメリカ音楽史　ミンストレル・ショウ、ブルースからヒップホップまで』講談社選書メチエ、2011年
吉本隆明『自立の思想的拠点』徳間書店、1966年
日本読書新聞編、藤島宇内監修『ドキュメント朝鮮人　日本現代史の暗い影』日本読書新聞出版部、1965年
植村邦彦『市民社会とは何か　基本概念の系譜』平凡社新書、2010年
エドワード・ホール『文化を超えて』TBSブリタニカ、1979年
島田裕巳『聖地にはこんなに秘密がある』講談社、2011年
加納明弘・加納建太『お前の1960年代を、死ぬ前にしゃべっとけ！』ポット出版、2010年
春日直樹『〈遅れ〉の思考　ポスト近代を生きる』東京大学出版会、2007年
内田樹『日本辺境論』新潮新書、2009年
ジョルジュ・サドゥール『世界映画全史12　無声映画芸術の成熟—トーキーの登音』国書刊行会、2000年
津田左右吉『津田左右吉全集』岩波書店、1964年

■映画

『ジャズ・シンガー』1927年
『ジョルスン物語』1946年
『男の顔は履歴書』1966年
『望郷と掟』1966年
『新・悪名』1962年

参考文献

中沢新一『熊から王へ』講談社選書メチエ、2002 年
森宣雄『台湾／日本――連鎖するコロニアリズム』インパクト出版会、2001 年
内海愛子・高橋哲哉・徐京植編『石原都知事「三国人」発言の何が問題なのか』影書房、2000 年
近現代史研究所編『アリラン文化講座第 4 集　映像に見る在日朝鮮人』文化センター・アリラン、1997 年
李英一・佐藤忠男『韓国映画入門』凱風社、1990 年
菅原幸助『現代のアイヌ　民族移動のロマン』現文社、1966 年
高史明『夜がときの歩みを暗くするとき』筑摩書房、1971 年
加藤秀俊『加藤秀俊著作集 6　世代と教育』中央公論社、1980 年
崎山政毅『サバルタンと歴史』青土社、2001 年
福井惇『狼・さそり・大地の牙「連続企業爆破」35 年目の真実』文藝春秋、2009 年
津村喬『健身気功入門　〝こころ〟と〝からだ〟を養生する』春秋社、2011 年
津村喬『われらの内なる差別　日本文化大革命の戦略問題』三一書房、1970 年
横山秀夫『クライマーズ・ハイ』文藝春秋、2003 年
姜尚中『オリエンタリズムの彼方へ　近代文化批判』岩波書店、1996 年
姜尚中・内田雅敏『在日からの手紙』太田出版、2003 年
杉原達『越境する民　近代大阪の朝鮮人史研究』新幹社、1998 年
太田昌国『「拉致」異論　あふれ出る「日本人の物語」から離れて」太田出版、2003 年
村上春樹『ノルウェイの森』講談社、1987 年
津村喬『戦略とスタイル』田畑書店、1971 年
太田竜『辺境最深部に向って退却せよ！』三一書房、1971 年
菅田正昭『古神道は甦る』たま出版、1985 年
ガヤトリ・スピヴァク『スピヴァク　みずからを語る』岩波書店、2008 年
スピヴァク『サバルタンは語ることができるか』みすず書房、1998 年
折口信夫『古代研究』中公クラシックス、2003 年
藤島宇内『日本の民族運動』弘文堂、1960 年
小田実『随論　日本人の精神』筑摩書房、2004 年
小田実『「難死」の思想』岩波現代文庫、2008 年
石井養治『アラビアの風に吹かれて』立風書房、1991 年
河北新報社『河北新報のいちばん長い日　震災下の地元紙』文藝春秋、2011 年
杉原美津子『夫・荘六の最期を支えて』講談社、2009 年
杉原美津子『ふたたび、生きて、愛して、考えたこと』トランスビュー、2010 年
杉原美津子『生きてみたい、もう一度　新宿バス放火事件』文藝春秋、1983 年
永六輔・大竹省二『赤坂檜町テキサスハウス』朝日新聞社、2006 年
中野雅至『政治主導はなぜ失敗するのか？』光文社新書、2010 年
加藤典洋『敗戦後論』講談社、1997 年
加藤典洋『さようなら、ゴジラたち　戦後から遠く離れて』岩波書店、2010 年
原研哉『白』中央公論新社、2008 年

参考文献

岡本太郎『沖縄文化論——忘れられた日本』中公文庫、1996年
村山匡一郎編『映画は世界を記録する　ドキュメンタリー再考』森話社、2006年
朴寿南編『罪と死と愛と　獄窓に真実の瞳をみつめて』三一新書、1963年
津村喬『魂にふれる革命』ライン出版、1970年
吉本隆明『「情況への発言」全集成3　1984-1997』洋泉社MC新書、2008年
黒川みどり編著『近代日本の「他者」と向き合う』解放出版社、2010年
絓秀実『吉本隆明の時代』作品社、2008年
絓秀実『革命的な、あまりに革命的な「1968年の革命」史論』作品社、2003年
鎌田慧『鎌田慧の記録3　少数派の声』岩波書店、1991年
本間長世『ユダヤ系アメリカ人　偉大な成功物語のジレンマ』PHP新書、1998年
小沢雅子『新・階層消費の時代　所得格差の拡大とその影響』朝日文庫、1989年
萩元晴彦・村木良彦・今野勉『お前はただの現在にすぎない　テレビになにが可能か』朝日文庫、2008年
四方田犬彦・平沢剛編著『1968年文化論』毎日新聞社、2010年
斎藤茂男編著『飽食窮民』共同通信社、1991年
森九鬼子『旅の重さ』筑摩書房、1972年
松田武『戦後日本におけるアメリカのソフト・パワー　半永久的依存の起源』岩波書店、2008年
榎森進『アイヌ民族の歴史』草風館、2007年
本多勝一『新聞と新聞記者のいま』新樹社、2008年
本多勝一『殺す側の論理』すずさわ書店、1972年
本多勝一『殺される側の論理』朝日文庫、1982年
本多勝一『戦場の村』朝日文庫、1981年
本多勝一『カナダ＝エスキモー』朝日文庫、1981年
本多勝一『事実とは何か』朝日文庫、1984年
本多勝一『中国の旅』朝日文庫、1981年
本多勝一『ルポルタージュの方法』朝日文庫、1983年
本多勝一『アイヌ民族』朝日文庫、2001年
吉田満『戦艦大和ノ最期』講談社文芸文庫、1994年
ジョン・ダワー『敗北を抱きしめて　第二次大戦後の日本人　増補版』（上・下）岩波書店、2004年
小浜逸郎『「弱者」とはだれか』PHP新書、1999年
ビル・アッシュクロフト他『ポストコロニアル事典』南雲堂、2008年
トマス・ネーゲル『コウモリであるとはどのようなことか』勁草書房、1989年
アラン・バディウ他『1968年の世界史』藤原書店、2009年
女たちの現在を問う会編『全共闘からリブへ』インパクト出版会、1996年
加藤秀俊『メディアの発生　聖と俗をむすぶもの』中央公論新社、2009年
小熊英二『1968』（上・下）新曜社、2009年
小森陽一『ポストコロニアル』岩波書店、2001年

佐々木俊尚（ささきとしなお）
1961年生まれ。早稲田大学政治経済学部中退。毎日新聞記者、月刊アスキー編集部を経てフリージャーナリスト。『仕事するのにオフィスはいらない』（光文社新書）、『キュレーションの時代』（ちくま新書）、『電子書籍の衝撃』（ディスカヴァー・トゥエンティワン）、『2011年新聞・テレビ消滅』『決闘ネット「光の道」革命』（孫正義との共著、以上、文春新書）など著書多数。総務省情報通信白書編集委員。作家・ジャーナリスト。

「当事者《とうじしゃ》」の時代《じだい》

2012年3月20日初版1刷発行

著　者 ― 佐々木俊尚
発行者 ― 丸山弘順
装　幀 ― アラン・チャン
印刷所 ― 萩原印刷
製本所 ― ナショナル製本
発行所 ― 株式会社 光文社
東京都文京区音羽1-16-6（〒112-8011）
http://www.kobunsha.com/
電　話 ― 編集部03（5395）8289　書籍販売部03（5395）8113
業務部03（5395）8125
メール ― sinsyo@kobunsha.com

 ISBN 978-4-334-03672-0

559
円高の正体
安達誠司

日本の景気を悪くしている2つの現象「円高」と「デフレ」。なぜ、この流れは止められないのか？ ニュースや専門家の解説では見えにくい経済現象の仕組みを一冊でスッキリ解説。

978-4-334-03662-1

560
IFRSの会計
「国際会計基準」の潮流を読む

深見浩一郎

会計の形が大きく変わる――。現在、会計のボーダーレス化が世界で進んでいる。企業会計の問題とは？「基準を制する者が世界を制する」。EU・アメリカの思惑と日本の選択肢。

978-4-334-03663-8

561
アホ大学のバカ学生
グローバル人材と就活迷子のあいだ

石渡嶺司　山内太地

ツイッターでカンニング自慢をしてしまう学生から、グローバル人材問題まで、日本の大学・大学生・就活の最新事情を掘り下げる。廃校・募集停止時代の大学「阿鼻叫喚」事情。

978-4-334-03664-5

562
子どもが育つ玄米和食
高取保育園のいのちの食育

西福江　高取保育園

「子どもはお子様ランチに象徴されるような味の濃い食べ物が好き」。そんな固定観念を覆し、大人が驚くほどの本物志向を教え続ける高取保育園。その食理念と実践法を紹介する。

978-4-334-03665-2

563
最高裁の違憲判決
「伝家の宝刀」をなぜ抜かないのか

山田隆司

法令違憲判決の数、64年間でわずか8件――。最高裁は〃伝家の宝刀〃違憲審査権を適切に行使してきたのか？ 歴代の最高裁長官の事績を追いながら、司法の存在意義を問い直す。

978-4-334-03666-9

564
宇宙に外側はあるか
松原隆彦
この宇宙は奇妙な謎に満ち溢れている。いま、宇宙の何がわかっているのか？　宇宙の全体像とは？　宇宙の「外側」とは？　現代宇宙論のフロンティアへと旅立つ一冊。
978-4-334-03667-6

565
政治家・官僚の名門高校人脈
横田由美子
国会で丁々発止を繰り広げる議員どうしが、実は高校の同級生だったりする。議員や官僚の出身高校に着目すれば、日本のエスタブリッシュメントたちのネットワークが見えてくる。
978-4-334-03668-3

566
絶望しそうになったら道元を読め！
『正法眼蔵』の「現成公案」だけを熟読する
山田史生
わずか2500字に込められた、日本仏教思想史の最高峰・道元の禅思想のエッセンス。修行に、人生にくじけそうな者に、どんなメッセージを投げかけているのか。1冊かけて読む。
978-4-334-03669-0

567
おひとり温泉の愉しみ
山崎まゆみ
ハードルが高いと思われがちな「おひとり温泉」の極意を伝授。「ひとりで食事をするのは……」「時間を持て余しそう」——小さなものから大きなものまで、疑問に答えます。
978-4-334-03670-6

568
極みのローカルグルメ旅
柏井壽
麺、ご飯もの、居酒屋巡り。全国を食べ歩いた著者が、世にも不思議なご当地限定グルメから、しみじみ美味い絶品料理まで明かす。「日本には、こんなに美味いものがあったんだ」
978-4-334-03671-3

569
「当事者」の時代
佐々木俊尚

いつから日本人の言論は当事者性を失い、弱者や被害者の気持ちを勝手に代弁する〈マイノリティ憑依〉に陥ってしまったのか――すべての日本人に突きつける著者渾身の書下ろし。

978-4-334-03672-0

570
リーダーは弱みを見せろ
GE、グーグル　最強のリーダーシップ
鈴木雅則

GEとグーグルというグローバル先進企業でリーダーシップを教えた著者が、体系的にわかりやすく、リーダーシップの基礎を解説。誰でもリーダーシップは身につけられる！

978-4-334-03673-7

571
検証
財務省の近現代史
政治との闘い150年を読む
倉山満

日本の最強官庁は何を考え、この国をどこに導こうとしているのか。大蔵省・財務省一五〇年の歴史にメスを入れ、知られざる政治との関係、「増税の空気」の形成過程を描き出す。

978-4-334-03674-4

572
〔改訂新版〕藤巻健史の実践・金融マーケット集中講義
藤巻健史

先物、スワップ、オプションなど、金融マンから個人投資家の資産運用まで、本当に使える金融知識を、「伝説のディーラー」が実践的に伝授。データ刷新、大幅加筆の改訂版！

978-4-334-03675-1

573
対話型講義
原発と正義
小林正弥

普段は〝思考実験〟に過ぎなかった哲学のジレンマが、原発事故によって現実化。早急な意思決定を求められる私たちに必要な、公共哲学の判断原則を「対話型講義」で身につける。

978-4-334-03676-8